FILHOS DO CÉU E DA URSA

A história da Coreia dos primórdios até o século XXI

한국의 역사

FILHOS DO CÉU E DA URSA

A história da Coreia dos primórdios até o século XXI

한국의 역사

EMILIANO UNZER

CRÍTICA

Edição de texto: Luara França
Preparação: Lígia Alves
Revisão: Patrizia Zagni e Gleice Couto
Diagramação: Negrito Produção Editorial
Ilustração de capa: Monique Pak
Capa: Renata Spolidoro
Mapas: Bia Lombardi

Dados Internacionais de Catalogação na Publicação (CIP)
Angélica Ilacqua CRB-8/7057

Unzer, Emiliano
Filhos do céu e da ursa : a história da Coreia dos primórdios ao século XXI / Emiliano Unzer. – São Paulo : Planeta do Brasil, 2025.
240 p. : il.

Bibliografia
ISBN 978-85-422-3690-3

1. Coreia – História I. Título

25-2443 CDD 951.9

Índice para catálogo sistemático:
1. Coreia – História

2025
Todos os direitos desta edição reservados à
Editora Planeta do Brasil Ltda.
Rua Bela Cintra, 986, 4º andar – Consolação
São Paulo-SP – CEP 01415-002
www.planetadelivros.com.br
faleconosco@editoraplaneta.com.br

Aos olhos leitores daqueles que farão as linhas deste livro luzir.

아무도 그에게 수심을 일러 준 일이 없기에
흰나비는 도무지 바다가 무섭지 않다.
["Desavisada da profundidade da água,
A borboleta branca nunca teme o mar"]*

A borboleta e o mar (바다와 나비) (1939), de Kim Kirim (1908-?)

그곳이 차마 꿈엔들 잊힐리야.
["Como me esquecer desse lugar, mesmo nos sonhos?"]

Nostalgia (향수) (1927), de Jeong Ji-yong (1902-1950)

---

* Traduções minhas.

SUMÁRIO

INTRODUÇÃO

A Coreia tem se tornado cada vez mais conhecida pelo público em geral, o que se deve em grande parte à sua produção cultural e às notícias sobre o ambiente político na região. Com frequência, porém, as pessoas afirmam que essa península foi uma réplica da civilização chinesa até fins do século XIX ou que no século XX foi um território submisso aos interesses japoneses, americanos ou soviéticos. Ainda assim, a Coreia atrai atenção mundial graças aos eventos decorrentes da divisão da península desde a Guerra da Coreia, entre 1950 e 1953, à riqueza e à pujança da economia sul-coreana e à reclusão do regime norte-coreano.

Antes de tudo, deve-se entender que o passado coreano, assim como o de qualquer outra região, foi singular: seus habitantes atravessaram séculos de desafios e confrontos em suas fronteiras; incorporaram valores chineses confucionistas, mas foram além e promoveram uma revisão dessa linha de pensamento; criaram uma economia vibrante na Coreia do Sul, na segunda metade do século XX, o que não atenuou a tendência autoritária de seu governo; conceberam um regime fechado e unipartidário ao norte do paralelo 38, decorrente da inspiração stalinista e que hoje se perpetua na família Kim.

Ao longo dos séculos, vários grupos étnicos compuseram e moldaram a cultura e a identidade da península. Manchurianos, japoneses e chineses, além de uma diversidade de coreanos, foram gradativamente unificados e dominados por um único reino, Koryo, a partir do século X. Depois das invasões mongóis, em meados do século XIII, o reino coreano passou a se estabelecer em novas bases, sob a dinastia Joseon. O século XIX testemunhou as crescentes ameaças japonesa, chinesa e russa a suas fronteiras. No século seguinte, a península conheceu a dominação colonial japonesa até o fim da Segunda Guerra Mundial. Depois da devastação da Guerra da Coreia, em 1953, foi fraturada em duas.

Neste livro, apresento uma visão panorâmica histórica da Coreia, pautada nos eventos políticos e ocasionalmente enfatizando aspectos sociais, econômicos e culturais. O contexto geográfico também é levado em consideração quando examino os países da vizinhança no Leste Asiático.

Durante muito tempo, antes do século XIX, a região apresentou um cenário vibrante, criativo e próspero, advindo em grande parte dos contatos entre os povos da região. Foi nesse contexto que a Coreia criou sua identidade.

Trata-se de uma área rodeada por mares. Na maioria dos mapas, o mar do Oeste, ou Ocidental, é chamado de mar Amarelo; o do Leste, de mar do Japão, ou mar do Leste; no sul, tem-se o mar da China Oriental. Os nomes, naturalmente, sempre foram contestados pelos coreanos, pois remetem a outras nacionalidades. Os mares vizinhos e a ligação terrestre ao norte desempenharam um papel crucial na história coreana, afinal permitiram a vazão do fluxo migratório, comercial e cultural. As ligações com o arquipélago japonês se deram por meio da navegação, assim como as trocas diretas entre a China e a Coreia (a exemplo da aliança em 660 e.c.* entre o reino coreano de Silla e a China da dinastia Tang). Contudo, a via marítima de mão dupla também possibilitou a invasão da península coreana pelo Japão na década de 1590 e episódios navais marcantes se deram em 1894 e 1905, na guerra entre japoneses, russos e chineses. Em 1951, durante a Guerra da Coreia, o general norte-americano Douglas MacArthur desembarcou no porto de Incheon para atacar as forças norte-coreanas. O oceano teve uma importância crucial na história desse povo.

O mar trouxe a prosperidade aos reinos coreanos. O reino de Silla, durante os séculos VIII e IX, dominou a rota mercantil marítima e o

---

* Nesta obra, optamos pelo uso das expressões "era comum" (e.c.) para indicar os anos após o nascimento de Cristo e "antes da era comum" (a.e.c.) para os anteriores a Cristo. [N.E.]

comércio com a China e o Japão. Foi pelo comércio que migrações coreanas ocorreram, uma vez que mercadores se estabeleceram na foz do rio Yangzi, na China.

A partir da dinastia Joseon – que se comprometeu a manter a estrita e isolada lealdade à dinastia Ming na China, no século XV –, a Coreia começou a rever sua atuação no exterior. Na segunda metade do século XX, livre da dominação japonesa, a porção meridional da península retomou sua vocação marítima e internacional. Os contatos no norte da região, por sua vez, consolidaram-se no duro jogo dos interesses soviéticos e, depois, em uma política autossuficiente.

A topografia coreana é marcada por montanhas que ocupam cerca de 70% de seu território. A parte ocidental apresenta largas planícies banhadas pelo mar Amarelo e vales férteis entre as montanhas, enquanto a costa voltada para o mar do Leste (o mar do Japão) é marcada por áreas agrícolas estreitas contornadas por altas cadeias montanhosas que correm do norte para o sul. Essa espinha dorsal da península, chamada de cordilheira de Baekdu, tem origem na mítica montanha mais ao norte, referida como o local de nascimento do primeiro coreano, Dangun. Os rios correm em grande medida de leste para oeste e incluem o Yalu, o Chongchon, o Taedong, o Imjin, o Han e o Kum. As exceções são o rio Naktong, que flui para o sul, e o rio Tumen, que flui para o leste a partir do monte Baekdu.

O clima coreano é definido por sua situação peninsular. O arquipélago japonês protege a Coreia a leste, fazendo predominar os ventos advindos das regiões ao norte e a oeste. No entanto, o regime das monções marca presença, chegando ao norte vindo do Leste Asiático. O verão, de junho a agosto, é quente e úmido, e o inverno, de dezembro a fevereiro, é seco e frio. Durante o inverno, ventos fortes do noroeste gerados pelas massas continentais de alta pressão da Sibéria derrubam a temperatura e a umidade. No verão, as monções do oceano trazem as chuvas – cerca de 70% das precipitações anuais ocorrem geralmente ao longo de quatro meses do ano, de junho a setembro. Pode haver tempestades ou tufões ocasionais, mas seu impacto é suavizado pelas ilhas japonesas a leste.

Foi o clima de monções que permitiu à Coreia desenvolver o cultivo do arroz desde o século XVIII a.e.c., uma vez que em abril e maio, durante a preparação para as chuvas, tem início o calendário arrozeiro.

No verão, o arroz cresce. Nos meses seguintes, de setembro a outubro, as intempéries impõem a colheita e a armazenagem. Depois disso, no fim do ano, o inverno predomina.

Em termos étnicos e linguísticos, os antecessores dos coreanos vieram de migrações do nordeste asiático e do norte da China. Estudos apontam para origens culturais e da língua coreana de falantes da família linguística altaica, como turcomanos, mongóis, tungus, manchus e japoneses[1] – uma família completamente distinta daquela que deu origem às línguas chinesas. Outras evidências são os mitos e símbolos de totens de ursos e tigres, que remetem a povos altaicos das estepes asiáticas. Seu culto conjuga-se com a prática siberiana do xamanismo e com a reverência a objetos de valor simbólico usados em rituais, como a espada e o espelho, algo que se pode constatar também na história japonesa.

A influência chinesa, aparentemente, veio em momento posterior, com a introdução da escrita, dos caracteres chineses ou sinogramas, além dos ritos e ideais cosmológicos, confucianos e budistas. Embora a origem da língua coreana seja diferente da chinesa, a Coreia adaptou os sinogramas para seu vocabulário e sua gramática. Essa forma chinesa modificada, chamada de idu, foi um reflexo da prestigiosa influência que a elite coreana incorporou ao entrar em contato com a cultura sínica. A unificação da língua coreana em definitivo se deu com a expansão do reino de Silla, que conquistou os reinos de Paekche e de Koguryo no século VII e.c.

A escrita coreana atual foi elaborada com base no sistema alfabético chamado de hangul, criado sob o mando do rei Sejong, da dinastia Joseon, no século XV. A criação de um alfabeto próprio, que substituiria os caracteres chineses, permitiu uma rápida expansão do letramento entre os coreanos. Contudo, a língua chinesa e seus caracteres permaneceram por séculos como sinal de prestígio e cultura no meio coreano. Somente no século XIX foi promovida uma ampla campanha na Coreia para a publicação de jornais e livros escritos no alfabeto próprio de sua língua. No período da dominação japonesa, porém, no início do século XX, o hangul foi gradativamente banido das escolas e locais públicos. Após a Guerra da Coreia, a escrita coreana voltou a ser valorizada, mas, com a divisão da península após 1953, cada Estado passou a ter vocábulos e características diferenciados ao longo das décadas de separação.

A Coreia do Norte chama seu alfabeto não de hangul, mas de chosongul. Apesar disso, as diferenças não são profundas, e não há dificuldade de comunicação entre as duas partes coreanas.

O idioma coreano guarda em si algumas variações dialetais a depender da região da península, mas a maioria gera tão somente sotaques diferentes. Essa língua, para o mundo além do continente, revela-se um grande desafio. A romanização de seus caracteres permitiu ao público ocidental maior compreensão vocal, mas a variedade de fonemas e consoantes ainda é difícil de ser dominada pelo estrangeiro.

Hoje existem diferentes romanizações* do coreano, a maioria datada do século XIX. A mais aceita e popular foi o Sistema McCune-Reischauer, criado em 1937 e revisado para o mundo ocidental no ano 2000. É nesse último sistema revisado que se baseia a maior parte dos vocábulos coreanos mencionados neste livro – salvo termos conhecidos, como os nomes Kim Il Sung (e não Gim Il Sung) e Park Chung Hee (e não Bak Chung Hee), entre outros. Os nomes completos, como se constata, seguem a tradição asiática: primeiro o nome de família e depois o de batismo. Isso também foi respeitado.

Levando em consideração, portanto, a geografia, a escrita e a produção cultural desse território, este livro apresenta uma visão dinâmica da Coreia e de sua evolução ao longo do tempo, com base nas influências que sofreu, nas batalhas que enfrentou, em suas criações, vitórias, lutas e fracassos. Esta é a história de uma região que combateu invasores, venceu o improvável, suportou opressões e resistiu à fratura. A Coreia é um símbolo da grandeza e tragédia humanas.

---

* Romanização é a representação em caracteres latinos de uma língua que utiliza outro sistema de escrita.

LINHA DO TEMPO – HISTÓRIA DA COREIA

IDENTIFICAÇÃO DO PERÍODO	DELIMITAÇÃO NO TEMPO	MARCOS E REGIÕES
Período Jeulmun	8000-1500 a.e.c.	Primeiras cerâmicas, trigo, arroz e trabalhos de bronze.
Gojoseon	2333?-108 a.e.c.	Primeiro reino coreano.
Período de controle da dinastia chinesa Han	108 a.e.c.-313 e.c.	A partir da região de Lelang.
Período dos antigos três reinos	Século I a.e.c.-século IV e.c.	Mahan, Pyonhan e Chinhan.
Koguryo	37-668	Ascensão do reino Koguryo no norte coreano.
Período dos três reinos clássicos	Século I-668	Paekche, Silla e Kaya.
Silla unificada	668-935	Período de unificação da península coreana sob Silla.
Parhae	698-926	Ascensão e queda de Parhae, ao norte da Coreia.
Período tardio dos três reinos	889-935	Reinos de Silla (em decadência), Paekche e Koguryo.

Koryo	918-1392	Unificação da península sob o reino de Koryo, que, entre 1270 e 1357, foi vassalo dos mongóis da dinastia chinesa Yuan.
Joseon	1392-1897	Ascensão como dinastia coreana. Invasões japonesas em fins do século XVI. Invasões manchus no século XVII. Distanciamento dos manchus na China e isolamento japonês a partir do século XVII. No século XIX, invasões japonesas e contestações russas e chinesas.
Império coreano	1897-1910	Imperador Gwangmu (anterior rei Gojong de Joseon). Contestações russas até 1905. Após 1905, controle japonês.
Anexação japonesa	1910-1945	Coreia como parte do império japonês.
Governos provisórios	1945-1948	Vários governos na preparação para a independência.
Repúlica da Coreia (Coreia do Sul)	1948-dias atuais	Proclamação da República da Coreia (Coreia do Sul) em 15 de agosto de 1948.
República Democrática Popular da Coreia (Coreia do Norte)	1948-dias atuais	Proclamação da República Democrática Popular da Coreia (Coreia do Norte) em 9 de setembro de 1948.
Guerra da Coreia	1950-1953	Guerra entre as duas repúblicas, de 25 de junho de 1950 a 27 de julho de 1953, sem acordos de paz. Fratura da península coreana.

1
DAS BRUMAS DAS ORIGENS

A criação

No tempo dos deuses, Hwanung (환웅), filho de Hwanin (환인), Senhor dos Céus, queria viver no plano dos homens e foi atendido pelo pai. Foi escolhida a montanha Baekdu ("montanha do cume branco", 백두산), na fronteira atual entre a Coreia do Norte e a China, para sua descida dos céus. Do seu pai, Hwanin, recebeu três selos celestiais e, então, desceu dos céus com 3 mil seguidores e declarou o local a Cidade de Deus (Sinsi, 신시), além de ter sido ordenado que governasse sobre toda a Terra. Coroado rei celestial, Hwanung assumiu o encargo de ensinar à humanidade a agricultura, a medicina, as artes, as leis e a moral por volta do ano 2333 a.e.c.

Nas proximidades dessa região habitavam uma ursa e um tigre, que passaram a suplicar a Hwanung que os transformasse em seres humanos. Foi, então, que o rei celestial deu a ambas as criaturas um ramo de artemísia sagrada e vinte dentes de alho. Depois, ordenou que evitassem a luz do sol por cem dias. Os dois animais passaram, assim, a comer a planta e a esquivar-se do sol.

Passados pouco mais de vinte dias, a ursa, que se manteve fiel ao plano, tornou-se uma mulher. Já o tigre, impaciente e intempestivo, foi incapaz de seguir as recomendações e permaneceu em seu estado bestial.

A mulher, então, suplicou, sob uma árvore de sândalo, por um companheiro com quem pudesse gerar uma criança. Ao ouvir seus pedidos,

O antecessor de todos os coreanos, Dangun. Crédito: Heritage Image Partnership Ltd/Alamy /Fotoarena.

Hwanung se transformou em mortal e se deitou com ela, que posteriormente deu à luz Dangun (단군).[1]

Depois de crescido, Dangun tornou-se um homem repleto de qualidades, destacando-se o espírito de liderança. Para sediar seu reino, fundou a capital, Pyongyang, e chamou seus domínios de Gojoseon (고조선). Anos mais tarde, Dangun transferiu sua corte para a mítica cidade de Asadal e ali governou por mil e quinhentos anos. Ao final de sua longa vida, negociou seu reino com sucessores e passou a viver nas montanhas como divindade. As narrativas mitológicas sobre Dangun se encontram na obra *Memorabilia dos três reinos* (삼국유사, *Samguk yusa*), escrita pelo monge budista Il-yeon (1206-1289) no século XIII e.c., época das invasões mongóis.

Estudiosos afirmam que o mito de Hwanung e de sua descendência representaria a migração originária das cordilheiras Altai, da Mongólia.[2] Esses povos trouxeram consigo uma nova cultura e técnicas agrícolas, que mais tarde se difundiram entre os habitantes aborígines da Manchúria e da Coreia. A parte dessa população que adorava um deus na forma de tigre passou a ser marginalizada. Outros, que adoravam um deus-urso, foram incorporados e assimilados aos imigrantes, e houve nações siberianas e manchurianas que cultuavam o urso como animal sagrado.

As lendas podem nos ajudar a compreender o quadro de migrações e assimilações no Leste Asiático nos últimos séculos antes de nossa era. Os mitos da fundação estariam relacionados aos séculos posteriores, com os deuses cultuados na região da península coreana, nordeste chinês e arquipélago japonês.

Ecos dos antepassados

Os antepassados mais remotos dos coreanos parecem ser povos que migraram de regiões no norte da China e das vastidões mongólicas no largo período que se estende desde 10 mil anos até por volta do primeiro milênio antes da nossa era. Ao longo desse processo, houve uma gradual expansão da confecção de artefatos de cerâmica.* Os antigos habitantes da área – caçadores, pescadores e coletores pertencentes a uma cultura marcada por cerâmicas com padrões feitos com pente, considerados do período Jeulmun (즐문) (*c.* 8000-1500 a.e.c.) – foram deslocados ou miscigenados com povos advindos de outras regiões asiáticas, criando-se uma cultura neolítica mais elaborada. Esses antepassados foram identificados nas crônicas chinesas como pertencentes às nações han, ye ou maek, das quais estudiosos acreditam que o povo coreano descende em grande parte.

O trabalho no bronze e o cultivo de arroz foram se estabelecendo nas regiões coreanas e adjacências no primeiro milênio antes da nossa era. O arroz parece ter vindo de regiões mais meridionais, pois o cultivo do milhete (que depois originaria o trigo) era mais comum no norte da China. As técnicas de manipulação do bronze, ao que parece, podem ter advindo das proximidades chinesas, da península de Liaoning,

* Algumas das cerâmicas mais antigas encontradas na península coreana apresentam desenhos em relevo e apareceram pela primeira vez por volta do ano 6000 a.e.c.

considerando o estilo observado nos vasos chineses da época em adagas e espelhos coreanos.[3]

O quadro de migrações e influências culturais também é observado no uso do bronze, como indicam os achados arqueológicos. Em regiões coreanas e manchurianas há adagas de bronze pertencentes à chamada cultura de Liaoning do século X a.e.c., que apresentam formas distintas das culturas siberianas da região de Ordos, no norte da China. Com a introdução de técnicas agrícolas, o arroz passou a ser cultivado desde o século VIII a.e.c. na península coreana, algo que, como dito, diferenciava essa área das regiões vizinhas, que plantavam milhete e trigo.

Foi também nos últimos séculos antes de nossa era que um sistema de escrita originário do oeste espalhou-se em regiões coreanas e no antigo reino de Gojoseon. Não há certeza sobre o sistema introduzido, é provável que tenha sido aquele presente nas ondas migratórias cuja escrita era similar à chinesa, ou seja, formas de sinogramas.

Gojoseon como nome de Estado político aparece pela primeira vez em registros chineses no século IV a.e.c., em referência às boas relações diplomáticas entre o reino coreano e o Estado chinês de Qi, na península de Shandong. Mais tarde, nas narrativas chinesas, Gojoseon é referido como um reino localizado na vizinha península de Liaodong, na costa da Manchúria, e descrito como um império organizado e forte que ficava a leste do reino de Yan durante o período dos Estados combatentes da historiografia chinesa (*c.* 475-221 a.e.c.). Foi em decorrência dos contínuos conflitos com Yan que Gojoseon deslocou sua capital, Wanggeom-seong, mais para leste de Liaodong, no noroeste coreano, no século III a.e.c.

Por volta do início do século II a.e.c. houve turbulências na região norte chinesa, o que afetou a península coreana. Na China, a dinastia Qin (212-206 a.e.c.) entrou em colapso com a ascensão da dinastia Han (206 a.e.c.-220 e.c.), que catalisou uma série de migrações de grupos étnicos han, ye e maek para o norte e o nordeste do império, nas proximidades do rio Yalu. Os achados arqueológicos permitem distinguir na região coreana vestimentas e penteados que remetem a esses novos povos, algo que certamente gerou consequências no reino Gojoseon. O soberano coreano, segundo narra a tradição, confiou a defesa e a guarda de suas fronteiras a aliados contra o crescente império chinês.

O reino de Gojoseon e os proto "três reinos" (*samhan*) ao sul da península coreana, por volta do século I a.e.c. A península de Liaodong é a central controlada por Gojoseon, que aponta para o sul em direção à península chinesa, a de Shandong.

O reino Gojoseon atravessou mudanças quando um desses refugiados chineses decidiu voltar-se contra a capital e ocupar o trono, em 194 a.e.c. Seu nome ficaria conhecido como Wiman (ou Wei Man, r. 194 a.e.c.-?).* Uma vez no poder, Wiman decidiu manter a linhagem dinástica coreana. Historiadores como Sima Qian acreditam que ele tenha governado sobre um reino confederado de grupos étnicos mais do que propriamente sobre um domínio centralizado.[4] Isso era típico da época na região da Manchúria, da península coreana e do Japão.

Três gerações depois, os embates com os chineses da dinastia Han começaram a se avolumar, o que resultou na vitória do imperador chinês Wu, em 108 a.e.c. Em seu auge, portanto, toda a região norte da península coreana foi incorporada diretamente ao império chinês.

Essa conformação se manteve por quatro séculos até cerca de 313 e.c. O norte coreano foi governado pelos chineses de Han a partir da cidade de Lelang (Nanggang em coreano), perto de Pyongyang. Apesar da dominação, no entanto, as evidências arqueológicas apontam para traços culturais coreanos bastante distintos dos chineses. Ao que parece, os chineses mantiveram o poder de forma confederada e autônoma, como era costume na região.

Os três reinos no sul coreano eram compostos de um grande contingente de agricultores espalhados nas terras férteis entre as montanhas e o mar, sem sinal de muralhas. Mahan (마한), Pyonhan (Byeonhan, 변한) e Chinhan (Jinhan, 진한), referidos pelos cronistas chineses como os "três reinos" (ou *samhan*, 삼한), não contavam com mais do que alguns milhares de grupos familiares. Diz-se que tinham o hábito de tatuar os corpos e deformar as cabeças dos recém-nascidos para que assumissem um feitio mais alongado. É o que narra o capítulo 30 da obra do chinês Chen Shou, *Registro dos três reinos*, do século III e.c. A narrativa chinesa sobre esses povos continua da seguinte maneira:

> Eles têm nas suas cidades líderes dominantes, mas os assentamentos [ao redor] estão dispersos e não estão claramente sujeitos a regulação e controle. Eles não têm a cerimônia de ajoelhar-se para prestar

* A marcação "r.", antes das datas, refere-se a "reinou em", utilizada para marcar o período em que determinado monarca manteve-se no poder.

homenagem [aos ancestrais e autoridades]. Para suas moradias eles fazem câmaras de terra com telhados de grama em forma de túmulo; a porta fica em cima, e lá dentro mora uma família inteira, sem distinção entre velhos ou jovens, homens ou mulheres [...]. Eles usam vestidos de tecido áspero e nos pés usam sandálias de couro.[5]

Em contraste, o povo de Koguryo (ou Gokoryo), mais ao norte, era formado por montanheses que em boa parte desconheciam a agricultura. Por volta do século III e.c., essa população deveria somar algumas dezenas de milhares de famílias, todas mais afeitas à cavalaria e ao nomadismo.

O mandato do céu e os três reinos

Por volta do século III a.e.c., os chineses consolidaram o conceito de Mandato do Céu (*tianming*, 天命), e quem controlava esse território central – na perspectiva chinesa, todos os povos ao redor eram periféricos – era tido como Filho do Céu (*tianzi*, 天子). O primeiro imperador chinês, Qin Shihuangdi (259-210 a.e.c.), proclamou-se governante de tudo o que havia sob os céus (*tianxia*, 天下) depois de ter unificado os seis Estados em guerra na China de 230 a 221 a.e.c. Ele adotou um novo título, *huangdi* (黃帝, imperador), que antes havia sido usado apenas para figuras mitológicas e divindades da China antiga.

Uma vez conquistada a vastidão dos reinos chineses, o imperador passou a considerar sua soberania sobre os arredores no mundo asiático e se dedicou a manter a ordem contra possíveis ameaças. Assim, Qin Shihuangdi elaborou uma política de contenção e alianças visando às fronteiras mais vulneráveis ao norte. Esse imperador ergueu uma série de fortificações e grandes muros defensivos – a origem do que, séculos depois, viria a ser a Grande Muralha.

Após algumas décadas, a dinastia imperial Qin foi substituída pela dinastia Han, que durou quatro séculos. No século II a.e.c., o imperador Wudi (156-87 a.e.c.), que foi articulado e enérgico o suficiente para combater e eliminar a ameaça no norte e no oeste das fronteiras chinesas, voltou sua ambição expansionista para o sul – chegando a estender-se para o que hoje é o norte vietnamita – e o leste, onde a formidável

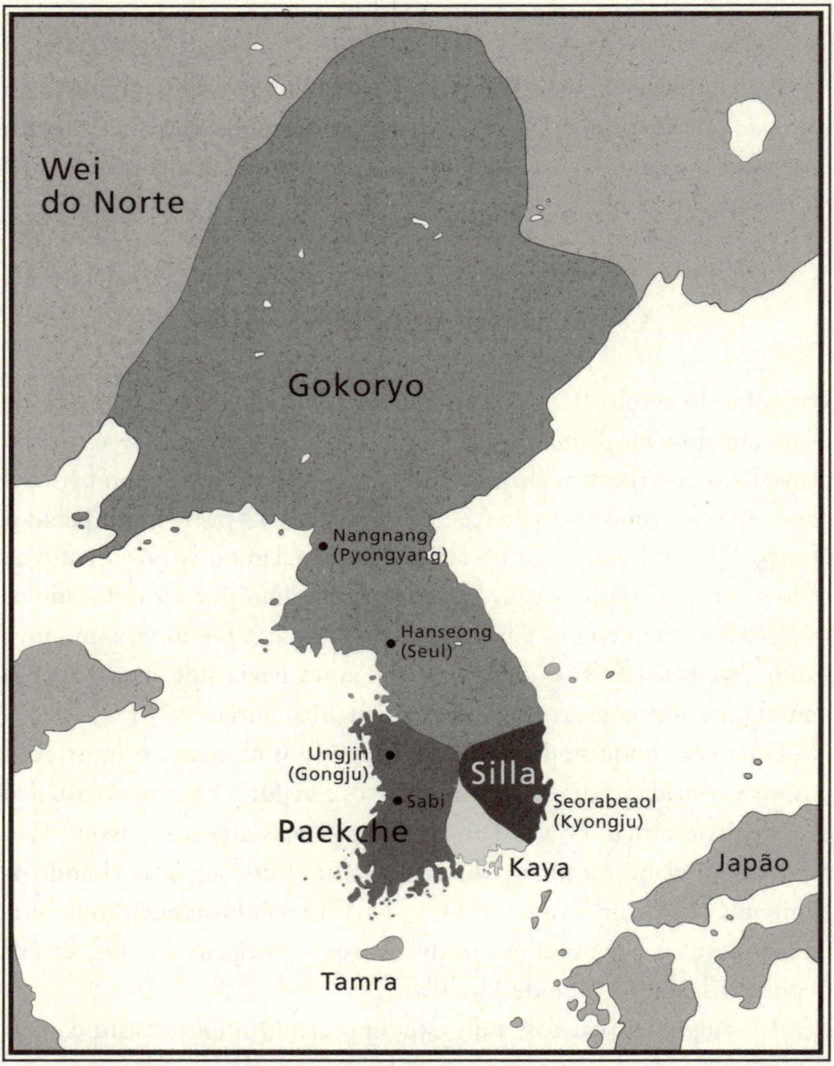

Os reinos coreanos no século V a.e.c.

resistência de Wiman de Gojoseon não impediu sua derrota em 108 a.e.c.

A ampla confederação tribal de Gojoseon não se mostrou centralizada o bastante para conter a invasão. A migração chinesa em massa foi incentivada para ocupar efetivamente todo o nordeste do império Han. Nessa área foram depois implementadas quatro grandes regiões políticas: Lelang (um dos principais centros administrativos chineses na região com a península coreana), Zhenfan, Lintun e Xientu.

Esses centros prosperaram com o ativo comércio entre as regiões e a costa do Leste Asiático. Contudo, com a maior relação, oficiais e representantes da corte Han com frequência provavam sua arrogância ao impor um sistema de leis e costumes confucianos sobre os antigos costumes de Gojoseon.

O interesse da China na região durou até o século IV e.c., quando a coesão e a unidade do império chinês da dinastia Han começaram a ceder espaço ao declínio e à fragmentação. Foi nesse contexto que um dos reinos mais ao norte da península coreana, o de Koguryo, investiu contra a cidade de Lelang em 313 e.c.[6] Após esses eventos, o líder de Koguryo passou a ostentar o título de rei (*wang*, 王).

Contudo, a expansão de Koguryo começara antes disso, já que o reino havia tentado preencher gradativamente o vácuo de poder deixado com o declínio da autoridade imperial chinesa. No século II e.c., os sinais de enfraquecimento dos representantes Han eram visíveis. Em 220 e.c., toda a região sul da Manchúria foi conquistada por um povo nômade que se confederara em um sistema de alianças chamado de Xianbei. Por volta do ano 300 e.c., esses nômades começaram efetivamente a controlar a região, cortando qualquer ligação entre a península coreana e o restante da China. Portanto, a queda de Lelang em 313 e.c. foi um ponto de virada para a expansão de Koguryo.

Em fins do século IV e.c. e início do século V, a região nordeste da China e o norte da península coreana tinham se consolidado em dois reinos organizados e fortes. Aquele situado mais ao norte, dominado por povos de Tuoba e Xianbei, tornou-se a dinastia Wei do Norte. Mais ao sul, o reino de Koguryo fortaleceu-se no sul da Manchúria e no norte coreano. Ambos os Estados foram regidos por povos não chineses – apesar de Wei do Norte ter uma considerável população chinesa. Mais ainda,

Um dos primeiros monumentos históricos coreanos, réplica da estela erguida por Jangsu em homenagem a seu pai, Gwanggaeto, no século V e.c. Crédito: Lawinc82/Wimedia Commons.

ambos os reinos tinham absorvido substancialmente a cultura chinesa e o confucionismo, sinizando o povo de Tuoba-Xiaobei. Entre os de Koguryo, a influência se dava em menor escala, e mais tarde eles levaram os valores chineses mais para o sul da península coreana e, dali, para as ilhas e o arquipélago japonês, entre os povos na época denominados wa.

Em 372, uma academia de estudos de obras clássicas chinesas foi fundada em Koguryo. Um ano depois, um código de leis confucionistas foi promulgado. Em 427, sob o mandato do rei Jangsu (r. 413-491), a capital de Koguryo transferiu-se mais para o sul do rio Yalu, hoje território norte-coreano, nas proximidades de Pyongyang.[7] Deslocando-se de suas bases mais a oeste na península de Liaodong, Jangsu e seu antecessor expandiram o território de Koguryo para o norte até o rio Songhua,[8] chegando a controlar dois terços da península coreana.

Outro reino coreano proeminente do período foi Paekche (백제), fundado por um dos filhos do primeiro rei de Koguryo. A linhagem real de Paekche, tal como a de Koguryo, buscou traçar sua ancestralidade até Puyo (부여), um venerável reino que se estabelecera na Manchúria desde o século II e.c.

Paekche começou com a reunião de cerca de cinquenta famílias na região de Mahan, no sudoeste do território coreano, e com o tempo expandiu e consolidou seus domínios na vizinhança. Os primeiros contatos com dinastias chinesas foram registrados em 372, e em 386 o regente de Paekche, Jinsa (r. 385-392), recebeu dos chineses o título de Rei de Paekche e General Protetor do Leste. Seu antecessor no trono, Geunchogo (r. 346-375), havia expandido e controlado o reino de Paekche em seu auge territorial, tornando-o particularmente valioso para os chineses que buscavam contrapor-se à hegemonia de Koguryo ao norte.

Paekche manteve duradouras e boas relações com dinastias chinesas, principalmente das regiões do sul, e absorveu muito de sua cultura. Ao mesmo tempo, em razão do acesso aos mares da península, Paekche passou a manter contatos e a comercializar com Estados emergentes nas ilhas meridionais do arquipélago japonês.

Terceiro reino coreano proeminente à época, Silla desenvolveu-se a partir de comunidades da região de Chinhan, no Sudeste Asiático. Esse reino, voltado para a costa leste da península, era o mais remoto e o que demandou mais tempo para se desenvolver. Foi somente no ano 503 que os líderes de Silla abandonaram o tradicional título de *maripkan* – advindo das línguas das estepes do norte e nordeste asiáticos* – e assimilaram o título chinês de "rei" (*wang*, 王).

Em 520, Silla passou a promulgar uma série de leis de origens chinesa e confuciana, claramente demonstrando a influência advinda do oeste. Por volta de 535 foi contornada a oposição da corte e da elite do

---

* *Maripkan* significa "líder supremo", combinação de "*kan*", equivalente a khan das estepes asiáticas, termo que expressa um governante, e "*marip*", status supremo. O título foi adotado pela primeira vez pelo 17º rei de Silla, Naemul Maripkan (r. 356-402), e continuou a ser usado até este ser sucedido pelo rei Jijeung (r. 500-514), com o título no estilo chinês

reino ao budismo, sendo essa crença oficialmente endossada. Dez anos depois, por regimento real, Silla começou a escrever a história oficial do reino.

Em seu auge, em 576, o reino de Silla chegou a dominar toda a costa oriental da península coreana, derrotando Paekche, graças ao governo enérgico do rei Jinheung (r. 540-576). A estrutura social de Silla parece ter se consolidado em torno de clãs proeminentes, com sobrenomes Kim (김), Pak (ou Park, 박) e Seok (ou Sok ou Suk, 석), ainda hoje presentes nas famílias coreanas. Até o século IV, os chefes de Silla regiam sobre um sistema confederado e eram eleitos por consenso de um conselho de notáveis.

Esses três reinos coreanos – Koguryo, Paekche e Silla – formaram o que depois se consolidaria como Coreia a partir do século VII. Todos eles sofreram significativa influência da China, principalmente com relação aos assuntos de Estado, política e leis. Apesar disso, foi mantido algo que os distinguia dos chineses na língua e nos costumes. Por exemplo, cada reino manteve suas tradições cerâmicas distintas.[9] Os monumentos funerários, chamados de *kobun*, presentes nos três reinos, manifestavam estilos diferentes, atendendo a padrões regionais. Túmulos de pedra exibiam murais pintadas em suas câmaras em Koguryo. Em Paekche, as câmaras eram arqueadas; já em Silla, os túmulos eram de madeira recobertos por pedras.

Vale apontar que houve influências também de outros povos – como os Wa, que habitavam ilhas mais a leste, e os japoneses, que deixaram seus traços em comunidades de Silla que migraram para o arquipélago –, por exemplo, na língua de Koguryo (que guardava semelhanças com o japonês nativo do norte da ilha de Kyushu) e na cerâmica, sobretudo conceitos vindos da cultura yayoi.

Os pilares espirituais

O budismo adveio de uma série de interações através das regiões ocidentais da China, permeadas por rotas para a região do norte indiano, Paquistão e Afeganistão. Nascida na Índia, essa religião chegou aos domínios chineses por volta do século II e.c. e mostrou grande apelo por sua mensagem universal e não exclusivista. Qualquer pessoa – sem distinção social, de gênero ou etnia – poderia alcançar a iluminação espiritual. No entanto, o budismo enfrentou as religiosidades anteriores na China.

Uma delas era o taoísmo, que oferecia uma explicação e inseria cosmicamente todos os seres vivos no universo, algo que serviu de contraponto às limitações e aos abusos do sistema confuciano oficial, adotado pelo Estado chinês ao longo de sua história. Se os ensinamentos de Confúcio e de seus discípulos defendiam a ordem, a hierarquia, a obediência e a harmonia, o taoísmo por vezes buscava libertar o indivíduo do constrangimento social e político para uma plena realização pessoal.

Um monge budista da cidade de Dunhuang traduziu as escrituras budistas da escola Mahayana do sânscrito para o chinês. Depois de um longo tempo, esse budismo começou a se ampliar na China durante um período de instabilidades e desunião no século IV e.c. Foram as dinastias de nômades que abraçaram essa nova religião e a oficializaram e, a partir de então, o budismo se espalhou para outras partes da China e do mundo asiático.

Em 372, o monge budista Sundo (ou Shundao, em chinês), advindo do reino de Qin, chegou a Koguryo, onde as práticas xamânicas eram predominantes entre os nativos. O rei Sosurim (r. 371-384) se mostrou fascinado e atraído pela nova religião, que satisfazia suas curiosidades a respeito da ordem cósmica e da busca pela iluminação espiritual. Assim, ele acolheu os ensinamentos do novo credo espiritual e o tornou uma religião do Estado. São uma decorrência dessa decisão as primeiras imagens e estatuetas de Buda na região, em bronze dourado, usadas como talismãs. Elas ainda são encontradas em museus de Seul e de outros lugares.

A aceitação do budismo pelo rei de Koguryo combinou-se a seu plano ambicioso de sistematizar o governo em novos termos burocráticos e de obter maior apelo de integração social. Koguryo era composto de uma coleção de clãs e lealdades que, por força do budismo promovido, poderia se consolidar em uma nova unidade política. Mais ainda, essa religião seria capaz de viabilizar alianças e contatos internacionais, transcendendo sua localidade no nordeste asiático. Ao lado do budismo, o confucionismo foi adotado pelos subsequentes governantes de Koguryo a fim de estabelecer um sistema hierárquico e burocrático no reino. Academias confucianas foram fundadas e, em decorrência, foram instituídas carreiras para os magistrados e funcionários do Estado, tanto para sistematizar e manter o funcionamento da máquina do governo como para preservar os registros e compilar a história do reino. Portanto, o budismo e confucionismo serviram fundamentalmente para estruturar e manter o nascente reino coreano.

Isso não ocorreu apenas em Koguryo. Alguns anos depois, em 384, o reino de Paekche implementou medidas semelhantes quando os ensinamentos do monge indiano Marananta (ou Malananda) foram decretados oficiais pelo rei Chimnyu (r. 384-385). Isso também aconteceu nos reinos de Silla, de Kaya e Wa.

Ascensão de Silla

A península coreana testemunharia mais uma ascensão política notável a partir do século VI, no reino de Silla. A mudança dos ventos históricos começou com uma confederação ampliada que envolveu mais seis clãs, a ser conduzida por uma figura régia cujas decisões eram submetidas a um conselho de chefes. Esse sistema era chamado de *hwabaek* (화백). Com o passar do tempo, a figura do rei concentrou um poder de decisão ainda maior, consolidando a dinastia dos clãs Kim e Pak em meados do século IV no reino de Silla.

Posteriormente esse sistema se ampliou para organizar a sociedade de Silla em hierarquias, com as famílias reinantes no topo e a burocracia e a mão de obra nos níveis abaixo. Essa hierarquia, influenciada em parte por ideais confucionistas de ordem e respeito, era conhecida como *kolpum* (classificação óssea). Nela, o status era reservado para aqueles que pertenciam a um grupo determinado por laços familiares. Os que tinham o "osso sagrado" (*seonggol*, 성골) poderiam almejar as posições de comando do reino. Até meados do século VII, somente os de "osso sagrado" – estritamente os descendentes dos Kim e dos Pak – poderiam ascender ao trono. Os demais membros da elite poderiam almejar outros cargos, desde que pudessem ser comprovadas suas ligações familiares ou aliadas. Desse modo foi garantida à elite governante do reino de Silla certa coesão e homogeneidade, que, com o tempo, foram incorporando as lideranças de outros Estados conquistados.

O budismo também se fez presente em Silla, apesar de mais tardiamente do que em Koguryo e em Paekche. No início, o apelo budista universal e irrestrito atingiu apenas os plebeus, mas em princípios do século VI o budismo começou a ser aceito entre membros da elite. Em 527, o rei de Silla, Beopheung (r. 514-540), oficializou o culto após o martírio do monge budista Ichadon (ou Geochadon, 거차돈, 503-527), figura bastante popular e secretário do monarca.

Conforme narram as crônicas budistas coreanas compiladas no século XIII, Ichadon manifestou um milagre no momento de sua morte para impressionar e converter a aristocracia de Silla. Toda a extensão da Terra tremeu, o sol escureceu, choveram flores dos céus, sua cabeça cortada planou em direção às montanhas sagradas de Geumgang e leite jorrou abundantemente de seu corpo decapitado. O evento foi considerado uma mensagem dos céus, um sinal de que o budismo deveria ser considerado a religião do Estado. Aterrorizada, a população lamentou a morte do monge, que passou a ser considerado um mártir por sua retidão, moral e bom comportamento (imbuídos no amplo conceito budista de *darma*). Uma vez declarado religião oficial, o budismo em Silla cresceu rapidamente e serviu como base de ordenamento e coesão social do reino.

Algumas décadas depois, no mundo político, Silla mostrou-se forte o suficiente para desafiar sua tradicional aliança com o reino de Koguryo, ao norte. Silla passou a procurar acordos mais vantajosos com o reino vizinho de Paekche, visando expandir seus territórios à custa da invasão do pequeno reino de Kaya. Em 532, Kaya foi em grande parte anexado pelos dois reinos aliados.

O avanço mais dramático de Silla, contudo, deu-se em 553, quando conquistou todo o vale do rio Han, que percorre o centro da península coreana. Após esse feito, o rei Jinheung mandou erguer grandes monumentos para marcar suas novas fronteiras, gerando desagrado no reino de Paekche, que tinha antes ocupado a região. Foi por isso que Paekche passou a atacar Silla, resultando na derrota decisiva do rei de Paekche, Seong (r. 523-554). Muito do sucesso das rápidas ofensivas do rei de Silla se deveu ao uso eficaz em campo aberto de sua cavalaria altamente disciplinada, chamada de *hwarangdo* (화랑도). Em 562, Silla, enfim, anexou totalmente o reino de Kaya e passou a comandar toda a região central e a costa oriental da península coreana.

Haveria, ainda, alguns séculos durante os quais Paekche, Silla e Koguryo iriam se digladiar em conflitos e alianças em uma competição pela hegemonia que só terminaria com a sobreposição total de Silla no século VII. Mas os desafios de Silla ainda não estavam terminados, já que uma grande ameaça começou a lançar sua sombra sobre esse reino: o império chinês.

2

A PRIMEIRA UNIFICAÇÃO

A ameaça chinesa

Em fins do século VI e.c., a Coreia ainda se digladiava entre reinos visando à supremacia na península – algo tentador para as autoridades chinesas. A China voltou a se centralizar sob a dinastia Sui após quase quatro séculos de fragmentação, e o novo império serviu de base para uma era de unidade mais duradoura sob a dinastia Tang (618-907). Esse ordenamento chinês teve consequências sobre os reinos coreanos, que buscaram enviar emissários para a corte Sui e renovar os laços diplomáticos. Deles, o mais setentrional, o de Koguryo, apresentava um problema evidente de fronteira e ameaçava o nascente império chinês.

Em 598, com uma renovada dinastia chinesa no poder, o imperador Sui, Yang Jian, chamado também de Wen (r. 581-604), desejou afirmar sua soberania exigindo a condição tributária de todos os reinos circundantes de seu império. Koguryo não somente rejeitou tal exigência, mas também fez pior. Em 598, o rei Yeongyang de Koguryo atacou a província chinesa de Ying, enfurecendo o imperador Wen, e enviou seus mais experientes generais para a fronteira. Em locais mais distantes, problemas de abastecimento e o clima adverso minaram o moral das tropas do imperador chinês, dando grande alento às forças do reino coreano.

Os eventos marciais não haviam se encerrado. Um novo imperador chinês, Yangdi (r. 604-618), resolveu seguir suas ambições expansionistas e tentou castigar e invadir Koguryo por três vezes a partir de 612, na

O herói coreano contra os chineses do século VII e.c., general Ulchi Mundok. Crédito: Jeong Inho/History Net, National Institute of Korean History/Aspere/Wikimedia Commons.

chamada Batalha de Salsu (*Salsu Taech'op*, 살수대첩). A resistência coreana foi notável, e as campanhas passaram a drenar o ânimo das tropas e do tesouro imperial chinês. Estima-se que mais de 300 mil soldados chineses tenham morrido nessas batalhas, muitos deles afogados no rio Salsu (atual rio Chongchon).[1] A longa campanha chinesa trouxe consequências políticas, culminando com a queda da dinastia Sui em 618.

Na época dessas invasões chinesas, o general Ulchi Mundok (meados do século VII – 618?) revelou seu brilho estratégico e militar na resistência. Suas vitórias decorreram de hábeis e precisos contra-ataques em 612. Com esse feito, o general tornou-se uma figura heroica cultivada nos séculos posteriores.

A crise no império Sui abriu oportunidade para que outras lideranças chinesas se proclamassem soberanas. Em 618, o general Li Yuan (566-635), futuro imperador Gaozong (r. 618-626), tomou o trono e estabeleceu uma nova linhagem dinástica, a Tang. Assim como no passado, os reinos coreanos enviaram emissários para a corte chinesa nos eventos das cerimônias de ascensão de novos regentes.

Inicialmente, Koguryo apresentou-se inofensivo e aberto aos bons contatos. No entanto, pouco anos depois, sob o imperador Taizong (r. 626-649), as relações entre as duas partes se complicaram devido aos planos ambiciosos da China para as regiões periféricas do império. Depois de subjugar povos túrquicos no oeste chinês, em 630, sua atenção voltou-se para Koguryo, no leste. Em 642, uma série de fortificações foi erguida na fronteira do reino coreano para fazer frente aos chineses, sob a supervisão de Yeon Gaesomun (603-666), que havia conseguido eliminar seus rivais políticos com um golpe de Estado e tornar-se governante.

A política de Yeon Gaesomun mostrou-se mais agressiva não somente para os chineses, mas também para os outros reinos coreanos ao sul. Reconhecendo o poder de Koguryo ao norte, representantes de Silla aliaram-se para atacar em conjunto o reino de Paekche. Mas essa busca de aliança não durou muito, pois Koguryo tentou depois fazer um pacto com Paekche, o que provocou a tentativa de aliança de Silla com o império chinês Tang. Em 644, o imperador Taizong decidiu, então, enviar uma expedição contra Koguryo, que durante anos enfrentou dura resistência na península de Liaodong. Taizong, cansado dos anos de guerra, resolveu retirar-se das linhas ofensivas e passou a apoiar Silla, seu aliado na península coreana.

Silla ascendeu após a culminação de disputas pelo poder. Durante o reinado da rainha Sondok (r. 632-647), membros da aristocracia *hwabaek* tentaram um golpe, rapidamente reprimido pelos seguidores de Kim Chunchu (604-661), que acabou por se tornar a maior figura política de Silla da época. Com a morte de Sondok, sua herdeira, a rainha Chindok (r. 647-654), foi a última da linha dos monarcas que seguiram o sistema do "osso sagrado" (*seonggol*). Nesse meio-tempo, Silla se comprometia cada vez mais com a China dos Tang.

Em 648, Kim Chunchu foi novamente enviado como emissário para a capital chinesa, Changan, de onde retornou prometendo adotar todos os protocolos, rituais e vestimentas cerimoniais chineses na corte de Silla, visando impressionar o imperador Taizong. Os gestos de respeito e compromisso sem reservas fortaleceram ainda mais a aliança entre os dois reinos asiáticos.

Nos âmbitos social e militar, nos séculos VI e VII, Silla institucionalizou o *hwarangdo* ("caminhos dos cavaleiros florescentes", 화랑도), um

Rainha Sondok. Crédito: New World Encyclopedia/ Anne Inoue/Wikimedia Commons.

grupo de membros jovens (*nangdo*, 낭도) da elite coreana selecionados por critérios como coragem, lealdade, respeito aos valores tradicionais e conhecimento das artes e poesia. As unidades desse grupo eram lideradas por *hwarangs* (화랑), membros das famílias pertencentes aos "ossos sagrados" (*kolpumcheto*, 골품제도), como Kim Chunchu. Era comum monges budistas se juntarem a esses grupos como conselheiros e guias espirituais. Esse corpo disciplinado e motivado de jovens retratava bem o espírito de Silla nessa época em que a identidade nacional florescia, estimulada pelas conquistas na península coreana.

O *hwarang* mais conhecido foi Kim Yushin (595-673), descendente de um rei de Kaya que havia sido aceito como membro dos "ossos sagrados" depois que o reino de seu antecessor foi derrotado em 532. Kim Yushin liderou, no início do século VII, um grupo de *hwarangdos* chamado *Yongha hyangdo* ("discípulos da fragrância da flor do dragão", 용하향도). Acreditava-se que seus membros tivessem sido escolhidos pelas divindades para empreender a conquista de toda a península coreana. Foi com esse espírito de motivação que Kim Chunchu chegou a ocupar o trono de Silla em 654, assumindo o nome real de Muyeol (r. 654-661).

O reino de Paekche, cada vez mais ameaçado e cercado pelos reinos rivais de Silla e da China, buscou assegurar novas alianças na região asiática. Koguryo mostrava-se vacilante, tendendo a certa lealdade a Paekche mas temeroso de rivalizar com os Tang. Foi, então, que os governantes de Paekche enviaram emissários mais para leste, para o reino consolidado de Wa, sob os Yamato, nas ilhas japonesas, com quem firmaram um pacto de cooperação em 653.

De 655 a 659, Paekche parece ter convencido Koguryo a mobilizar suas tropas e os dois reinos começaram a assediar as fronteiras de Silla. Em resposta, os governantes de Silla solicitaram a ajuda da China. Em 660, os Tang enviaram uma força naval de cerca de 130 mil homens para leste em direção à capital de Paekche na época, Sabi (hoje Puyo). Na linha oriental e terrestre, as ofensivas, sob o comando de Kim Yushin, Pumil e Humchun, avançaram com uma força estimada em 50 mil homens, o que resultou em uma das maiores batalhas da época, conforme descrito pelo épico *História dos três reinos* (삼국사기, *Samguk sagi*): a Batalha de Hwansanbeol.

É desses confrontos a narrativa da extrema abnegação do general de Paekche, Kyebaek (?-660), que, ciente de seu destino e do futuro do reino, mandou matar sua família para evitar uma vida de escravidão.[2] Depois disso, Kyebaek liderou 5 mil guerreiros contra a ofensiva de Silla e foi morto na batalha, tornando-se um símbolo da lealdade e devoção a sua nação para gerações de confucionistas. Derrotadas as tropas de Paekche, as forças aliadas de Silla e Tang chegaram a ocupar a capital do reino invadido, Sabi, após uma feroz batalha em 660, que culiminou na morte do último rei Paekche, Uija.

O sucesso militar incitou algumas divergências nos planos da China, sob o comando do imperador Gaozong (r. 649-683), e de Silla a respeito do futuro da península coreana. Os chineses almejavam estabelecer uma presença definitiva na costa ocidental da península, ao passo que Silla, consciente das ambições de Gaozong, buscou consolidar seu domínio.

De fato, embora a *História dos três reinos* enfatize as sábias decisões do rei de Silla, Muyeol, parece que o império chinês não conseguiu permanecer no antigo território de Paekche, distante do território da China e cercado pelas tropas terrestres comandadas por Silla. Com o fim dos confrontos, membros da família real de Paekche se exilaram nas ilhas japonesas, onde buscaram nos anos seguintes organizar a resistência contra a ocupação de Silla. Em 666, mesmo com o apoio de esquadras japonesas, a resistência de Paekche foi definitivamente derrotada.

O império Tang, a bem da verdade, não tinha simplesmente desistido de Paekche, mas buscava algo mais premente nas fronteiras para assegurar sua segurança na região nordeste. O alvo era o reino de Koguryo, no norte da península coreana.

Em 661, Gaozong organizou uma expedição de cerca de 350 mil homens e pediu ajuda a Silla. O maior líder militar de Silla, Kim Yushin, conduziu suas tropas em direção à capital de Koguryo, Pyongyang. No entanto, Pyongyang revelou-se uma fortaleza inexpugnável após um cerco de oito meses. Em Paekche, agora derrotado e ocupado, o imperador chinês nomeou um governador local, gerando desgaste com as lideranças de Silla. Aos olhos desse reino, essa espécie de Pax Sinica (Paz Chinesa)* instituída pelos Tang revelou-se um prenúncio de mudanças na região.

As mudanças repentinas começaram com a morte do líder de Koguryo, Yeon Gaesomun (r. 642-666), em 666, que criou uma oportunidade para as ofensivas chinesas e de Silla ao abrir um vácuo de poder e incertezas quanto à sucessão ao trono. Em 668, dividida e sem um claro comando, Pyongyang foi fustigada e atacada. Os filhos de Yeon Gaesomun, incapazes de entrar em acordo, caíram diante dos invasores. Pyongyang foi ocupada, e a hegemonia de Koguryo na região nordeste asiática, nas fronteiras com a China Tang, esvaneceu. Após a conquista de Koguryo e a submissão de Paekche, o império Tang tentou estender sua dominação sobre toda a Manchúria e o noroeste da península coreana, como havia sido feito pela dinastia Han no passado.

Em 669, o governo chinês estabeleceu províncias administrativas em torno de Pyongyang com o propósito de controlar os territórios

---

* Termo em latim advindo da expressão "Pax Romana", empregada primeiramente por Sêneca em 55 e.c., que denota a ordem estabelecida em uma região segundo a hegemonia em questão.

Imperadora Wu Zetian, umas das raras mulheres a ocupar o trono imperial chinês. Imagem retirada de um álbum do século XVIII contendo retratos de 86 imperadores da China, com notas históricas chinesas. Originalmente publicado/produzido na China, século XVIII (Biblioteca Britânica, classificação Or. 2231). Crédito: Autor desconhecido/Cold Season/Wikimedia Commons.

fronteiriços. Esse protetorado era um dos maiores do império chinês e se revelou frágil devido à resistência de outros líderes perseguidos de Koguryo. Alguns líderes haviam sido presos e mortos, mas outros conseguiram fugir para encontrar abrigo em territórios de Silla e até mesmo no arquipélago japonês. Aproveitando-se da inquietude ao norte da península, Silla tentou expandir seus domínios sobre Paekche. A ousadia irritou os Tang, que responderam com pressões diplomáticas e passaram a ameaçar os familiares do rei de Silla que viviam na capital Tang. A guerra entre Silla e a China Tang parecia inevitável na segunda metade do século VII.

O destino foi favorável a Silla. Quando o imperador Tang, Gaozong, adoeceu e a imperadora Wu Zetian (r. 690-705) tornou-se regente, ela adotou uma política mais pacifista em face dos reinos coreanos. Ademais, a ascensão de outras ameaças nas fronteiras chinesas no sudoeste, entre os tibetanos, consumiu os recursos antes voltados à região nordeste da China.

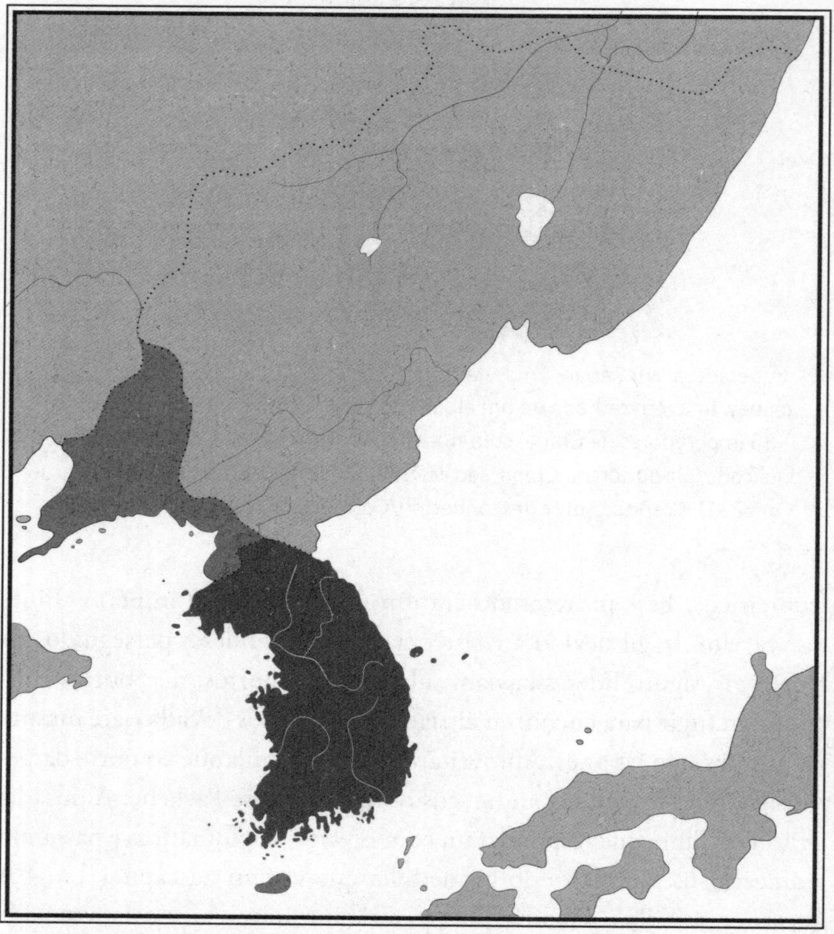

O reino de Silla em seu auge, em 576 e.c., em cinza-escuro. Os territórios em cinza-médio são o que restou de Koguryo (noroeste) e do reino tributário de Tanma, na ilha de Jeju (sul).

As forças de Tang se mantiveram resilientes, tendo sido derrotadas por Silla somente em 675, em batalhas ao norte do rio Han e na costa ocidental coreana. Assim, o protetorado chinês no norte coreano deslocou-se de Pyongyang para oeste, na península de Liaodong, em 676, um significativo avanço de Silla sobre a região norte-coreana.

Silla havia tomado o controle da península, e o que restou dos outros dois reinos coreanos dividiu-se em províncias com capitais regionais. Kyongju, na costa leste coreana, foi declarada capital de toda a Silla expandida. Os antigos aristocratas de Paekche, de Koguryo e mesmo da pequena Kaya foram incorporados à classe dominante de Silla, concretizando, assim, a primeira unificação do território da península na história coreana.

Sociedade e cultura de Silla

A capital de Silla, Kyongju, rivalizava em pujança com a cidade imperial de Xian, na China, e a de Nara, no Japão, e foi uma das cidades mais prósperas do Leste Asiático nos séculos VIII e IX. Sua população estimada de cerca de 200 mil habitantes incluía de aristocratas, funcionários e sacerdotes até soldados, comerciantes, artesãos, artistas e escravos. A maioria das habitações exibia telhados revestidos de azulejos decorados; raramente se viam casas cobertas de palha.

Entre palácios reais cercados por jardins e lagos planejados, os templos budistas eram onipresentes. Lamentavelmente, quase tudo foi destruído em diferentes guerras, e restam hoje na cidade algumas esculturas de pedra e restos de relevos, estruturas de palácios e templos. Mesmo assim, diante do que é testemunhado e pelo primor dos detalhes artísticos, Kyongju foi declarada Patrimônio Cultural da Humanidade pela Unesco no ano 2000.

As crônicas reunidas no *Memorabilia dos três reinos* exibem detalhes da vida cotidiana em Kyongju. Os templos eram vibrantes em seus cultos e a música fluía nas ruas dia e noite. Uma das peças mais célebres é a "Canção de Choyong" (초용카, "Choyong ka"), musicada no ritmo poético da época conhecido como *hyangga* (향가). Os versos cantados foram escritos em idu (이두), que era o coreano em caracteres chineses.

De acordo com a lenda, Choyong tinha dons mágicos, era filho do Dragão do Mar do Leste e chegou à capital para servir ao rei de Silla, tendo recebido dele um título e uma esposa. Certa noite, ao retornar de uma festa, Choyong encontrou sua esposa sendo seduzida por um espírito maligno chamado Demônio da Praga, metáfora para os males do mundo. Choyong perdoou os envolvidos em troca da promessa de que o espírito nunca mais entraria em uma casa que tivesse o retrato do herói na porta.

A canção que Choyong declama é tão encantadora e bela que faz o espírito do mal partir em paz:

Tendo me arrastado até tarde da noite
Na capital da lua,
Voltei para casa e na minha cama
Eis quatro pernas
Duas eram minhas;
De quem são as outras duas?
Anteriormente duas eram minhas;
O que deve ser feito agora depois que foram tomadas?[3]

Na sociedade de Silla, o poder se estabeleceu sobre um sistema de impostos e trabalho prestado ao senhor de terras. No topo da pirâmide social ficavam os que pertenciam ao "osso sagrado" – que ocuparam exclusivamente o trono real até o fim do governo da rainha Chindok, em 654. Depois disso, outras linhagens aristocráticas puderam ocupar o poder e altos cargos de autoridade, como as famílias Bak e Seok, ambas da capital. Para tanto, esses membros foram considerados "osso legítimo" (*jingol*, 진골) e passaram a governar promovendo uma série de reformas administrativas e burocráticas a partir da segunda metade do século VII. Essas reformas foram em grande parte inspiradas pelo confucionismo, ideologia que buscava assegurar a lealdade e a obediência ao monarca, mantendo, nesse sentido, a ordem e paz do sistema político. Em 682, o rei Sinmu (r. 681-692) fundou a Academia Nacional (*Gukhak*, 국학), de cunho confuciano, única instituição de ensino superior do reino de Silla. Nesse local, os alunos aprendiam os clássicos confucionistas.

Apesar das reformas confucionistas implementadas ao longo dos séculos VI e VIII, o sistema hereditário de privilégios para os ocupantes de altos cargos manteve restrito o acesso ao poder em Silla. De fato, tratava-se de um reino aristocrático. Não importava quão sábio e talentoso fosse um indivíduo, ele precisava pertencer ao grupo privilegiado para ter poder. Os demais poderiam, no máximo, ser indicados aos cargos logo abaixo dos "ossos legítimos", quando demonstravam presteza e talento. Nesse sentido, os estudantes que ingressavam na Academia Nacional eram aqueles não pertencentes à elite dos "ossos"; esses não precisavam demonstrar nenhum talento ou estudo para conquistar os cargos máximos.

Mas nem todo jovem coreano no reino de Silla almejava juntar-se ao *Gukhak*. Alguns partiam para carreiras em terras chinesas, a fim de mostrar seu mérito nos concorridos exames confucionistas da dinastia Tang. Outros buscavam o sacerdócio budista. A restrição aos mais altos cargos de poder na Coreia de Silla para os membros da elite dos "ossos" certamente desmotivava mentes e talentos brilhantes na administração civil e militar do reino coreano. Uma elite segregada no poder, em uma sociedade sem possibilidade de ascensão social e política, compunha um cenário preocupante para a estabilidade da ordem dinástica em Silla.

Durante as últimas décadas do reino, a partir do final do século IX, a crise e a instabilidade no poder eram evidentes em Silla, com mais de vinte reis se sucedendo em um curto período de tempo.

Um dos episódios mais dramáticos registrados na *História dos três reinos* é o da vida de Jang Bogo (745-846), talentoso líder guerreiro de origem plebeia que chegou ao oficialato na China Tang. Ao retornar a Silla, foi nomeado comandante das forças navais coreanas para combater os piratas nos mares da região. Uma vez estabelecida a ordem marítima, o comércio entre a China e o Japão prosperou novamente, e Jang Bogo, tendo recebido o controle de uma ilha estratégica na região, a de Cheonghae, acumulou fortunas. Sua vida ambiciosa chegou ao fim quando tentou tornar a filha rainha por meio do casamento com o rei Munseong (r. 839-857), filho de Sinmu. O casamento não se concretizou, pois seria contrário aos princípios do *kolpum*. Inconformado com a tradição, Jang Bogo se rebelou e foi morto na ilha de Cheonghae, em 846, por um enviado da corte de Silla.

No campo religioso, o budismo se disseminou em Silla. Esse reino, o último dos três a se converter, abraçou com entusiasmo os ensinamentos dos sutras e enviou vários estudantes e monges ao exterior para conhecer melhor as doutrinas do budismo maaiano.* Foi essa vertente que chegou a dominar Silla, graças à ampla difusão de textos, livros e estudos traduzidos do sânscrito para o chinês, em boa parte pelas mãos de Kumarajiva (344-413) e de seus discípulos.

Contudo, isso não significa que não houvesse discussões doutrinárias na península. Um dos maiores debates da época era acerca da questão sobre o estado espiritual alcançado por Buda, discutindo-se se toda pessoa nasce ou não com as qualidades necessárias para atingi-lo; a maioria dos eruditos coreanos rejeitava essa ideia. Dentre os mais famosos destacou-se o mestre Wonhyo (617-686), que abraçou as várias tradições budistas coreanas e lançou as bases sobre as quais se assentaria o maaianismo na Coreia nos séculos seguintes.

Wonhyo, que significa "madrugada", nasceu em uma família sem ligações com a aristocracia. A lenda conta que era tão brilhante na juventude que nem sequer precisou de mestres para se tornar o principal sacerdote de um templo.[4] Em certa ocasião, enquanto observava abelhas e borboletas voando de flor em flor, Wonhyo sentiu um imenso desejo de ter uma companheira. Nesse mesmo dia, o rei de Silla lhe ofertou a mão de sua filha viúva, a princesa Yosok. Wonhyo dirigiu-se, então, ao palácio, mas, no caminho, caiu em um riacho. Assim que chegou a seu destino, a princesa mandou o mestre entrar para vestir roupas secas.

Nessa mesma noite, ainda de acordo com a lenda, os dois compartilharam a cama e tempos depois nasceu o filho do casal, chamado Sol Chong. O menino cresceu nos círculos mais altos da sociedade e revelou extraordinária inteligência para as letras, padronizando o chinês clássico para a língua coreana.

Wonhyo, tendo quebrado o voto de celibato, trocou as vestes de sacerdote por trajes seculares e dedicou a vida a compor poemas e canções para melhor ensinar as virtudes budistas. De aldeia em aldeia, cantando, dançando e recitando, Wonhyo fez chegar sua mensagem a milhares de

---

* Escola budista que tem como princípios básicos a superação das insatisfações mundanas (*dukkha*) e a transcendência do círculo vicioso entre sofrimento e renascimentos (samsara), objetivando alcançar o estado da iluminação (nirvana).

O monge "madrugada", Wonhyo. Crédito: Autor desconhecido/Grampus/Wikimedia Commons.

pessoas, do mais humilde ao mais nobre. Sua mensagem ainda hoje é recitada por budistas coreanos.

A Pax Sinica e a ascensão de Parhae

Ao norte do reino unificado de Silla, o império chinês foi incapaz de assimilar o território de Koguryo. Em fins do século VII, povos nômades das estepes revoltaram-se contra a China, reduzindo o alcance de influência da dinastia Tang sobre todo o nordeste chinês na área do rio Liao, para onde muitos habitantes do antigo reino de Koguryo haviam sido relocados. Um dos ex-líderes de Koguryo, Dae Jung-sang (?-690), vislumbrou a oportunidade histórica e organizou uma ofensiva para o leste através da vastidão da Manchúria, a fim de fugir do controle chinês e do reino coreano ao sul.

O reino de Parhae (Balhae), em cinza-escuro, e Silla ao sul, em cinza-claro, século VIII e.c.

Dae Jung-sang estabeleceu-se no vale do rio Mukden em 696 e fundou um reino chamado Parhae (발해, Balhae ou Pohai em chinês), que imediatamente enviou emissários para Silla e ao encontro de povos túrquicos nômades na Mongólia. Apesar de ter se consolidado como um amplo reino no norte coreano, muitos historiadores debatem se, de fato, Parhae era coreano, pois sua população era composta de múltiplas etnias, inclusive nômades das estepes e chineses. Os poucos registros deixados por esse reino não ajudam a esclarecer a dúvida, obrigando os estudiosos a contar com as anotações de testemunhas de Silla, de Tang e do Japão.

De acordo com esses fragmentos, o reino foi fundado por remanescentes de Koguryo e de um povo chamado malgal, ancestral dos manchus. Acredita-se que os governantes e a elite de Parhae eram líderes do extinto Koguryo e que o povo malgal compunha a base popular e grupos semiautônomos governados por seus chefes locais submetidos à autoridade central de Parhae.

Parhae recuperou a maioria dos domínios antes submetidos a Koguryo, o que gerou tensões na região do Leste Asiático e provocou novos diálogos entre Silla e a China Tang. Parhae, considerando suas possibilidades, buscou articular-se com o Japão dos Yamato e outros poderios autônomos além das muralhas e fortificações chinesas. Incapacitada e limitada em seus recursos, a China Tang reconheceu o status de Parhae no século VIII.

Paraíso na Terra

Mas o Leste Asiático e a Coreia não se resumiam aos aspectos políticos e militares. Do efervescente mundo do budismo emergiu um dos personagens coreanos mais notáveis dessa época, um monge que viajou longas distâncias para estudar os ensinamentos de Buda. Seu nome era Hecho (ou Hyecho) (704-?) e seu diário de viagem contém anotações que retratam o amplo mundo budista em que vivia.[5]

Muito depois, já no início do século XX, o explorador francês Paul Pelliot (1878-1945) descobriu uma série de cavernas de Dunhuang, no oeste chinês, que guardava incontáveis documentos, registros e pinturas do efervescente mundo de trocas e viagens ao longo da Rota da Seda no século VIII.[6] Nessas cavernas foram encontrados os registros de Hecho.

De acordo com esses achados, o comércio asiático era frenético. A demanda pelos produtos coreanos de Silla era significativa tanto em meio à ávida elite da capital chinesa, Changan, quanto no arquipélago japonês. Entre os mercadores muçulmanos que atuavam nas extensões asiáticas mais a oeste, os produtos coreanos eram altamente apreciados.

Os árabes, no século IX, acreditavam que Silla era uma terra abundante de ouro e demandavam, como em outras partes da Ásia, os finos têxteis e produtos fitoterápicos da península, em contrapartida à procura coreana por seda, pedras preciosas e obras clássicas chinesas. Essa rede interasiática de comércio também resultou na riqueza cosmopolita da corte de Tang, uma das idades de ouro das artes chinesas, que se refletiu entre os círculos das cortes e eruditos em Silla, Parhae e Japão. A rede comercial frutificou com o estabelecimento de uma comunidade de coreanos de Silla na península chinesa de Shandong e também mais ao sul, na foz do rio Yangzi, no distrito de Sucheng, Jiangsu, nos séculos VIII e IX.[7]

Foi também nessa época que as artes budistas floresceram em terras coreanas. Incontáveis templos foram construídos nas montanhas e em Kyongju, com amplos e decorados santuários, pagodes* e sinos. Sob o budismo, revelou-se grande habilidade artística na arquitetura, na escultura e na pintura, com um realismo vibrante e rico em detalhes.

Um dos centros mais notáveis dessa efervescência cultural é o templo de Bulguksa, ou "templo da Terra de Buda", e a gruta de Seokguram, construídos em meados do século VIII sob orientação de Kim Daesong (701-774), ministro de Silla. Essas duas edificações revelam muito do ardor religioso e do poder influente das famílias aristocráticas, assim como o sofisticado senso estético na arquitetura e na escultura dos artistas coreanos da época.

O templo de Bulguksa e a gruta de Seokguram estão localizados nas montanhas orientais de Kyongju e foram declarados Patrimônio

* Estruturas em forma de torre, de vários andares, cada um desses com telhados projetados, associadas a um complexo de templos budistas e, portanto, geralmente encontradas no Leste e no Sudeste Asiático.

Buda e os *bodisatvas* na gruta de Seokguram. Crédito: Administração do Patrimônio Cultural/Sadopaul/Wikimedia Commons.

Cultural da Humanidade pela Unesco em 1995. São dois marcos históricos que têm influenciado a cultura coreana por séculos. No interior da gruta, há uma estátua de Buda Sakyamuni a leste, que recebe a primeira luz da manhã, vinda do sol nascente. Os budistas coreanos acreditavam que a Terra Pura, ou paraíso, ficava em algum lugar sobre o mar do Leste. Nas paredes de Seokguram, Buda Sakyamuni é cercado por imagens de *bodisatvas* – seres sencientes e iluminados – da tradição maaiana. Entre esses seres, o mais notável é e Avalokiteshvara (ou Guanyin, em chinês), divindade da fé e compaixão supremas no budismo maaiano.

As estruturas originais de madeira do templo de Bulguksa foram perdidas durante a invasão japonesa em fins do século XVI. No entanto, restam dois magníficos pagodes de três andares, cada um com cerca de 10 metros de altura, chamados de Seokgatap (pagode de Sakyamuni) e Dabotap (pagode dos Muitos Tesouros). Esses monumentos exibem contornos únicos em comparação com outros pagodes ao redor do mundo, graças às linhas retilíneas e quadradas de Seokgatap e às delicadas curvas que decoram o Dagotap. A simplicidade de Seokgatap representa a brevidade da ascensão espiritual, enfatizada em suas formas sóbrias e moderadas. Dagotap, em contraste, com suas curvas e insinuações, representa o lado mais lírico, complexo e esplendoroso da vida.

O templo de Bulguksa e a gruta de Seokguram, junto ao esplendor da capital Kyongju, concretizaram o auge do poder do reino de Silla. Foi uma época de intensa ascensão das doutrinas budistas maaianas, em que viveram grandes monges, como Wonhyo, e viajantes em busca dos locais sagrados da Ásia, como Hencho. O ardor intenso do auge, contudo, não demorou a se apagar.

3

O GRANDE ANCESTRAL E AS ADMIRÁVEIS OBRAS

A queda de Silla

Em fins do século IX, a península coreana atravessou uma série de rebeliões camponesas e crises políticas. As revoltas em boa parte foram motivadas pelos altos impostos cobrados pelos senhores latifundiários locais, o que minou o poder da aristocracia de Silla. Na época, a China também enfrentou crises que culminaram com o fim do período Tang, o que resultou em um contexto de turbulência e retração da Pax Sinica no Leste Asiático.

Na península coreana, a desordem foi agravada com a competição entre as inúmeras lideranças locais e exércitos armados que disputavam o controle das províncias do reino de Silla. Apenas algumas famílias nos arredores da capital mantinham o restante do poder. Os demais líderes locais, referidos como senhores da guerra, tinham origens variadas: alguns eram oficiais do exército, outros eram comerciantes poderosos, monges, bandidos ou membros da aristocracia desesperados por manter sua dominação. A maioria ascendeu de posições sociais mais baixas e, uma vez alcançando a condição de autoridade, passou a ser chamada de "senhor" ou mesmo de "general". Os aristocratas locais, por sua vez, pertenciam a grupos marginalizados do sistema dos "ossos".

Essa turbulência sociopolítica é comparável aos distúrbios que levaram ao declínio das dinastias chinesas. A autoridade central se apresentou débil e desarticulada diante das pressões desagregadoras das províncias do reino. Como na China, lideranças locais se ergueram de bases regionais de poder e lutaram entre si pela hegemonia na península coreana. Por isso, para alguns historiadores,[1] a Coreia estaria passando por uma crise em seu sistema feudal.

De fato, havia relações de obrigações militares e de impostos a serem observadas pelos camponeses, além de vilas nas propriedades de um latifundiário, que, por sua vez, era responsável pela ordem, proteção e paz de todos. O risco maior dessa interpretação, contudo, é comparar a experiência europeia feudal com o contexto asiático. Na história coreana não havia relações contratuais entre as partes como no feudalismo europeu. Seria melhor, talvez, caracterizar o sistema coreano como uma estrutura em que os camponeses deviam uma parte de seu trabalho – geralmente o cultivo de arroz, milhete, trigo e cevada – para o proprietário das terras.[2]

Um cenário como esse pode levar à suposição de que se tratava de uma espécie de período feudal. Novamente é preciso evitar o risco da excessiva analogia com a experiência europeia. Os fatos históricos da Coreia não mostram nenhuma mudança socioeconômica significativa no período, embora houvesse sinais de crise da autoridade central. Cabe ressaltar que já em 918 houve a ascensão de outra dinastia, a de Koryo, estabelecida por líderes coreanos originários do norte, que depois consolidaria uma nova unificação da península coreana.

Em seus últimos momentos, Silla entrou em colapso devido a uma série de crises provocadas por revoltas contra a dominação por famílias detentoras dos cargos de comando. As finanças do reino foram erodidas pela isenção de impostos parcial ou total concedida a certas classes sociais e instituições, como a budista. Socialmente, o *kolpum* estava desmoronando e revelando crises de lealdade e questionamentos à autoridade tradicional. Ademais, o último soberano Silla, Kung Ye (r. 901-918), mostrou-se um homem cruel, paranoico, instável e convicto de que era o Buda Maitreya,* figura capaz de redimir toda a humanidade.[3]

Nesse contexto, na virada para o século X, duas figuras históricas se destacaram. Gyeon Hwon (867-936) e Gung Ye (c. 869-918) haviam se

---

* O Maitreya no budismo representa o futuro Buda, a inaugurar uma nova era (*kalpa*) de salvação e valores da retidão do *dharma* no universo.

tornado os mais proeminentes senhores da guerra na península. Gyeon Hwon era um oficial militar dotado de excepcional senso de estratégia e comando, tendo liderado seus homens principalmente nas regiões provinciais do sudoeste coreano, no antigo território de Paekche. Gung Ye, por sua vez, começou como um líder de bandidos nas regiões centrais, que antes pertenciam ao reino de Koguryo. Visando consolidar sua autoridade e reunir as lealdades locais, eles se proclamaram reis de Paekche e Koguryo, respectivamente.

Para distinguir esses dois reinos do período anterior, os historiadores nomearam as novas entidades políticas Paekche Tardio e Koguryo Tardio. É por isso que o período de desagregação da Coreia ficou conhecido como Período Tardio dos Três Reinos (892-936) – o que restara de Silla, Paekche Tardio e Koguryo Tardio. Esses três reinos seriam modificados pela ação de um líder fundamental na história coreana.

O grande ancestral

Wang Geon (877-943) veio da costa ocidental da península, de uma família que havia prosperado no comércio com a China. Nos anos finais da Silla unificada, ele emergiu como um poderoso líder local. Com o advento dos três reinos, Wang Geon reuniu seus domínios ao reino tardio de Koguryo, ao norte, e serviu como ministro do general Gung Ye. Em 918, o ministro tramou a deposição do rei Gung Ye e fundou uma nova dinastia coreana, a de Koryo (ou Goryeo, 고려), escolhendo como capital a cidade de Kaegyong (atualmente Kaesong). A escolha do nome da nova dinastia, uma forma abreviada de Koguryo, indicava a ambição de Wang Geon de recuperar o vasto reino antigo do norte coreano e Manchúria.

De fato, Wang Geon reconstruiu Pyongyang, antiga capital de Koguryo, que havia sido abandonada pela dinastia Silla. Renomeou-a Sogyong, "Capital Ocidental", o que abriu uma notável presença estratégica no norte coreano. Com as duas capitais localizadas em lugares auspiciosos visando a um longo reinado dinástico, Wang Geon assegurou uma vantagem geográfica em Gaegyong na região central ao longo do rio Yesong. A localização da capital de Gaegyong obedeceu também aos preceitos budistas da geomancia coreana (*pungsu*, 풍수), método de adivinhação segundo o qual um sábio receberia o mandato legítimo dos céus para ser governante a partir do local auspicioso indicado. Entronado e tendo garantido seu poder e o de seus descendentes, Wang Geon receberia o honroso título de Taejo, "Grande Ancestral" (r. 918-943).

Apesar da consolidação do reino de Koryo, Wang Geon e seus sucessores enfrentaram problemas prementes nas fronteiras ao norte do reino coreano. Os povos khitans (ou kitais), ancestrais dos mongóis, tinham fustigado os chineses da dinastia Tang e fundado uma dinastia, a de Liao, que controlou um vasto território que incluía boa parte do norte chinês no século VIII. Era imperativo aos khitans proteger o vale do rio Liao, antes controlado pelo reino de Parhae, cujo povo malgal se rebelara e depois se unira em lealdade aos khitans. O momento derradeiro veio em 926, quando o reino dos khitans fulminou de vez o reino de Parhae e pôs fim a sua autoridade na região da Manchúria.

Os fugitivos de Parhae buscaram se reagrupar e se aliar ao novo reino de Koryo, acreditando que este seria o sucessor do antigo Koguryo. Wong Geon recebeu-os, mostrando simpatia por sua causa e reconhecendo nesses povos origens étnicas semelhantes – pertencentes ao vasto grupo que seria depois identificado como os coreanos. Isso explica as tensões entre os khitans e Koryo. Em 934, Wong Geon concedeu títulos e sobrenomes reais ao príncipe herdeiro do antigo reino de Parhae assim que ele chegou a Koryo, acompanhado de milhares de súditos.

Wong Geon se considerava um unificador de todos os povos coreanos e os migrantes de Parhae foram apenas um elemento em sua ambição política. Visando apaziguar os demais líderes locais ao longo da península coreana, Wang Geon casou-se com filhas de poderosos senhores da guerra e membros de famílias aristocráticas tradicionais. Títulos nobiliárquicos foram concedidos aos aliados locais, assim como o sobrenome real. Em 935, o que restou do reino tardio de Parhae foi conquistado pelo reino de Koryo e Wang Geon se mostrou generoso com seu rival derrotado, Gyeon Hwon (r. 892-935), ao lhe oferecer apoio (mas também lealdade e submissão) contra as pretensões de seu filho que o traíra. Um ano depois, em 936, a península coreana encontrava-se unificada sob o trono de Wang Geon.

As Dez Injunções

O maior legado de Wang Geon, muito além da unificação da Coreia, talvez tenha sido uma série de prescrições conhecidas como as Dez Injunções (*Hunyo Sipjo,* 훈요십조), sistematizadas ao final de seu reinado. Elas foram dispostas visando à fundamentação da nova dinastia e ao respeito às reformas propostas por um monge budista da época chamado Toson (827-898).*

A nova ordem nas injunções foi fundamental para consolidar o reino a partir do século X. Após a unificação e as conquistas dos vários reinos coreanos, o fundador da dinastia de Koryo preocupou-se com a longevidade política de seus domínios, alicerçado em alianças e privilégios negociados com múltiplas lideranças e famílias aristocráticas locais. Era imperioso, pois, controlar as tendências desagregadoras de Koryo. Das Dez Injunções, cinco referem-se à maneira como o rei deveria governar o Estado.[4] Wang Geon buscou inspiração no sistema chinês, mas o adaptou às características coreanas. Na quarta injunção, a admiração pela cultura de Tang é revelada ao afirmar os laços fraternais com o regime chinês e ao se distanciar dos khitans.[5]

A preocupação era manter uma ordem coreana inspirada no sistema chinês sem descuidar das ameaças das fronteiras. Os povos khitans, portanto, deveriam ser vigiados e seus costumes, evitados, por serem considerados bárbaros.[6] Na essência havia a busca deliberada por expressar a singularidade coreana, com inspiração chinesa, e a contraposição aos povos da fronteira.

De fato, o sistema de Koryo assemelha-se ao da China de Tang. Como exemplo, em 958, o filho de Wang Geon e rei de Koryo, Gwangjong (r. 949-975), institucionalizou o sistema de exames de admissão como praticado na China, chamado de *kwago* (ou *gwageo,* 과거), mas com modificações características aos coreanos. Embora tivesse sido recomendado por um enviado chinês, Ssangi, à corte de Koryo, o sistema coreano de exames era aberto apenas aos membros das famílias aristocráticas e elites locais.

---

* Influente monge budista da época que defendia a localização auspiciosa das cidades, casas, templos e cemitérios, conforme a geomancia coreana, *pungsu*.

Além disso, tendo testemunhado diversas lutas sangrentas pela autoridade local após a morte de seu pai, Gwangjong decidiu promover políticas de reforma para fortalecer o Estado. Em razão disso, expandiu-se o confisco de escravos particulares de famílias aristocráticas para servirem ao poder central, aprovado em 956, e as forças militares foram reorganizadas a fim de combater as ameaças dos khitans. Não menos importante, as autoridades locais, cujos cargos até então eram ocupados por líderes e membros da aristocracia, foram substituídas por funcionários nomeados pelo rei.

Era evidente que o poder civil de Koryo começava a se fortalecer em detrimento dos comandos locais e os funcionários designados seriam fruto de um sistema de méritos aprovados nos exames e não mais por herança familiar. No aspecto militar, as tropas de Koryo se tornaram mais robustas com os numerosos membros recrutados, muitos deles ex-escravos de famílias aristocráticas locais. O duplo aspecto, civil e militar, comporia o sistema referido como *yangban* (양반), "dois ramos". Não é exagero enxergar nesse sistema o fundamento do reino de Koryo.

Os descendentes de Gwangjong poderiam ter diminuído ainda mais a autoridade das aristocracias locais, mas não foram tão bem-sucedidos, pois as condições privilegiadas de estudo e acesso às obras clássicas eram restritas a poucos. Mais ainda, houve a continuação de um sistema de nomeações privilegiadas a favorecer alguns membros escolhidos pelo Estado.

O sistema de *yangban*, assim, consolidou em Koryo uma classe aristocrática não mais hereditária, mas de *literati*, conhecida como *munbol*. As prebendas e os salários eram determinados de acordo com um sistema chamado *chon sikwa*, conforme expressado na nona injunção. Esse sistema dimensionava os ganhos e propriedades de cada um de acordo com seu cargo e mérito.[7] A autoridade central do rei tinha seus limites e ele sempre precisava buscar a aprovação do povo – fosse entre os civis ou entre os militares –, conforme determinava a sétima injunção.

Assim, Wang Geon entendeu a necessidade da ampla aceitação do poder monárquico para legitimar seu reinado. Em 983, um conselho de ministros e estudiosos decidiram que haveria contenção às tendências autocráticas do rei – as questões vitais de Estado seriam aprovadas por um Conselho de Altos Ministros (*Chae Chu*, 채추) que participaria, efetivamente, das decisões mais cruciais sobre assuntos militares e legislativos, algo típico do sistema coreano.

A disputa mais premente nas primeiras décadas de Koryo estava ligada, sem dúvida, ao reino dos khitans, nas fronteiras ao norte da Coreia. Tudo começou quando mais uma nova dinastia no norte chinês, a Song, ascendeu em 960. Koryo buscou logo se aliar a ela, para desagrado dos governantes khitans, que haviam se esforçado para negociar com os coreanos um acordo que lhes permitisse atacar as regiões setentrionais chinesas. Em 993, diante do posicionamento de Koryo, os khitans atravessaram o rio Yalu e invadiram as terras coreanas, mas foram logo detidos e voltaram a se preocupar com os chineses.

Muito dessa reviravolta, aparentemente, foi obra de um brilhante diplomata e estrategista de Koryo, Seo Hui (942-998). Foi ele quem organizou, aproveitando o foco dos khitans contra a China, uma contraofensiva e passou a dominar os territórios ao longo do rio Yalu, permitindo, assim, acesso privilegiado à península de Liaodong (fronteira com o reino chinês dos Song). De posse do controle do vale do rio Yalu, Seo Hui mandou construir uma série de fortificações para proteção das fronteiras ao norte de Koryo.

Contudo, alguns anos depois, em 1010, o soberano dos khitans resolveu invadir a região e chegou a saquear a cidade de Kaesong, uma das capitais de Koryo. Os khitans só concordaram em se retirar após a devolução de toda a península de Liaodong.

Oito anos depois, em 1018, uma nova invasão dos khitans foi detida pelas forças de Koryo graças ao talento do general Kang Lamchan (948-1031). Só, então, os khitans desistiram definitivamente de tentar subjugar os coreanos.

Nas décadas seguintes, a ordem prevaleceu entre o reino de Koryo e os khitans. No início do século XII, povos jurchens sucederam os khitans na região da península de Liaodong e todo o norte da China, forçando a dinastia dos Song a se mover mais para as regiões meridionais ao sul do rio Yangzi e a fundar sua nova capital em Jiangnin (atual Nanjing, ou Nanquim), em 1129.

Apesar das convulsões, as relações entre Koryo e a China dos Song se aprofundaram. Os chineses consideravam os coreanos aliados cruciais para conter os jurchens, e os governantes de Koryo, por sua vez,

Cerâmica da dinastia Koryo, com a característica cor *pisaek*.
Crédito: Penta Springs Limited/Alamy/Fotoarena.

exploravam todas as possibilidades dessa aproximação para aprofundar os laços comerciais e culturais. Como consequência, houve significativo aumento de comerciantes e comunidades coreanas vivendo em cidades chinesas ao longo da foz do rio Yangzi, assim como muitos chineses ao longo do rio coreano de Yesong. As mercadorias mais solicitadas aos chineses eram sedas, livros, cerâmicas, ervas medicinais, perfumes e instrumentos musicais. Em troca, Koryo exportava ouro, prata, cobre e ginseng.

Foi por volta dessa efervescente época de contatos com os chineses que floresceu a indústria da cerâmica coreana. As valiosas peças de cerâmicas vitrificadas foram inspiradas nas cerâmicas chinesas dos Song. Nos séculos seguintes, os coreanos aperfeiçoaram sua própria produção, criando uma pigmentação única semitransparente de tom azulado e esverdeado (*pisaek,* "cor do martim-pescador"). Famosa pela beleza única, essa cor era requisitada pelas famílias aristocráticas chinesas e até mesmo por comerciantes árabes que tinham se assentado nas cidades portuárias coreanas.

A busca pela iluminação

No terreno religioso, o budismo exerceu notável influência sobre o reino de Koryo. Isso fica claro nas Dez Injunções, em que se enfatiza a importância dos preceitos da geomancia budista do monge Toson. Das Dez Injunções, quatro demonstram o favorecimento às ideias budistas do reino de Koryo. Os monges deveriam ser os administradores dos templos e mosteiros, espaços que mereciam respeito irrestrito. Apesar do nítido favorecimento, as construções budistas deveriam ser erguidas nos locais propícios, indicados segundo a geomancia – o que, em essência, tinha o objetivo de manter o controle sobre o número e a área das construções religiosas no reino.

O destaque às ordens budistas teve consequências sociais: muitos filhos de famílias nobres começaram a procurar o sacerdócio. No mundo da política, o budismo foi considerado pelos governantes de Koryo uma doutrina favorável ao reino em casos de conflitos com outros povos. Como exemplo de devoção, têm-se a compilação e a impressão da primeira versão coreana da imensa coleção dos ensinamentos de Buda (ainda no século XI) – o Tripitaca coreano.

A corte de Koryo concedeu títulos e privilégios diversos ao clero budista, incluindo isenções fiscais para templos e mosteiros. Além disso, as instituições budistas recebiam generosas doações de famílias poderosas e prósperas. Esse sistema de privilégios e favorecimentos acabaria por minar a arrecadação e o poder do reino de Koryo a partir do século XIII.

No entanto, nem todas as escolas budistas eram favorecidas em igual medida. Uma delas – a de Seon (ou Son, 선), que enfatizava a meditação – foi a de maior destaque, em grande parte devido aos ensinamentos de Toson, monge que exercia influência direta sobre o rei. Em contraste com a aristocracia de Silla, que defendeu o conceito da transmigração da alma a justificar a pureza dos pertencentes ao *kolpum*, Koryo buscou defender mais enfaticamente o acesso universal à prática meditativa.

A proeminência budista no reino coreano ficou evidenciada, seguindo os preceitos da geomancia budista coreana, pela noção de que o ponto escolhido para a construção de Pyongyang tinha sido auspicioso. A cidade era considerada ideal por sua localização: na correta distância entre as montanhas e as águas. Essa condição foi endossada pelos soberanos de Koryo, recomendando a seus aliados que ali permanecessem ao menos cem dias por ano. Isso fez a cidade prosperar com as frequentes visitas e estadas de viajantes e peregrinos. Por outro lado, a geomancia foi usada contra os pleitos dos habitantes ao sul do rio Gongju (atual rio Geum), que clamavam por uma nova capital auspiciosa, possivelmente porque essa área apoiou veementemente famílias aristocráticas ligadas ao poder do reino de Paekche, constituindo, assim, um foco de resistência a Koryo.

As invasões e a decadência

No início do século XII, Koryo enfrentou invasões dos povos jurchens, que tinham destruído os khitans no reino de Liao e estabelecido a dinastia Jin (1115-1234). Pouco depois de ascenderem na região, os jurchens expandiram-se mais ao leste e ao nordeste em direção ao rio Tumen, pressionando os governantes de Koryo a respeito de suas fronteiras. Em 1126, um grupo favorável à dinastia Jin na corte de Koryo, liderado pelo sogro do rei Injong (r. 1122-1146), tentou um golpe palaciano que foi prontamente reprimido.

Durante esses eventos turbulentos, outro grupo político de Koryo mais ao norte buscou tomar as rédeas do poder, inspirado pelas ideias do monge budista Myo Cheong (?-1135), que defendia uma ampla reforma política baseada no budismo e a condenação dos efeitos nocivos das tradições confucianas no Estado.[8]

Os seguidores de Myo Cheong passaram a enfrentar a dinastia Jin no norte e, depois, a avançar em direção à capital, Pyongyang, pois consideravam a outra capital, Kaesong, degenerada segundo as interpretações geomânticas do mestre. Esse movimento de insurreição dentro de Koryo revelou uma corrente milenarista que buscava incentivar o reino a combater as forças ao norte da península.

Em 1129, o rei Injong aceitou as sugestões de Myo Cheong e passou a permanecer em Pyongyang por 120 dias, em respeito às antigas injunções do rei Taejo, e a se conciliar com os rebeldes que assomavam nas regiões do norte do país. Além disso, mandou erguer um novo palácio real de acordo com as profecias geomânticas de Myo Cheong, que dizia que, se construído no local devido, o reino se tornaria um grande império, capaz de conquistar os Jin e outros Estados do Leste Asiático.

Naturalmente houve uma forte reação por parte dos membros da aristocracia letrada que tinham estudado por anos os preceitos confucionistas. Um deles, Kim Busik (1075-1151), liderou essas inquietações e se opôs à realocação da capital, denunciando as ideias da geomancia como ilusórias e oportunistas. Vendo-se incapaz de mudar a capital do reino, Myo Cheong e seus seguidores proclamaram um novo reino em 1135, pretensiosamente chamado de Grande Império Wi, e buscaram se refugiar na cidade de Pyongyang. Ciente das rebeliões, o comandante supremo das forças de Koryo suprimiu os rebeldes em 1136. Até 1142, esse comandante, Kim Busik, seria mantido como o mais influente membro do Conselho de Altos Ministros de Koryo.

O rigoroso Estado tinha subjugado as resistências idealistas populares. Apesar de reprimido, o sentimento popular começava a questionar a ordem e a legitimidade do reino de Koryo, e muitos consideravam os jurchens ao norte sujeitos à plena dominação pelos coreanos, ecoando os antigos domínios do reino de Koguryo do século V. A reação de Kim Busik e da elite confuciana letrada em boa parte se alienou dos sentimentos gerais da nação.

Em meados do século XII, Kim Busik, talvez buscando criar uma base de legitimidade histórica para o reino de Koryo, mandou compilar a obra *História dos três reinos*, já mencionada, que tinha o objetivo de recuar às origens de Koryo até os venerados reinos de Choson e de Silla em seu auge. A compilação foi inspirada na clássica obra historiográfica chinesa *Shiji*, escrita por Sima Qian (145 a 90 ou 85 e.a.c.). O trabalho de Kim Busik almejava, em suma, corresponder às tradições historiográficas chinesas, fundamentando as origens dos reinos coreanos até Koryo. Como resultado, a primeira grande obra da história coreana foi concluída em 1145.

A dominação aristocrática de funcionários confucionistas na esfera civil provocou reações fortes de membros do corpo militar. Durante as guerras contra os khitans e os jurchens, oficiais dessa classe com frequência se queixavam da ausência de reconhecimento e de promoção por seus méritos. Para agravar a situação, Koryo estabeleceu que o comando militar supremo deveria estar nas mãos de um funcionário civil nomeado, visando, assim, garantir uma política mais pacifista e diplomática nos conflitos. No contexto da Pax Sinica, em que as boas relações foram mantidas entre os reinos asiáticos, essa política fez sentido. No entanto, com o agravamento das pressões nas fronteiras e da crise dinástica chinesa, os conflitos passaram a ser mais frequentes e duradouros no século XII. A classe militar de Koryo se via cada vez mais discriminada e desprezada pela classe letrada, privilegiada no aparelho do Estado.

Em 1170, chefiados por Jeong Jung-bu (1106-1179), oficiais militares descontentes organizaram um golpe de Estado. Foi o início de uma era de mando militar sobre o poder de Koryo que duraria um século (período referido como *Musin Jeonggwon*, 무신정권). A insurreição se deu em um contexto de crise e desordem evidentes no reino coreano, rompendo com a tradicional harmonia social. Várias lideranças militares tinham se rebelado, ao mesmo tempo que eclodiam revoltas camponesas e populares. Uma delas, reprimida em 1198 na capital, Kaesong, tinha o objetivo de derrubar o sistema estatal de Koryo; havia sido instigada por um líder chamado Manjeok (?-1198).[9]

Com o fim das instabilidades, ascendeu ao poder um filho de general da família Choe, Chung-heon (1149-1219), que havia conseguido pacificar as revoltas e afastar seus rivais em 1196. Uma vez no poder, o militar buscou assegurar seu próprio corpo de guardas e iniciou um período de 62 anos de mando militar em Koryo. Em suma, um sistema de junta militar assumiu o comando da autoridade coreana, apesar de terem sido mantidas as tradições e famílias reais e aristocráticas.

Contudo, sob o domínio militar, alguns membros da classe de letrados confucianos e monges budistas se refugiaram no interior – em mosteiros, templos e abrigos – e desenvolveram uma tradição de escritos e obras que buscavam se aprofundar no estudo da ordem espiritual das pessoas no universo, permanecendo longe das questões políticas e militares.

Alguns outros letrados foram incorporados ao novo sistema político, como Yi Kyubo (1168-1241), que serviu como primeiro-ministro sob o regime dos Choe após ter escrito uma obra, em 1193, que comparava a grandeza do antigo reino de Koguryo com o estado atual do reino em que servia: *O descanso do rei Tongmyong* (동명왕평, *Tongmyong wang pyon*).[10]

A virada para o século XIII trouxe novas forças militares às fronteiras coreanas e chinesas, advindas da vastidão das estepes asiáticas. Nas primeiras décadas do século, um líder chamado Temujin (1165-1227) conseguiu reunir todo o universo de clãs e nações dos mongóis e passou a expandir as fronteiras na Ásia Central. No norte da China, Temujin (ou Gêngis Khan) derrotou o reino da dinastia Jin dos jurchens.

Em 1219, os mongóis chegaram a propor uma aliança com Koryo para juntos enfrentarem os khitans, que se fortaleciam após a queda dos Jin. Durante esse período de negociações, as tensões entre os coreanos e os mongóis aumentaram após o assassinato de um membro da corte de Gêngis Khan enviado para cobrar um tributo simbólico. Como resposta, em 1231, os mongóis assolaram as fronteiras ao norte de Koryo e tomaram a capital, Kaesong, o que forçou o governo de Koryo a reconhecer a soberania mongol.

Os governantes da família Choe, considerando a retirada mongol para a região noroeste a fim de combater os khitans, organizaram uma ofensiva oportunista a partir de 1232. No mesmo ano, julgando que o norte coreano e a capital se encontravam vulneráveis demais, decidiram mudar o centro político para uma ilha na costa ocidental, Kanghwa, acreditando que os mongóis não teriam expressão naval.

No mundo dominado pelos mongóis

As invasões mongóis se estenderam ao longo de quase quarenta anos, entre 1231 e 1270, e chegaram muito além da ilha de Kanghwa, pois o interior da península foi devastado e abandonado à própria sorte diante dos cavaleiros nômades que saquearam e destruíram monumentos e obras históricas, como a primeira versão do Tripitaca coreano.

Em nome do sacrifício imposto à população durante os anos de lutas, obras budistas foram reunidas e compiladas a fim de ajudar os leitores a conquistar alguma consolação espiritual. Após dez anos, foi completada, em 1251, uma segunda versão do Tripitaca em mais de 80 mil placas de madeira (essa versão se encontra ainda hoje no templo Haeinsa). Foi durante esse contexto de urgência, sob o risco de perder para sempre as grandes obras literárias e budistas daquele povo, que se

O Tripitaca no templo de Haeinsa. Crédito: Bernard Gagnon/Bgag/Wikimedia Commons.

aprimorou a prensa metálica móvel – mais de dois séculos antes do famoso Johannes Gutenberg.

As agressões mongóis se arrastaram ao longo do regime militar dos Choe, o que acarretou pressões sociais e financeiras sobre toda a península coreana no século XIII. Nesse cenário, uma revolta nos círculos da elite estourou em 1258, resultando na tomada do poder por militares descontentes e pondo termo ao governo de 62 anos dos Choe.

Mais pragmático, o novo regime logo vislumbrou as vantagens de abrir negociações com os mongóis, o que foi personificado na postura conciliatória de um governador regional, Kublai Khan (1215-1294). Kublai considerou essa possibilidade uma maneira de ganhar vantagem política sobre seus rivais pela sucessão ao poder mongol na década de 1250. Nessa empreitada, o príncipe de Koryo foi recebido na capital mongol, Karakorum, e aceitou todas as condições propostas para manter a monarquia no poder e contar com a imediata retirada das forças mongóis da península, em troca de sua irrestrita lealdade política e militar.

Firmado o tratado de paz, os militares coreanos passaram a lutar para restabelecer o poder da monarquia em Koryo e afastar os opositores ligados ao regime dos Choe. Em 1270, a antiga capital de Koryo foi restabelecida em Kaesong. Houve viva resistência de apoiadores do antigo regime coreano, sobretudo dos pertencentes à guarda do líder dos Choe, que mais tarde se refugiaram nas ilhas do sul coreano até serem suprimidos em 1273. Foi assim que a longa guerra contra os mongóis se encerrou na Coreia.

Kublai Kahn, que havia recebido uma educação com forte influência chinesa desde a juventude, ascendeu ao trono imperial chinês e proclamou uma nova dinastia, a Yuan, em 1271. Três anos depois, Koryo tornou-se um reino subordinado ao da China Yuan, estabelecendo-se uma série de alianças e casamentos entre as famílias reais dos dois reinos.

Sob a soberania de Yuan, Koryo concedeu amplos territórios no nordeste para a administração direta chinesa. Além disso, em 1274 o reino concedeu, relutantemente, forças terrestres e sobretudo navais para que uma expedição contra o Japão fosse organizada. A primeira tentativa de invasão de Kublai Khan às ilhas japonesas deu terrivelmente errado, com boa parte da frota naval aniquilada por tufões – fato que o regime do xogunato* de Kamakura do Japão à época considerou resultado da intervenção de espíritos divinos denominados camicaze (神風, em japonês – *kami*, espírito divino, e *kaze*, vento).[11]

A obstinação do imperador Yuan não havia terminado. Depois de subjugar rebeldes chineses no sul, remanescentes dos antigos Song em 1279, Kublai preparou uma segunda expedição contra o Japão. Em 1281, as forças combinadas de Yuan e de Koryo, ao lado de outros aliados e mercenários, voltaram-se contra o arquipélago japonês.[12] Dessa vez, igualmente, as tropas leais a Kublai foram dizimadas por tufões e ventos sazonais após terem permanecido meses no mar. A mobilização e os recursos exigidos nas duas expedições geraram profundo impacto no reino Koryo.

Ademais, sob o domínio da dinastia chinesa Yuan, o povo coreano era onerado com uma enorme carga tributária – que incluía prata, ouro, ginseng, ervas medicinais, entre outros recursos. Produtos artesanais e até mesmo mulheres entravam na cota exigida pela corte de Yuan,

* O xogunato foi um regime que existiu no Japão até 1867, em que o país era governado por um líder militar supremo, o xogum (将軍). Apesar de serem nomeados pelo imperador, foram os governantes de fato no arquipélago.

A rainha Noguk (esquerda) e seu marido, o rei Kongmin. Santuário de Jongmyo.
Crédito: Autor desconhecido/Emuseum/Prix/Wikimedia Commons.

atendendo ao costume aristocrático mongol de praticar a poligamia. No sentido contrário, muitas filhas dos soberanos mongóis da dinastia Yuan casaram-se com membros da corte coreana, exercendo grande influência no processo decisório e nas relações diplomáticas. Foi o caso da princesa mongol Gyeonghwa (?-1344), terceira esposa do rei Chungsuk de Koryo (r. 1313-1330), e da princesa Noguk, que chegou a ser rainha consorte do rei Kongmin entre 1351 e 1365.

No reino coreano, diante da proeminência dos mongóis, todos aqueles ligados ou aliados à dinastia Yuan detinham uma série de privilégios, o que levava muitas famílias aristocráticas coreanas a manter laços matrimoniais com mongóis. Nas províncias da Coreia, os grandes latifúndios concentraram-se ainda mais com a nova aristocracia ligada aos Yuan, que manteve os privilégios fiscais em detrimento daqueles que não eram colaboradores do poder. A partir de fins do século XIII, muitas ideias nacionalistas e antimongóis foram fomentadas ao longo do tempo, tendo como base os membros excluídos da sociedade.

Embora dominados pelos Yuan, a economia e o comércio coreano floresceram com a nova ordem asiática consolidada pelos mongóis. O crescimento não se deu apenas em escala, mas também na diversidade de demandas e produtos. No mundo controlado pelos mongóis, abriram-se vias de acesso ao mercado muçulmano. O algodão que havia se espalhado na China no século XIII foi trazido para a Coreia por Mun Ikchon (1329-1398), que passou a cultivá-lo com grande sucesso em solo coreano a partir de 1364. Essa inovação provocou mudanças importantes na produção têxtil da Coreia, na época em que prevaleciam os tecidos de seda e cânhamo.

Os Yuan tinham adquirido o conhecimento da pólvora, inventada pelos chineses, e essa tecnologia, embora cuidadosamente mantida em segredo pelos Yuan, foi depois aprendida por coreanos que, graças ao avançado conhecimento metalúrgico do povo, passaram a produzir excelentes canhões no século XIV pelas mãos do inventor e militar Choe Muson (1325-1395). Esse novo armamento coreano foi largamente usado contra as invasões de piratas japoneses (*wakôs* ou *waegus* em coreano, 왜구) na península no referido século, por exemplo, na Batalha de Jinpo, de 1380.[13]

Novas técnicas agrícolas também se espalharam pela Coreia, como a irrigação e a aragem profunda, métodos disseminados por meio de livros sobre o cultivo de arroz vindos da China Yuan. Isso possivelmemente explica o considerável aumento populacional coreano a partir do século XIV, aliado à queda na taxa de mortalidade infantil, ligada aos novos conhecimentos sobre as propriedades medicinais das plantas, oriundos de um incremento no número de publicações de estudos médicos nas mãos dos letrados *hyangni* coreanos.

A passagem do tempo também repercutiu no mundo espiritual. O budismo, associado ao passado coreano decadente, era cada vez mais ignorado pela nova elite coreana, que passou a valorizar novamente os estudos confucianos. Essa retomada tinha sido revitalizada por um estudioso chinês da dinastia Song, Zhu Xi (1130-1200), que buscou uma nova e revigorante interpretação dos clássicos confucianos a contrapor--se à metafísica budista. As obras de Zhu Xi tiveram ampla repercussão na capital dos Yuan e tinham sido trazidas para a península coreana em 1290, por eruditos como An Hyang (1243-1306) e Yi Chehyon (1287-1367).[14]

Em suma, apesar do renovado vigor nos estudos budistas e confucionistas, o reino anterior de Silla caminhava para uma lenta e definitiva decadência. O moroso declínio do reino coreano resultou, como visto antes, em uma tênue ordem fragmentada na península nos séculos IX e X, que antecedeu o estabelecimento de outro reino advindo de líderes das regiões do norte coreano, o de Koryo, a partir de 918. Essa situação, contudo, não afastou potenciais ameaças advindas das fronteiras mais ao norte, como se deu nas invasões dos povos khitans do reino de Liao, e depois dos jurchens. Apesar disso, o reino coreano perseverou de maneira vacilante, buscando negociar suas alianças com a China da dinastia Song a fim de combater esses povos fronteiriços.

A situação da região mudou em definitivo com a queda dos Song em face da crescente expansão dos mongóis no século XIII, resultando em uma nova dinastia chinesa, Yuan, a partir de 1271, sob o imperador Kublai Khan. Acuado diante das demandas dos mongóis, Koryo negociou sua condição tributária com a China. Essa relação resultaria em exigências de serviço militar, como as expedições navais contra o arquipélago japonês em fins do século XIII, e em casamentos entre membros das famílias imperiais chinesa e coreana.

Mas a dinastia mongol não perduraria por muito tempo na China e sua queda resultaria em mudanças significativas na península coreana a partir de meados do século XIV.

4
UMA NOVA DINASTIA

Novos tempos

A morte de Kublai Khan em 1294 engendrou uma série de disputas pelo trono imperial chinês dos Yuans, afrouxando a dominação e o controle sobre outras áreas asiáticas. Esse contexto se estendeu até meados de 1300, quando a China entrou em um período de declínio e fragmentação política, sendo ocupada por novos povos fronteiriços que visavam ao poder.

No sul da China, um líder chamado Zhu Yuanzhang fundou uma nova dinastia, a Ming (1380-1644), a fim de restaurar a antiga glória dos tempos Tang e expulsar de Yuan povos bárbaros como os mongóis. Sob a perspectiva de Koryo, a desordem no Leste Asiático se revelou uma oportunidade para recuperar sua plena independência e soberania.

Diante da desordem nos anos finais do império chinês Yuan, o soberano coreano Kongmin (r. 1351-1374) perseguiu todos aqueles ligados ou aliados aos Yuan e buscou rapidamente estabelecer novas relações diplomáticas com os Ming. Desse modo, Kongmin recuperou a autonomia e boa parte dos territórios a nordeste que estavam sob a direção dos mongóis de Yuan.

No âmbito interno, além de afastar a antiga elite pró-mongol, Kongmin atuou para restaurar os cargos oficiais para os membros da antiga aristocracia que haviam sido aprovados nos exames civis, determinados a defender a ideologia renovada do neoconfucionismo.

Contudo, os problemas externos persistiam. Chineses rebeldes, chamados de turbantes vermelhos (em chinês, *hongjīn qiyi*, 紅巾起義), e piratas japoneses atacavam nas fronteiras ao norte e ao sul no século XIV. Em determinado momento, os turbantes vermelhos chegaram a avançar além da península de Liaodong e a saquear a capital coreana em Kaesong,[1] enquanto levas de japoneses se moviam da costa para o interior.

Os planos de reformas políticas de Kongmin enfrentaram a resistência de poderosas famílias aristocráticas, o que explica seu assassinato em 1374, aos 44 anos. Para a posteridade, Kongmin será lembrado pelo excepcional talento artístico e caligráfico.

Foi nesse cenário conflituoso que emergiram duas figuras militares: Choe Yeong (1316-1388) e Yi Seong-gye (1335-1408). Ambos revelavam grande senso estratégico, mas tinham planos políticos distintos para o reino coreano.

Choe Yeong descendia de uma próspera família aristocrática e sempre insistira na ideia de uma rápida e decisiva invasão na península de Liaodong, ao norte, para impor a segurança nas fronteiras contra os chineses. Essa medida, contudo, atingia a dinastia chinesa Ming, o que desagradava Yi Seong-gye, que crescera nas regiões nordestinas e tinha ciência do complexo e frágil equilíbrio de forças. Essas ideias contrastantes representavam os dois veios ideológicos coreanos da época: o primeiro de cunho mais nacionalista e idealista, e o segundo, mais realista e internacionalista.

Ganhando proeminência logo após a morte do rei Kongmin, Choe Yeong lançou ofensivas sobre a Manchúria em 1388. Yi Seong-gye reagiu e usou essa expedição como pretexto para uma rebelião. No verão do mesmo ano, Yi Seong-gye desceu das regiões norte e atravessou o rio Yalu para alcançar Kaesong com seu exército. A capital e boa parte dos funcionários neoconfucianos da elite receberam o novo comandante como um herói que chegava para renovar o reino em turbilhão. As esperanças eram de que Yi Seong-gye erradicasse a corrupção e o sistema de privilégios das famílias aristocráticas coreanas.

De fato, Yi Seong-gye, uma vez no poder, em 1391, passou a implementar uma série de reformas agrárias apoiadas por oficiais neoconfucionistas. Foram implementadas leis fundiárias segundo as quais as propriedades foram classificadas de acordo com seu poder de tributação e, depois, designadas a proprietários que estavam de acordo. Assim, o Estado poderia afastar o poder e a riqueza das tradicionais e rivais famílias aristocráticas, aumentar o próprio poder de tributação e exercer maior controle sobre quem era o proprietário, o fiscal e a mão de obra militar e civil. Essa mudança se deu na sequência de anos turbulentos, quando muitas propriedades eram controladas por aliados dos mongóis ou por instituições religiosas budistas isentas de impostos (*nongjang*, 농장).[2]

As reformas foram amplamente defendidas pela classe de neoconfuncianos presente no aparelho do funcionalismo estatal. Sob essas leis, os reformistas pretendiam redistribuir todas as terras de acordo com um novo sistema hierárquico burocrático e excluir a antiga classe aristocrática.

Os antigos templos e mosteiros e toda a classe budista, beneficiados no passado por terem sido aliados à dinastia Koryo, também foram alvo da reorganização, passando a ser objeto de cobranças fiscais e sendo tratados como decadentes e corruptos.

Dentre os mais proeminentes neoconfucionistas da época, destacou-se Jeong Mong-ju (1337-1392). Nascido em família aristocrática, esse erudito defendia a reforma do Estado para combater as mazelas e os privilégios e passou a valorizar o corpo burocrático selecionado pelos rigores dos exames de admissão. Antibudista e realista na política externa como Yi Seong-gye, ele entendia que somente a paz com os chineses da dinastia Ming poderia garantir a ordem para a consolidação do reino coreano. No entanto, Jeong Mong-ju se opunha a mudanças dinásticas na península coreana, ideia apoiada entre os partidários de Yi Seong-gye. Acreditando no princípio confuciano de *wangdo* (왕도, princípio do soberano, da retidão),[3] que proibia qualquer ato de deslealdade dos súditos perante a autoridade do rei, Jeong Mong-ju se opunha a qualquer golpe a favor do grupo de Yi Seong-gye e de mudanças dinásticas.

Jeong Mong-ju foi calado e assassinado em 1392 por cinco homens, durante um banquete em Kaesong. Suas convicções e lealdade ainda ecoam nas linhas de seu mais conhecido poema coreano (시조, *sijo*), "Canção da lealdade" (단심가, "Dansimga"):

> Embora eu morra e morra novamente por cem vezes,
> E se meus ossos se transformam em pó, e se minha alma permanece ou não,

Yi Seong-gye ou Taejo, fundador da dinastia Joseon. Crédito: Jo Jung-muk/Pak Gijun/Baek Eunbae/Yu Suk/Korea Times/Dyddhkd/Wikimedia Commons.

> Sempre fiel ao meu Senhor, como esse coração vermelho pode desaparecer?[4]

No plano político, o ano de 1392 foi decisivo. As forças e os partidários de Yi Seong-gye ocuparam a capital e destronaram o rei Gongyang (r. 1389-1392), último soberano da dinastia Koryo, que fugiu para a cidade de Wonju – onde seria assassinado junto a toda a família. Apoiado por neoconfucianos reformistas e militares, Yi Seong-gye assumiu o poder em 5 de agosto de 1392 como o primeiro rei da dinastia Joseon (ou Choson), sob o venerável nome de Taejo (r. 1392-1398).

Embora os eventos tenham sido dramáticos, não houve perdas humanas nem conflitos em números significativos. Essa dinastia provaria ser uma das mais longevas da história asiática, perdurando até 1910. Seu nome, Joseon, decidido após consultas com eruditos neoconfucionistas coreanos e chineses, remetia ao antigo reino de Dangun, o lendário fundador do primeiro reino coreano, situado no terceiro milênio antes de nossa era.

Em 1394, a capital da nova dinastia foi transferida para Hanyang ("Fortaleza no rio Han", 한성), na região central da península coreana e perto da foz do rio Han,[5] abandonando-se a antiga Kaesong. Nos dias atuais, essa é uma vibrante megalópole de 10 milhões de habitantes, Seul. Há relatos de que, quando fundada, gastaram-se muitos anos para cercá-la com magníficas muralhas de 17 quilômetros de extensão e 6 metros de altura cujas quatro entradas miravam os pontos cardeais. Atrás dos muros, tudo foi construído segundo um planejamento urbano específico e respeitoso aos princípios da geomancia coreana do *pungsu*.*

Uma vez no poder, o rei buscou conselheiros e ministros para ampliar e consolidar suas reformas. O mais influente desses colaboradores até 1398 foi Jeong Dojeon (1342-1398), também conhecido como Sambong, fervoroso neoconfucionista e antibudista. Nomeado principal ministro no Conselho de Estado – instância de poder logo abaixo do monarca –, ele buscou implementar um sistema que seguisse os preceitos clássicos da obra confuciana *Os ritos Zhou* (주례, *Zhou Li*). Jeong Dojeon acreditava que o ideal seria estabelecer um sistema político baseado no pleno poder soberano do rei, a ser apoiado por uma classe de letrados treinados nos ritos e pensamentos neoconfucianos. Enfatizava, ainda, que o soberano deveria seguir os deveres e ritos estabelecidos pela ordem cósmica para receber obediência, lealdade e dedicação de seus súditos, mimetizando a relação entre um pai e seus filhos.

Com tamanho ardor visionário, seria natural supor que Sambong encontraria oponentes no poder: ele foi morto por apoiar outro substituto ao trono, rival de Yi Bang-won, ou Taejong (r. 1400-1418), que se tornou o terceiro soberano da dinastia.

Não obstante a visão de Jeong Dojeon, os ideais neoconfucionistas foram, em grande parte, seguidos durante o processo de sucessão em toda a dinastia. Sob a perspectiva atual, a dinastia Joseon foi um Estado monárquico autoritário, cujo poder se concentrava na figura do rei e de seus mais altos funcionários públicos, conhecidos como *yangbans*. O monarca exercia autoridade absoluta sobre seus súditos, mas delegava,

* *Pungsu* significa "vento e água" e denota o conjunto de ideias que busca o equilíbrio harmonioso entre partes naturais, como o céu e a terra, o fogo e a água, o norte e o sul, o leste e o oeste em um local propício e equilibrado.

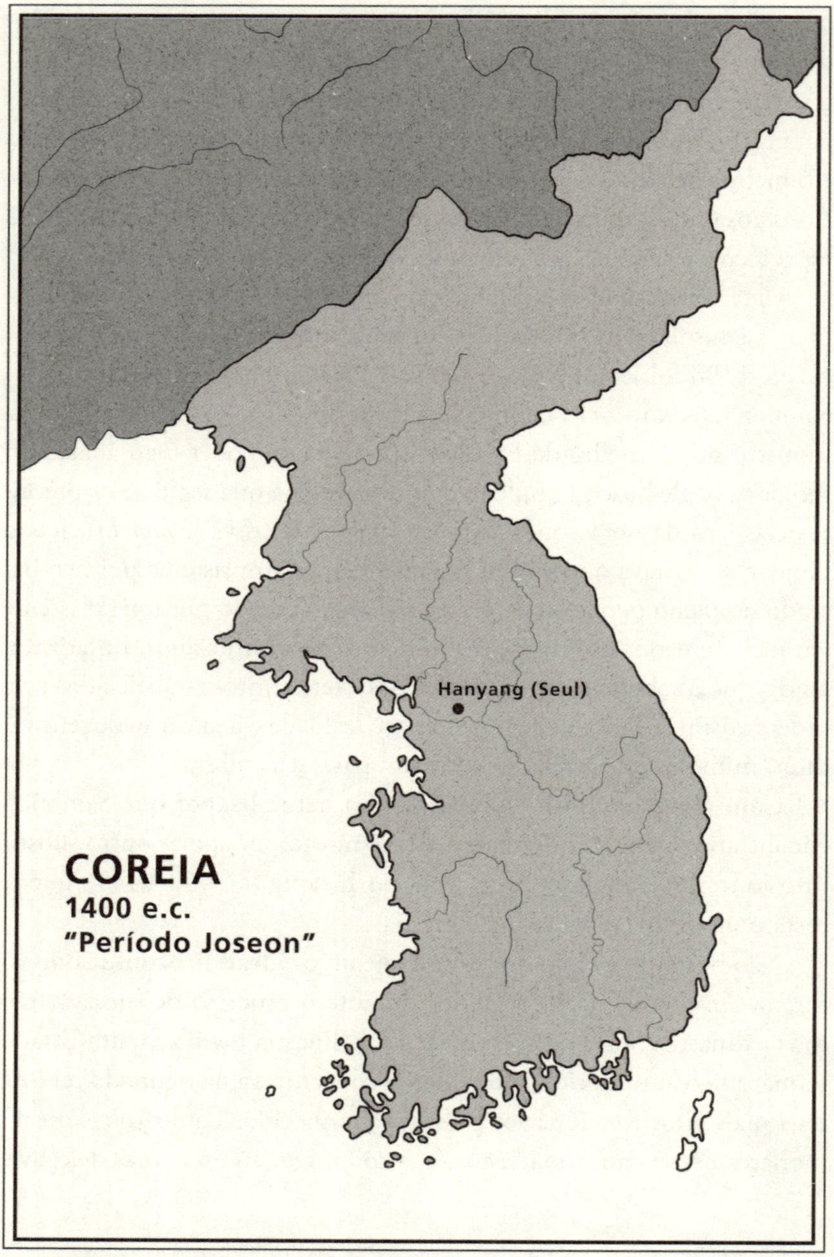

O reino de Joseon no início do século XV e sua capital, Hanyang (atual Seul).

Estátua de Jeong Dojeon (Sambong) em Dodamsambong.
Crédito: Steve46814/Wikimedia Commons.

assim como na visão de Jeong Dojeon, o exercício da autoridade à classe de burocratas aprovados nos disputados exames públicos, *kwago*. Nas províncias, a elite local (*hyangni*, 향니) foi destituída de sua antiga condição de classe senhorial de terras para servir como subordinada ao serviço dos magistrados *yangbans* locais enviados da capital. Para evitar o poder excessivo, cada magistrado tinha um mandato previamente determinado no local.

A mobilidade social era limitada de várias formas. Além do duríssimo sistema de exames públicos, concubinas e seus descendentes não podiam se candidatar. Havia escolas preparatórias para os candidatos, mas os custos com os estudos e o tempo de dedicação necessário restringiam os exames à elite na capital e nas províncias. Uma vez aprovado no *kwago*, o funcionário deveria jurar lealdade e dedicação ao monarca, que lhe delegaria funções e atribuiria ganhos de acordo com sua hierarquia burocrática. No período inicial da dinastia Joseon, estima-se que apenas 10% da população era composta de *yangbans*. Esses poderiam depois seguir carreira civil ou militar, de acordo com sua inclinação e a necessidade do momento.

Esse sistema de funcionalismo perdurou até o início do século XX, ordenando e sustentando toda a estrutura e a autoridade do Estado. A condição do *yangban* era de prestígio, e sua fama atingia toda a família e toda a vila. Tal como na China, era comum os vizinhos e conhecidos pedirem favores aos familiares desses membros notáveis do governo. No alto escalão burocrático, os apontamentos pessoais e políticos eram mais evidentes.

Muitos altos oficiais eram escolhidos por grupos civis e militares que disputavam a preferência do monarca. Por exemplo, havia uma longa lista de membros de *yangbans* que esperavam suas recompensas e promoções por mérito e por antiguidade, conhecidos como *kongsin* (공신). Essas listas eram priorizadas de acordo com as mudanças políticas promovidas pelo Conselho de Estado e pelo rei. Apesar desse sistema de favorecimento, o funcionário médio e iniciante tinha liberdade para exercer suas funções sem interferência superior e para se dedicar às letras e artes, assim como o mandarinato na China.

Quanto à figura do rei, a dedicação aos registros e crônicas de estudiosos confucianos do Estado garantiu detalhadas anotações sobre suas obras e feitos para a posteridade. Esses registros seriam compilados nos grandiosos *Anais da dinastia Joseon* (조선왕조실록, *Joseon Wangjo Sillok*), cuidadosamente preservados em 1.893 volumes publicados de 1392 a 1865, um dos maiores tesouros nacionais da Coreia.[6]

Sejong, o Grande

A figura do líder ideal confucionista foi incorporada por alguns soberanos de Joseon. O quarto rei, conhecido como Sejong, o Grande (r. 1418-1450), certamente foi um deles. Tendo ascendido ao trono em 1418, esse monarca consolidou a ordem e a grandeza do reino coreano em uma época em que a China dos Ming se estabeleceu em todo o Leste

Asiático, e as boas relações com os chineses foram mantidas e reforçadas, além da natural afinidade ideológica confuciana. Sejong se beneficiou por ter tido um antecessor que eliminou as rivalidades políticas. Ademais, contou com o apoio de funcionários experientes e oficiais veteranos como conselheiros e ministros.

Na política externa, Sejong avançou ainda mais ao norte entre os povos jurchens, ancestrais dos manchus, e ali estabeleceu uma série de fortes e postos de observação. Essa estratégia decorreu de sua eficiente política militar e de segurança, que buscou favorecer as opiniões nacionalistas de seus conselheiros mais graduados, além de ter fomentado incentivos para inovações técnicas no campo bélico – por exemplo, na inovação de canhões e meios mais eficientes de armas de flechas, morteiros e armas de fogo. A ofensiva coreana ao norte foi coroada de sucesso depois das campanhas do general Kim Jongseo (1383-1453), que empurrou as fronteiras até o rio Songhua.

Em maio de 1419, Sejong, sob o conselho e orientação de seu pai, organizou uma ampla frente ofensiva ao sul, chamada de Expedição de Gihae (*Gihae dongjeong*, 기해동정) – em japonês, Invasão de Ôei (応永の外寇) –, com o objetivo de desarticular a ação de piratas japoneses a partir da ilha de Tsushima. O resultado foram mais de duzentos japoneses mortos e mais de cem feridos, com estimativas um pouco maiores do lado coreano.

Em setembro, a trégua adveio e foi assinado o Tratado de Gyehae, em que o reino coreano recebeu o pagamento de tributos do líder (*daimiô*, 大名), Sô Sadamori, e seu clã, da ilha de Tsushima. Em troca, os coreanos prometeram manter relações comerciais com o Japão.[7] Mantidas as relações cordiais com a China, a política coreana fundamentou-se no preceito confucionista de Mêncio (372 -289 a.e.c.), *sadae gyorin* (사대 교린), "relações de respeito aos grandes e boa vontade com os vizinhos". Em outras palavras, respeito à China e política de boa vizinhança com o Japão, os jurchens e as ilhas meridionais de Ryukyu e além no Sudeste Asiático. Foi esse princípio que serviu de base para a política externa coreana durante os séculos seguintes.

Para fomentar a cultura, as artes e o conhecimento, causas demandadas pela classe dos neoconfucionistas no corpo dos funcionários e na corte, o rei Sejong promoveu a criação de instituto de debates e estudos, o *Chipyonjon* (집현전, "Simpósio dos Dignos"), em que as mais capazes e brilhantes mentes coreanas se reuniam com frequência.

Um dos resultados mais notáveis desses encontros foi a criação de um sistema de escrita alfabética coreana de 26 letras, o hangul, em 1446. Embora se guardasse o venerado respeito à escrita chinesa, que foi mantida como sinal de status e erudição, o hangul foi tornado oficial pelo rei Sejong visando facilitar o acesso às letras e criar uma fonte de identidade coreana.

No veio entusiástico das reformas culturais, Sejong escreveu e publicou inúmeros livros em hangul, muitos deles traduções de obras clássicas chinesas sobre o confucionismo, o budismo, ritos, ética, agricultura e sericicultura (criação do bicho-da-seda). As publicações floresceram diante da melhora notável da impressão metálica. Foram aprimorados, ainda, os estudos astronômicos, os instrumentos de medição e os cálculos pluviométricos e de observação. Tudo isso estava relacionado ao vivo interesse de Sejong em promover e melhorar a agricultura coreana. De fato, parece que a população do reino aumentou para cerca de 5 a 6 milhões de habitantes no século XV.

Apesar desses avanços, o sistema de tributação do reino de Joseon apresentava problemas notáveis. Muitos membros da sociedade conseguiram a isenção de cobranças. A classe dos *yangbans* arcava com um pesado tributo que era repassado à classe camponesa de suas propriedades. Quase um terço da população era composta de escravos, os *nobi* (노비), tanto do Estado quanto particulares, que não tinham condições de serem cobrados além de suas pesadas obrigações.

Em 1452, o trono coreano passou para Danjong (r. 1452-1455), que reinou por apenas três anos antes que seu tio ambicioso tomasse o poder monárquico da dinastia de Joseon. Suyang (1417-1468), em seu processo de tomada do trono, rebaixou a condição de Danjong para príncipe e depois mandou um irmão seu assassiná-lo com seis membros partidários de sua causa da classe letrada neoconfuciana. Tornado rei, Suyang passou a ser referido como rei Sejo (r. 1455-1468) e seu reinado passou por grandes questionamentos de lealdades. Apesar disso, Sejo mandou compilar e codificar as legislações anteriores em um novo código, o Código do Estado (경국대전, *Kyongguk taejon*). Esse código estruturou o Estado e os estamentos sociais e econômicos da monarquia,

O *Kyongguk taejon* no Museu Nacional da Coreia, Seul. Crédito: Museu Nacional da Coreia/猫猫的日记本/Wikimedia Commons.

baseados nos escritos neoconfucianos, e favoreceu a classe de letrados dos *yangbans*.

Tempestades de ideias

O golpe articulado por Sejo foi motivo de acirrados debates e conflitos entre a classe confuciana, que acabou se polarizando em dois campos: o daqueles que apoiaram o motim, defendendo o princípio da prevalência do poder sobre a fragilidade do soberano, e o dos que defenderam o princípio da regra de direito, que enfatiza a legitimidade a não ser rompida nem descontinuada por golpes. Seis eruditos partidários do rei deposto, Danjong, foram perseguidos e mortos em 1455. Eles passaram a ser referidos como os Seis Lealistas Martirizados (*sayuksin*, 사육신), e os outros seis eminentes eruditos contrários que sobreviveram ficaram conhecidos como os Seis Lealistas Vivos (*saengyuksin*, 생육신).

Esses dois grupos de lealistas se tornaram figuras históricas que inspiravam a defesa da monarquia de Joseon. Em fins do século XV, um novo grupo de letrados *yangban* (simpatizantes dos lealistas martirizados) passou a defender com mais vigor o princípio do governo pelo direito e a acusar a tomada do poder por meio de golpes como o empreendido pelo rei Sejong. Muitos deles eram de classes ascendentes, ingressos na classe dos *yangbans*, e distantes das tradicionais famílias coreanas. Isso reflete a mudança da política educacional coreana no século XV, que permitia que candidatos das províncias alcançassem o status de funcionário por meio do mérito nos exames admissionais. Grande parte dos ingressantes vinha das regiões distantes do sul da península e se inspirava nos versos de lealdade escritos por Jeong Mong-ju. Essa nova geração, de origem mais humilde nas províncias e no campo, passou a ser chamada de *sarim* (사림), ou letrados rústicos.

A contrapor os membros *sarim*, os letrados mais conservadores defendiam o direito à tomada do poder pela força, sublinhando a necessidade de um líder forte em tempos de crise e desordem. Foram integrantes desse último grupo, mais atuantes na corte e na capital, que passaram a denunciar e a perseguir os membros *sarim* em uma série de expurgos em 1498, 1504, 1519 e 1545. Foram mais de 1,5 mil literatos purgados, de acordo com um historiador *sarim* que acabou ele mesmo sendo destituído de seu cargo público.

Pertencente à classe dos letrados rústicos, Jo Gwangjo (1482-1520) tentou defender a ampla reforma do Estado de Joseon para buscar as puras virtudes confucianas sem privilégios e partidarismos (*seonbi*, 선비). As tentativas de reformas frustradas e a manutenção do sistema de privilégios a favor dos partidários do rei acabaram resvalando para rebeliões nas camadas marginalizadas e no campo. Um dos líderes do interior, Im Kkeok-jeong (1521-1562), filho de um açougueiro de Yangju, organizou exércitos de leais, escravos, rebeldes e bandidos que fustigaram e roubaram viajantes abastados nas estradas do interior.[8]

Alguns grupos de *yangbans* pertencentes ao *sarim* abandonaram toda pretensão política e foram morar no interior, escrevendo, ensinando e estudando em locais remotos ou em grupos organizados chamados de *seowon* (서원), um misto de escola e mosteiro neoconfucionista. Fundados em 1542, na instituição do Sosu Seowon (소수서원), esses locais se multiplicaram para mais de uma centena de estabelecimentos no final do século. (Há relatos de que havia mais de mil desses no século XIX.) Com o tempo, acabaram se tornando a base de poder dos intelectuais

Sosu Seowon, em Punggi, Yeongju, na Coreia do Sul.
Crédito: Kim Jeonghyo/Shutterstock.

sarim ao longo da Coreia. Apesar do apelo da erudição e da construção crítica, muitos estudiosos dessas instituições se voltaram para questões metafísicas, buscando os princípios cósmicos e da inserção humana na natureza, para longe do mundo social e político.

Nesse veio de efervescência neoconfucionista surgiram figuras intelectuais proeminentes no reino coreano. Entre elas, três se destacaram, referidas por seus pseudônimos: Hwadam (1489-1546), Toegye (1501-1570) e Yulgok (1536-1584), esse último filho da afamada poeta e escritora Shim Saidang (1504-1551). O primeiro deles enfatizou, em seus estudos, a primazia da força material, *qi* (气 em chinês). Toegye, por sua vez, defendeu o primado do princípio, *li* (礼 em chinês). Yulgok buscou sintetizar as ideias dos dois, contrapondo a força dos princípios à ordem material, uma síntese entre o idealismo e o realismo no plano filosófico. Essas diferenças ocuparam boa parte da militância intelectual e política até o século XIX na península coreana.

Gerações de membros dos *yangbans*, de origens diversas e aprovados nos exames de admissão, organizaram-se em sociedades e grupos literários, cada qual a defender suas convicções. A partir de 1575, as divisões começaram a se manifestar na capital do reino, basicamente se

Yulgok, um dos mais proeminentes pensadores coreanos do século XVI. Crédito: The History Collection/Alamy/Fotoarena.

polarizando em torno dos chamados "ocidentais" e "orientais", segundo a localização de suas sedes em Hanyang. A maioria dos "orientais" era formada por defensores dos princípios *li* acima das forças materiais, como argumentou Toegye. Os "ocidentais", por sua vez, seguiram a força sintética de Yulgok, a combinar o *li* com o *qi*.

Com a morte de Yulgok, em 1584, os partidários de Toegye passaram a predominar e, depois, com o crescimento de sua escola, a disputar a primazia intelectual e política coreana até a segunda metade do século XIX, precisamente em 1871, pelo rei Daewon-gun (r. 1863-1873), quando os vários *seowons* foram declarados ilegais e vistos como antiquados e ameaçadores para o poder coreano.

As invasões japonesas

Nos anos finais do século XVI, a ascensão de um ambicioso líder guerreiro nas ilhas japonesas a leste trouxe consequências para a península coreana. Toyotomi Hideyoshi (1536-1598) fez sua notável carreira ao subjugar os rivais pelo controle efetivo da maior das províncias japonesas. Satisfeito seu apetite no âmbito interno, Hideyoshi, então, direcionou seus planos para o outro lado do estreito de Tsushima.

Uma das razões para as invasões sobre a Coreia foi a demanda crescente do mercado japonês de grãos, linho e algodão coreano, além do estimado artesanato, a exemplo das cerâmicas vitrificadas. Para tanto, Hideyoshi passou a exigir do reino Joseon uma retomada maior do fluxo comercial, algo que tinha sido restringido décadas antes, depois da ação de piratas japoneses na costa meridional coreana.

A resposta desinteressada das autoridades coreanas provocou ira e expedições começaram a ser organizadas a partir de 1592. Além disso, havia a consideração do rei de Joseon em consultar as autoridades chinesas Ming, já que mantinha com elas a devida relação tributária. Assim, Hideyoshi mobilizou cerca de 200 mil homens na primavera desse ano – chamado de "Imjin" no calendário chinês –, e tropas japonesas sob o comando de Konishi Yukinaga começaram a desembarcar em Pusan,* na costa meridional coreana.[9]

O reino coreano não estava preparado para os eventos da guerra, pois havia décadas desfrutava do sistema de paz ordenado pelas autoridades chinesas no Leste Asiático. A classe dos *yangbans* e os escravos estavam dispensados do serviço militar, e os camponeses e plebeus, pouco treinados e desmotivados. Em contraste, os japoneses eram veteranos de combate depois de anos de guerra civil no chamado *Sengoku Jidai* (戦国時代), "Período dos Estados Beligerantes" (*c.* 1467 – *c.* 1607), na história japonesa.[10] Apesar do pleno domínio da produção de canhões, o lado coreano pouco ofereceu em termos de resistência inicial. Apenas três semanas depois de Pusan, os japoneses já haviam ocupado a capital,

* De acordo com as regras de transliteração, utilizamos o nome Pusan. Porém, é importante notar que se refere à cidade mais conhecida como Busan.

Hanyang, o que provocou a fuga do rei e de sua corte para perto da fronteira com a China, no rio Yalu.

Desesperado, o rei coreano Seonjo (r. 1567-1608) buscou ajuda do imperador Ming para pedir reforços e apoio. Depois de meses de hesitação, os chineses mobilizaram-se para a fronteira norte da Coreia. Isso ocorreu depois de os japoneses terem avançado ainda mais ao norte de Hanyang e saqueado a cidade de Pyongyang em julho de 1592, ocupando todo o nordeste da península.[11]

Depois de batalhas inconclusivas, o lado japonês ofereceu propostas de cessar-fogo, impondo condições de paz rigorosas. Os termos foram prontamente recusados pelos representantes coreanos, que rejeitaram a presença e o controle de japoneses nas estradas e no interior de seu território. Foi, então, que a classe de letrados dos *yangbans* – parte deles formada por *sarim* que viviam e atuavam no meio interiorano – passou a organizar, com milícias locais, tropas de guerrilhas voluntárias. Embora não fossem treinados como a classe dos samurais japoneses, esses guerrilheiros coreanos demonstraram um notável senso de lealdade confuciana ao rei coreano e contra os invasores.

Não foi somente em torno dos guerrilheiros que se deu a resistência coreana. A frente marítima foi notavelmente organizada por um dos comandantes da Marinha na costa sul, que desempenhou papel decisivo contra a situação de emergência coreana. O almirante Yi Sunsin (1545-1598), embora inexperiente no mar, seria mais tarde comparado a grandes líderes navais da história, como o almirante inglês Horatio Nelson (1758-1805). Visando conter as frequentes incursões de piratas japoneses, ele empregou embarcações de guerra inovadoras, feitas de madeira e ferro – depois chamadas de navios tartaruga (*geobukseon*, 거북선). Esses navios, usados pela Coreia em várias ocasiões entre os séculos XV e XIX, eram revestidos com placas de ferro e munidos de canhões.

Considerando que as tropas japonesas dependiam das linhas de suprimento ultramarinas para seu abastecimento, os confrontos navais do almirante Sunsin, concentrados nos navios japoneses, foram determinantes. Nas batalhas iniciais, como as de Okpo e de Sacheon (1592), o almirante Yi Sunsin conseguiu atrair a frota japonesa para baías estreitas da costa sul da península. Depois de seu sucesso em combate, ele foi nomeado em 1593 comandante das forças navais coreanas de várias províncias meridionais.

De fato, as proezas de Yi foram tão impressionantes que mesmo os japoneses, na Guerra Russo-Japonesa de 1904-1905, realizaram rituais cerimoniais em sua homenagem como um deus da guerra antes das batalhas no estreito de Tsushima, que aproximou a península do arquipélago japonês.

As mudanças na Guerra Imjin começaram a aparecer nos primeiros meses de 1593, quando os chineses enviaram um grande número de tropas para reconquistar as cidades coreanas de Pyongyang e Hanyang. Após impasses e campanhas desgastantes para as forças japonesas, fustigadas pelas guerrilhas e privadas do suprimento naval, o Japão acenou com a possibilidade de negociação. No verão de 1593 foi declarada trégua entre as partes conflitantes.

A ajuda primordial dos chineses Ming não seria esquecida pelos coreanos. Mesmo assim, a condição de paz não satisfez por completo a ambição de Hideyoshi nem os interesses dos chineses, que consideravam os coreanos seus tradicionais aliados tributários.

Depois de quatro anos, em 1597, as negociações ainda estavam pendentes. Yi Sunsin, agora comandante supremo de todas as forças navais coreanas, era tratado com respeito e temor pelos generais japoneses. A fim de tentar contornar o almirante, o Japão chegou a enviar espiões para fornecer a ele informações e pistas erradas a respeito da localização das forças invasoras japonesas. Dotado de senso militar e veterano de guerra, Yi pareceu não confiar nessa comunicação e foi considerado por muitos da corte de Joseon desprovido de bom senso, tanto que terminou destituído de seu cargo de comandante. As consequências foram evidentes: a Marinha passou a apresentar claros problemas de comando e coordenação de frota e os navios japoneses desembarcaram na costa coreana, resultando em avanços terrestres do invasor contra as forças chinesas e coreanas.

Em face da situação crítica, a corte coreana recuou e nomeou Yi Sunsin novamente comandante supremo da Marinha. De volta ao cargo e conhecendo o número de navios em operação, Yi buscou fazer o impensável. Tinha apenas doze navios de guerra sob seu comando a enfrentar mais de cinquenta dos japoneses.

Estátua do almirante Yi Sunsin na praça Gwanghwamun, em Seul. Crédito: motive56/Alamy/Fotoarena.

A batalha naval de Myeongnyang, ocorrida em fins de outubro de 1597, é considerada uma das mais heroicas da história. Sob condições adversas e com inferioridade numérica, Yi lançou mão de seu conhecimento geográfico das baías e estreitos da costa sudoeste coreana para enfrentar os japoneses no mar. Os relatos históricos não chegam a um consenso sobre o contingente japonês, mas o fato é que Yi Sunsin enfrentou um adversário superior em número e saiu vitorioso. Todos os seus doze navios estavam posicionados em pontos estratégicos, como passagens estreitas, e usaram em seu favor a força da correnteza.

Após algumas semanas, diante da aproximação do inverno, os japoneses aceitaram, humilhados, a derrota naval. A vitória de Yi Sunsin permitiu que as forças terrestres chinesas e coreanas avançassem e atacassem os soldados japoneses na península.[12] Com a morte de Hideyoshi no ano seguinte, 1598, não houve mais nenhum plano de invasão da Coreia por parte das autoridades japonesas.

A Guerra Imjin, ao final, devastou boa parte da Coreia de Joseon, deixando para trás milhares de mortos e dezenas de milhares de prisioneiros, além da destruição e da pilhagem de incontáveis templos, mosteiros, palácios e tesouros culturais. Nesse cenário desolador, houve uma interação populacional entre coreanos, chineses e japoneses poucas vezes superada na história do Leste Asiático. Estimados 200 mil japoneses e aproximadamente o mesmo número de chineses passaram pelo solo coreano. Muitos soldados Ming, por exemplo, se estabeleceram na península e se casaram com mulheres locais, formando gerações de descendentes. Boa parte dos prisioneiros de guerra japoneses acabou por se naturalizar e também estabeleceu vínculos com comunidades coreanas. Muitos coreanos, nessa grande e trágica empreitada da guerra, deslocaram-se e se assentaram no exterior. Dezenas de milhares se refugiaram no arquipélago japonês, muitos como prisioneiros – alguns, inclusive, tornaram-se escravos e depois foram negociados com mercadores portugueses em fins do século XVI.[13]

Entre os coreanos expatriados no Japão, um grande contingente se tornou valorizado pelos senhores da guerra japoneses (*daimiôs*, 大名), por conta de seu conhecimento erudito e artesanal, sendo recompensados com cargos e generosos estipêndios. O renascimento neoconfuciano japonês do século XVII em grande medida se deve a eruditos e letrados coreanos que se tornaram professores e tutores da classe aristocrática. A presença dessas figuras no reino gerou curiosidade e demanda maior por obras e estudos dos clássicos dos pensamentos de Confúcio e seus seguidores, além de conhecimento renovado em agricultura, astronomia e medicina botânica. O desenvolvimento da imprensa coreana certamente influenciou o alastramento de publicações japonesas.

Os ceramistas foram particularmente valorizados entre os artesãos coreanos. O gosto nipônico das classes privilegiadas pelas cerâmicas vitrificadas coreanas e chinesas era antigo, e esses artigos se tornaram objeto de cobiça em meio à pilhagem dos piratas japoneses. A demanda por essas cerâmicas foi incrementada com a popularização do budismo zen, que apreciava o uso das peças em suas cerimônias, especialmente a do chá, o *chadô* (茶道). Foi por isso que ceramistas coreanos deixaram indústrias e técnicas de fabricação para seus descendentes no norte da ilha de Kyushu que, posteriormente, iriam frutificar na produção das belas porcelanas Arita.[14]

Curiosamente, enquanto aumentavam a demanda e a apreciação dos tradicionais vasos cerâmicos vitrificados azul-esverdeados pelos

Cerâmica *baekja* da dinastia Joseon. Crédito: Universidade de Mulheres Ewha/Talkwithsun/Wikimedia Commons.

japoneses, na península coreana estavam em alta as cores amareladas e cinzentas em porcelanas brancas (*baekja*, 백자), seguindo o gosto da classe *yangban* da dinastia Joseon. Essa mudança talvez se explique por atender aos preceitos confucianos da frugalidade e sobriedade.[15]

Os jurchens e os manchus

Passados aproximadamente cinquenta anos, em meados do século XVII, os jurchens na fronteira norte da península coreana começaram a consolidar e expandir sua presença na região da Manchúria e partes do norte da China. Depreende-se disso que a dinastia chinesa Ming se encontrava fragilizada e dividida politicamente, algo que amplificou as ações de lideranças rebeldes no âmbito interno e nas fronteiras.

Os jurchens, agora referidos como manchus, tinham conquistado a península de Liaodong em 1616, sob a liderança de Nurhaci (r. 1616-1626), que proclamou o reino tardio de Jin, ecoando a antiga soberania.

Feito isso, Nurhaci se encontrou em posição favorável para avançar contra o decadente império Ming.

Na corte coreana, o grupo dos *yangbans* mais pragmáticos dominava as decisões políticas e conseguiu a atenção do rei Yi Hon (r. 1608-1623), passando a adotar uma postura de neutralidade em relação aos conflitos dos manchus e aos Ming. Em 1623, um golpe levou ao trono o rei Yi Jong (postumamente chamado de Injo) (r. 1623-1649), que passou a apoiar os partidários neoconfucionistas mais ortodoxos que insistiam na lealdade irrestrita aos Ming. Assim se formou o cenário que Nurhaci usou como justificativa para as invasões dos manchus ao reino coreano em 1627.

Os eventos na China se tornaram terminais para o império Ming quando, em 1636, o filho e sucessor de Nurhaci, Huang Taiji (r. 1626-1636; 1636-1643), proclamou sua dinastia a verdadeira sucessora do império chinês e a renomeou como Qing ("Pura"). As autoridades coreanas inicialmente se recusaram a reconhecer a nova soberania e suserania chinesa, e assim se viram obrigadas a enfrentar invasões de centenas de milhares de manchus, mongóis e aliados em 1636. Em cinco dias, a capital coreana, Hanyang, foi ocupada e rendida às forças invasoras, o que provocou a fuga do rei Yi Jong e de sua corte para as montanhas nas cercanias em Namhansan. Depois de um mês e meio, o rei coreano decidiu se render e, humilhado, prostrou-se nove vezes perante o imperador manchu, Huang Taiji, declarando-se vassalo (ou irmão menor, *sadae*, 사대) da nova dinastia chinesa na assinatura do Tratado de Samjeondo.[16]

A Guerra Imjin e as invasões manchus trouxeram consequências profundas ao reino coreano na dinastia Joseon. A devastação foi marcante, mas a maior mudança política se deu na China, onde a dinastia Ming caiu diante dos manchus em 1644.

No Japão, igualmente, houve mudanças políticas centralizadoras desde a morte de Toyotomi Hideyoshi, em 1598. Suas ações esgotaram os recursos do Estado e enfraqueceram consideravelmente sua rede de lealdades, permitindo a ascensão de outro líder japonês após a batalha de Sekigahara, em 1600, que estabeleceria uma dinastia japonesa de xoguns (*bakufu*, 幕府), Ieyasu Tokugawa (1543-1616).[17]

Em termos de política externa, o reino coreano posicionou-se como vassalo e tributário da nova China dos Qing (manchus), e o Japão buscou cada vez mais restringir o contato com os estrangeiros a partir dos decretos de 1635 (*sakoku*, 鎖国) na província meridional de Satsuma e da ilha de Tsushima. Foi por intermédio do representante dessa última ilha que se deu o único contato oficial permitido por séculos entre a corte coreana e as lideranças japonesas, na cidade portuária de Pusan.[18]

Estava implícito nas relações com os japoneses, portanto, que os coreanos eram os mais próximos e legítimos herdeiros dos valores confucionistas, tendo precedência nos protocolos de Estado, visto que o rei coreano seria recebido na capital do xogunato, Edo (atual Tóquio), enquanto o maior representante japonês, o senhor de Tsushima, ficaria restrito a um bairro da comunidade mercantil japonesa de Pusan. Nesse veio, os coreanos, até mesmo a desconsiderar os manchus como bárbaros diante dos tradicionais valores chineses dos Ming, passaram a se considerar os únicos e legítimos herdeiros civilizados no Leste Asiático a partir de meados do século XVII.

O período de ordem se estenderia pelas décadas seguintes no reino coreano, mas isso não significou uma era de paz inabalável para a península.

5
OS HERDEIROS DE CONFÚCIO

Em nome do pai

Após as invasões manchus, o restante do século XVII e o século seguinte foram considerados plenos de paz e estabilidade. A fronteira com a China ao norte foi estabelecida ao longo dos rios Yalu e Tumen tal como se encontra nos dias atuais. É significativo o fato de o governo coreano ter erguido um monumento, em 1712, no venerado monte Baekdu, a assinalar a fronteira sino-coreana, no local mítico do nascimento do ancestral Dangun.[1]

No âmbito interno do reino Joseon, os debates políticos durante o reinado de Hyojong (r. 1649-1659) centraram-se nos rituais confucianos apropriados a respeito do período do luto de ancestrais (*jesa*, 제사). Embora o assunto pareça trivial, esses debates provocaram vivas discussões entre os letrados nos tribunais, alguns deles entendendo que o soberano deveria observar três anos de luto e de guarda diante da morte de um de seus familiares. Outros argumentaram a favor de um ano de luto.

Os debates polarizaram-se em torno de duas figuras acadêmicas da classe *yangban*. Um deles, Song Si-yeol (1607-1689), e seus correligionários, referidos como os "ocidentais", posicionavam-se a favor da brevidade do luto. Outros, "sulistas", defendiam um período mais prolongado – e foram esses que venceram o embate, graças a seu representante, Heo Mok (1595-1682). Assim, foram garantidos nos anos seguintes os cargos mais influentes para membros dessa segunda escola neoconfuciana coreana.

A profundidade do impacto dessa controvérsia ritualística amplificou-se para a sociedade geral na segunda metade do século XVII. Os questionamentos das obrigações e rituais em honra dos ancestrais incluíam no debate público o papel da família, as responsabilidades dos filhos e a herança. Como exemplo, os textos confucionistas entendiam que os antepassados eram responsabilidade exclusiva do primogênito (*jangja*, 장자), por isso a herança cabia a ele. Mas havia a prática coreana, mais igualitária, de dividir a herança entre todos os filhos e filhas, e as cerimônias de respeito aos ancestrais eram responsabilidade de todos em uma base rotativa.

Contudo, se a herança caberia, por direito e tradição, ao filho mais velho, por que recairiam sobre os outros filhos os encargos das cerimônias fúnebres? Ou, por outro lado, se a herança fosse dividida, por que a responsabilidade fúnebre era exclusiva da primogenitura? Essas e outras questões foram levadas aos tribunais pela nobreza. Alguns começaram a questionar se as filhas deveriam ter direito à herança, alegando que a inovação nos costumes coreanos ao longo dos séculos era um sinal de que a nação se degenerara do caminho dos sábios confucianos da Antiguidade.

As implicações dessas mudanças começaram a afetar a transmissão das propriedades da família para as filhas, que passaram a ter direito a apenas um terço e, após um tempo, deixaram de ser contempladas na herança. O acesso a processos movidos por espólios nos séculos XVII e XVIII indica que as mulheres não teriam mais responsabilidades a respeito das obrigações funerárias dos antepassados, o que aliviava a carga sobre elas, mas ao mesmo tempo as privava dos demais direitos.[2]

Nas gerações subsequentes, isso afetou o processo de herança. Entendia-se que somente os filhos homens teriam direito à herança familiar, o que provocou uma tendência de adoção em casos de inexistência de um herdeiro legítimo. Adotava-se, assim, um primo, um sobrinho ou alguém próximo da linhagem. Até a segunda metade do século XVII, os herdeiros poderiam vir da família materna ou paterna, mas a sucessão passou a ser exclusivamente patrilinear na história coreana. Os casos de adoção chegaram a 15% da população da Coreia, um dado que evidencia o massivo costume.[3]

Outros aspectos da atitude patrilinear baseada no confucionismo passaram a repercutir na sociedade coreana. As mulheres recém-casadas, cuja família pagava o dote de casamento, deveriam mudar para a casa do noivo. Mais ainda, a noiva, sua família e suas filhas perderiam todos os direitos de herança – inclusive o sobrenome, que, caso tivessem, era o do pai.* Isso era ainda mais corrente entre as famílias tradicionais de *yangbans* e entre as que emulavam as classes superiores, visando ligar-se a familiares poderosos e influentes.

Foi por esse motivo que os documentos genealógicos coreanos se tornaram tão importantes no século XVIII, pois tinham o objetivo de justificar por linhagem patrilinear os direitos de herança e posse. Esses documentos apresentam somente as descendências masculinas, com pouco detalhes sobre as esposas e filhas ou ausência total dessas pessoas, que, em alguns casos, nem sequer são registradas com o sobrenome da família do noivo. Isso quando não eram referidas simplesmente como "esposa de", "mãe de" e "filha de".[4] Os clãs e famílias coreanas, em outras palavras, passaram a adotar um sistema conservador e estritamente patrilinear, e membros da linhagem feminina eram ignorados ou escassamente registrados. Era comum que descendentes das filhas de um eminente membro da família nem mesmo fossem considerados netos, sendo referidos como *oeson* (외손, "netos de fora").[5]

A estruturação de heranças, adoções, casamentos e genealogias refletiu o quadro de mudanças mais amplo que estava em andamento em fins do século XVII. As causas dessas transformações ainda devem ser estudadas, mas a base ideológica adveio do renascimento confucionista no reino coreano da época, o neoconfucionismo, que ganhou destaque e força na política e sociedade desde o século XIV. Outro aspecto a observar foram as pressões populacionais que a Coreia começou a sofrer com seu crescimento vegetativo no século XVII, quando atingiu um ponto de saturação que empurrou os limites da produtividade da terra. Esse quadro, evidentemente, trouxe consequências sobre questões familiares, clânicas e sucessórias.

Subjacente à preocupação com os rituais e a interpretação dos estudos confucianos em fins do século XVII estava o fato de que a dinastia Ming da China havia caído e fora substituída por outra dinastia, a dos

---

* Sobrenomes patrilineares predominaram na península a fim de resguardar os direitos da herança do procriador.

Rei Yeongjo da dinastia Joseon. Crédito: Jang Gyeong-ju/Kim Du-ryang/Chae Yong-Shin/Cho Seok-Jin *et al.*/Museu do Palácio Nacional da Coreia/Sebastian Wallroth/Wikimedia Commons.

manchus, Qing, considerada não chinesa e bárbara aos olhos dos letrados *yangbans* e da corte coreana. Em face disso, a Coreia dos Joseons passou a se considerar a verdadeira herdeira confuciana, o que orientou todas as reformas sociais e políticas empreeendidas nos séculos XVII e XVIII. A identidade coreana da dinastia Joseon fundamentou-se a partir disso.[6]

No plano político, a Coreia atravessou um considerável período de estabilidade no século XVIII, com apenas três reis soberanos. O primeiro deles, Sukjong (r. 1674-1720), governou por quase 45 anos, sendo sucedido brevemente por Gyeongjong (r. 1720-1724) e depois por Yeongjo (r. 1724-1776). Esse último foi o mais longevo da dinastia Joseon, tendo reinado por 52 anos.

Yeongjo provou-se notável no trono e deixou sua marca como soberano conhecido pelos persistentes esforços de reformar o sistema de tributação do reino, governar pela ética confuciana e minimizar e reconciliar a luta entre as facções políticas e dos *yangbans* sob sua "Política da Harmonia Magnífica" (*Tangpyeong*, 탕평). A genuína preocupação de Yeongjo com suas virtudes confucianas e seus súditos ficou gravada nos *Anais da dinastia Joseon*, na página referente ao dia 27 de julho de 1728: "Oh céus! Nós tivemos inundações, secas e fome nos últimos quatro anos por causa da minha falta de virtude [...] Como meu pobre povo pode manter seu sustento sob tais dificuldades?".[7]

Apesar de suas virtudes sinceras, o reinado de Yeongjo foi marcado por dois eventos de magnitudes diferentes. Um deles, de menor impacto histórico, foi quando sucedeu seu meio-irmão, Gyeongjong, que havia morrido sob circunstâncias suspeitas em 1724. Houve suspeitas do envolvimento de Yeongjo na morte, mas o caso nunca chegou a ser esclarecido e provado. O segundo evento foi mais dramático. Os dois filhos e herdeiros de Yeongjo provaram ser limitados e incapazes para o trono. Um deles morreu jovem e o outro ficou conhecido como príncipe Sado (1735-1761). Sado aparentemente sofria de transtorno mental, dado seu comportamento mercurial e imprevisível. Ele descarregava as frustrações nos subordinados, o que, por vezes, resultava em mortes. Sua conduta era lasciva, tanto que era frequentemente reprimido pelas escapadas noturnas. Em 1761, o príncipe chegou a ir até a cidade de Pyongyang – a mais de 200 quilômetros de distância – em busca de diversão.[8]

Yeongjo, determinado a corrigir o comportamento de seu filho, tentou instilar nele o conhecimento dos clássicos e das virtudes pregadas pelo confucionismo. Depois de anos de esforços infrutíferos, o monarca decidiu agir da maneira mais extrema: a fim de conservar o respeito e a continuidade dinástica, tomou a decisão de matar o próprio filho, uma vez que via no neto seu possível sucessor. De fato, ele foi sucedido por Jeongjo (r. 1776-1800). A morte de Sado ficou gravada para a posteridade nos relatos de sua esposa, a princesa Hyegyong (1735-1816). No fatídico dia, em agosto de 1761, Yeongjo vestiu seu uniforme militar e foi ao palácio do filho. O pai exigiu mais uma vez promessas de retidão, mas logo se viu contrariado. Dias depois, Yeongjo pediu a Sado que conservasse a honra da família e cometesse suicídio – pois o valor confuciano preza, acima de tudo, a suprema lealdade filial e a obediência aos superiores. Com a recusa do filho, o rei, então, chamou seus guardas para trancarem o príncipe em um baú de madeira. Após oito dias de duro confinamento, padecendo de calor e fome, Sado foi declarado morto em 12 de julho de 1762,[9] sem que houvesse derramamento de sangue real, conforme ditava a tradição coreana.

As escolas de pensamento

O século XVIII testemunhou uma mudança entre a classe dos literatos: os antes marginalizados e não ocupantes dos cargos mais influentes do reino de Joseon passaram a defender uma reforma do pensamento neoconfuciano ritualístico e metafísico que se consolidara entre a elite coreana. Em contraposição, surgiu a escola do "aprendizado prático" (*silhak*, 실학), que se baseava nos escritos de Yu Hyeongwon (1622--1673) e Yi Ik (1681-1763). Esses estudiosos propuseram uma ampla reforma das práticas e normas confucianas que tinham estruturado o governo. O primeiro pensador enfatizou um novo sistema de seleção e recrutamento nas instituições educacionais, afirmando que os exames deveriam se concentrar em assuntos administrativos práticos, em vez de se basear em obras clássicas confucianas.[10] Embora populares entre os críticos e inovadores membros do *silhak*, as reformas não foram implementadas no sistema coreano.

Apesar dos obstáculos do sistema, que tendia a preservar as tradições, em 1776 o rei Jeongjo criou uma academia real, o Kyujangkak (규장각), nas dependências dos jardins secretos do palácio em Kurnwon. Para aconselhá-lo e gerenciar a instituição superior, convocou um eminente membro da escola *silhak*, Jeong Yakyong (1762-1836), também conhecido como Dasan. Esse estudioso, uma vez no influente cargo, passou a implementar o ensino do conhecimento científico e técnico ocidental, especialmente a engenharia civil, alvo de sua fascinação e curiosidade.[11]

No final do século XVIII, a crescente presença de estrangeiros na China propiciou o acesso às obras e aos estudos ocidentais por meio de representantes letrados coreanos na corte em Pequim. No entanto, talvez o maior legado de Dasan tenha sido a ativa supervisão da construção do forte de Hwaseong em Suwon, que se estendeu entre 1794 e 1796, uma

O forte projetado por Dasan, Hwaseong, em Suwon.
Crédito: Ozone foto/Shutterstock.

obra de engenharia coreana inovadora e fortemente influenciada pelos novos conhecimentos científicos da época.[12]

As transformações sociais se deram também em outras áreas. No fim do século XVII, já se constatavam crescimento e prosperidade das atividades comerciais e, consequentemente, da classe mercantil. Se antes as trocas comerciais do reino eram basicamente *in natura*, ou seja, assentadas no escambo, as reformas monetárias e tributárias feitas na Coreia levaram os mercados do país a crescer em atividade e escopo. Em consequência, as estradas e portos amplificaram ainda mais os acessos a mercadorias de troca, alcançando suas origens produtivas no interior ou no exterior.

A moeda dinamizou ainda mais as transações e possibilitou maior poder de tributação do Estado. Assim, grandes centros comerciais começaram a se estabelecer, como em Kaesong, Pyongyang, Uiji e Tongnae. A penúltima cidade, localizada ao longo do rio Yalu, e a última, no sudeste da península, prosperaram com os contatos mantidos com os manchus e os japoneses, respectivamente.

Antes do século XVII, a atividade comercial e tributária era feita com base no escambo de bens como arroz, tecidos, ouro, pele e até mesmo ginseng. Em 1678, o governo passou a cunhar moedas padronizadas de cobre, baseadas nas moedas chinesas, mas em um sistema independente. Em fins do século XVIII, as trocas monetárias coreanas acabaram se consolidando de maneira soberana e o valor da moeda passou a ser a medida da riqueza e da tributação a ser taxada.

As taxas passaram a ser calculadas não mais com base nas dimensões das propriedades de terra, mas em sua capacidade produtiva. Foram, então, reformuladas as classificações fundiárias do reino, em cinco níveis, a depender da fertilidade de cada unidade agrária. As reformas fundiárias foram fruto de uma ampla reforma tributária feita em fins do século XVII, chamada de *taedong*, que buscou padronizar e simplificar os impostos.[13]

Em meados do século XVIII, o sistema obrigatório de trabalho agrário, semelhante à corveia, foi revisto e as horas de trabalho foram uniformizadas e tornadas mais justas. Com essas reformas, a indústria artesanal prosperou e a capacidade de arrecadação tributária do governo ampliou-se. Matérias-primas, produtos (de armas até roupas) e serviços poderiam agora ser comprados com moeda, gerando crescimento no mercado privado interno. O trabalho artesanal passou a contratar mais funcionários remunerados, assim como as minas de mineração, que passaram para mãos privadas desde fins do século XVII. Um mineral, em particular, prosperou enormemente: a prata, devido à demanda do mercado chinês.

Na agricultura, houve uma elevação do rendimento nas plantações de arroz com a introdução de novas técnicas e espécies mais produtivas e resistentes ao clima e às pragas. Com isso, a população coreana aumentou em número. Estudos populacionais da época estimam que em meados do século XVII o número de habitantes estava em torno de 8 a 9 milhões, saltando para 13 a 14 milhões em meados do século XVIII[14] – apesar das frequentes epidemias de malária, sarampo e varíola e da fome decorrente de surtos e quedas de colheitas.[15]

A sociedade coreana de Joseon, em geral, era composta de estratos sociais baseados nos princípios do neoconfucionismo[16] e a mobilidade era bastante incomum. Havia no topo os *yangbans*, seguidos pelos *chungins* (pessoas do meio, classe média, 중인), os *yangin* (plebeus, 양민) e os *cheonmins* (pessoas vulgares ou comuns, 천민), que também incluíam os servos e escravos (*nobi*, 노비). Esses status eram hereditários e os casamentos entre as categorias eram raros ou vistos como não oficiais. A imobilidade era mais estrita à medida que se subia de status social, sendo quase impensável a entrada de pessoas comuns ou escravos na classe dos *yangbans*. Os plebeus poderiam, teoricamente, prestar os exames de admissão à classe dos letrados, mas os custos e o tempo de dedicação demandados pelos estudos de admissão eram proibitivos para a classe. (Sendo aprovados, deveriam fornecer sua linha genealógica, um registro que as famílias plebeias não possuíam.)

As guerras e o crescimento dos mercados e das cidades provocaram mudanças nesse rígido sistema social. Após os conflitos contra os japoneses e manchus nos séculos XVI e XVII, muitos escravos se viram libertados por terem prestado serviço militar. Ademais, uma série de leis foi implementada entre 1669 e 1731, que libertava os filhos de mães comuns, mesmo se o pai fosse um *nobi*.[17] Isso diminuiu consideravelmente o número de escravos e servos da sociedade coreana ao longo dos séculos XVIII e XIX, com o fim oficial da escravidão vindo a acontecer somente em 1894.

Apesar dessas mudanças, a classe *yangban* tentou manter seu status exclusivo e privilegiado. Ao contrário da China e de outras nações do Leste Asiático, a Coreia de Joseon discriminava aqueles nascidos de esposas secundárias ou concubinas, chamados de *soja* (소자).[18] Essa singular discriminação tinha origem no século XV, no reinado de Taejong, que lutara pelo trono contra seu meio-irmão. Assim, a tradição real considerava apenas uma esposa oficial para efeitos de herança ao trono, embora as relações extramaritais fossem permitidas. Essa prática foi estendida às classes privilegiadas da sociedade, como os *yangbans*.

Considerando que os *sojas* eram excluídos dos direitos da família, esses filhos ilegítimos não poderiam provar sua linhagem genealógica, sendo, portanto, impedidos de assumir postos oficiais mesmo se aprovados nos exames.

O crescimento da economia coreana nos séculos XVII e XVIII provocou o aumento e a prosperidade da classe mercantil – plebeus que poderiam se casar com membros de famílias de *yangbans* e ingressar naquela linhagem genealógica, obtendo, assim, acesso aos exames de admissão aos cargos oficiais (*gwageo*). Por consequência disso, na virada do século XIX, a classe *yangban*, estimada em torno de 10% da população coreana, aumentou para mais de 50%.

Observou-se também um notável inchaço da classe média (*chungin*), composta de médicos, advogados, intérpretes e pequenos burocratas. Isso se deu em um contexto de crescimento urbano e com os *sojas* impedidos de adentrar a classe *yangban*. Os *chungins* foram os maiores defensores das novas ideias advindas do conhecimento ocidental, que se tornaria vigente no século XIX.

Das inspirações às denúncias

O dinamismo social, naturalmente, refletiu-se nas artes e na literatura coreanas. No campo literário, a notável figura do escritor e intelectual Heo Gyon (1569-1618) buscou traçar as diretrizes para uma nova sociedade confuciana, que combateria os vícios e privilégios da realidade coreana. Conta-se que foi esse o autor do clássico *A história de Hong Gildong*, cujo protagonista, um *soja* (ou seja, um filho ilegítimo), luta e anseia por justiça, possivelmente inspirado na figura de Im Kkeokjeong, do século XVI.[19]

No campo budista, a obra de Kim Mun-Jong (1637-1692), *Sonho das nove nuvens*, narra a trajetória de um jovem monge, Hsing-chen, condenado por seu mestre a renascer como filho de um ermitão e banido para se confrontar com o Rei Dragão, devendo superar as tentações em busca da iluminação espiritual. De conotação budista, talvez seja uma das maiores obras coreanas nessa área a enfatizar a transitoriedade do hedonismo em face dos prazeres mundanos.

Outro autor de meados do século XVIII, Bak Jiwon (1737-1805), expôs com veemência a hipocrisia dos *yangbans* em seu livro *A história de Ho Saeng*, que narra as experiências amargas da classe humilhada dos comerciantes diante da arrogância dos letrados.

Um livro que traria grandes consequências para a literatura coreana foi um romance escrito em hangul de autoria anônima, *A história de Chunhyang*. A obra fala sobre a paixão da filha de uma concubina por um membro *yangban* de uma tradicional família de magistrados.[20] As linhas mais comoventes mostram a lealdade e a integridade da jovem

As "montanhas de diamante", Kumkangsan, de Jeong Seon.
Crédito: The History Collection/Alamy/Fotoarena.

perante a inconstância do amado e a pressão conservadora da sociedade coreana. Ao final, os dois se casam, refletindo os ventos de mudança que estavam tomando a dinastia Joseon em fins do século XVIII. Essa história teria ampla repercussão no teatro coreano, *pansori* (판소리).

No campo das artes plásticas, um dos nomes mais celebrados foi o de Jeong Seon (1676-1759), que retratou a beleza única de Kumkangsan (ou Geumgangsan), "montanhas de diamante", e de outras paisagens naturais coreanas.[21] Na pintura, destacou-se Gim Hongdo (1745-1806? ou 1814?), conhecido como Danwon, que pintou sublimes obras realistas em fins do século XVIII. Foram de sua autoria os retratos oficiais dos membros da realeza da dinastia Joseon, e igualmente de cenas cotidianas incluindo estudantes, trabalhadores, mulheres e elementos da natureza.[22]

O século XVIII, em suma, testemunhou um renascimento cultural coreano. Novas tendências e escolas de filosofia e literatura ecoaram as mudanças dos valores e os questionamentos que permeavam a sociedade. Nas artes, a pintura passou a enfatizar as paisagens coreanas, em vez daquelas tradicionalmente copiadas dos panoramas do sul da China, um cânone artístico desde a dinastia chinesa Song, do século X.

Os séculos XVII e XVIII foram de paz nas fronteiras da Coreia, resultado do distanciamento das relações com os manchus na China e do isolamento japonês. As discussões e disputas passaram a se dar no âmbito interno, entre os estudiosos, como se deu com as questões relativas à herança entre os membros da família. Pelos registros da época, foi um período em que se pôde constatar o papel de sujeição das mulheres e de seus filhos considerados ilegítimos, revelando o lado perversamente patriarcal da sociedade do período. Ademais, as questões dinásticas se mantiveram sólidas em grande parte, em meio a algumas tragédias, como a morte do príncipe Sado. Foi uma era de efervescência na cultura, quando se permitiu a entrada de novas técnicas e influências na literatura e nas artes plásticas.

O século XIX, entretanto, se revelaria desafiador para a história da Coreia.

6

O REINO EREMITA

As tormentas

No século XIX, a ordem internacional no Leste Asiático apontava para mudanças. Estrangeiros começaram a pressionar pela abertura dos portos e pela entrada de representantes nas costas chinesa e japonesa. Na China, em 1842 a assinatura do Tratado de Nanquim, que deu termo à Primeira Guerra do Ópio (1839-1842), sinalizou a fragilidade da corte dos Qing perante os ocidentais. Na ótica dos Joseons, que desde 1636 se reconheciam como aliados tributários dos chineses, o evento foi significativo, pois as notícias chegaram por intermédio dos enviados à corte em Pequim.

Ao Japão, a Coreia tinha restringido as relações com o xogunato dos Tokugawa desde 1609, permitido o contato apenas através do senhor local de Tsushima, que pagava tributo aos coreanos. Em 1854, até mesmo o Japão foi forçado a abrir seus portos para os Estados Unidos após ter sido pressionado pela frota do comodoro Matthew C. Perry (1794-1858).

Em 1858, a China dos Qing cedeu, envolvida na repressão dos rebeldes taipings, províncias costeiras de seu império a nordeste para a Rússia sob a pressão do conde Muraviev, dando a esse país acesso marítimo às extensões siberianas. Assim, estenderam-se as fronteiras russas com a península coreana através do rio Tumen. Isso foi concretizado após a assinatura do Tratado de Aigun, que revisou a fronteira russo-chinesa

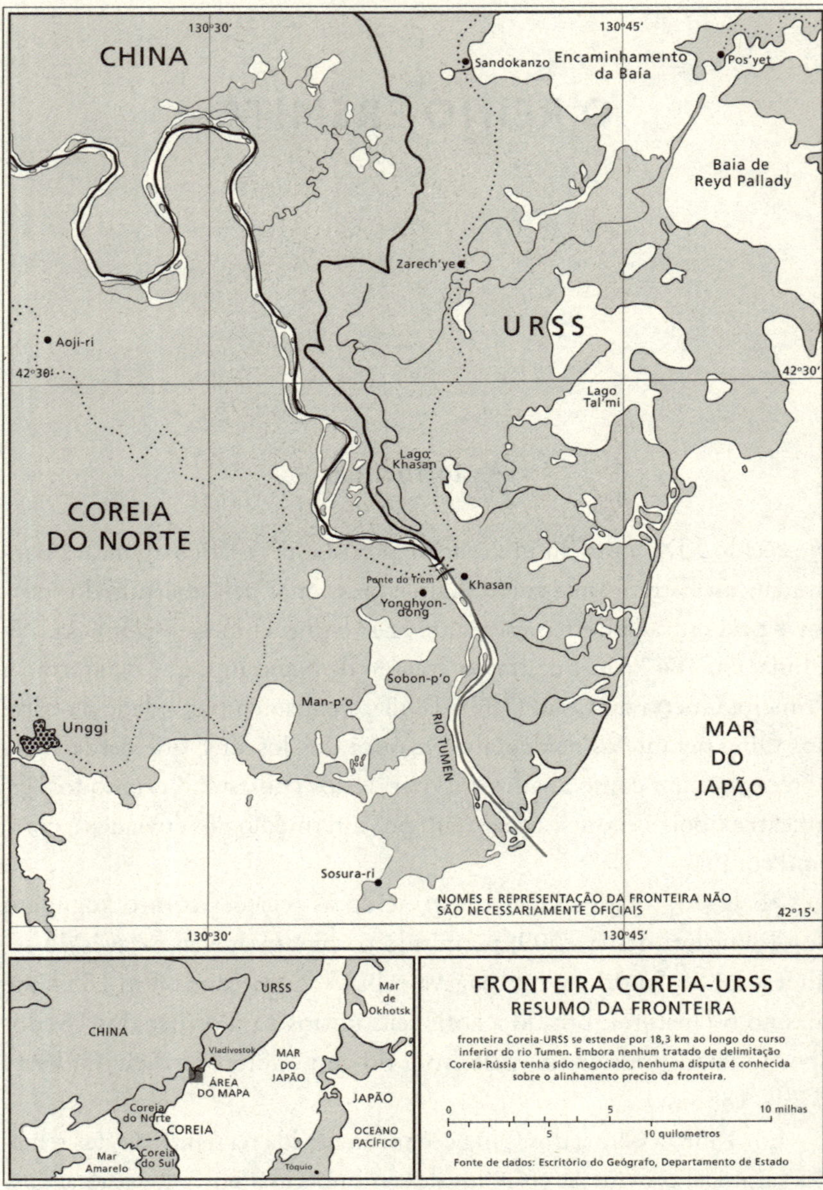

As fronteiras coreanas com os russos durante a Guerra Fria seguiam o estuário do rio Tumen, limite firmado pela primeira vez na Convenção de Pequim de 1860. Adaptado de: https://library.law.fsu.edu/Digital-Collections/LimitsinSeas/numericalibs.html. Acesso em: 21 jan. 2025. Créditos: Domínio Público/FSU College of Law.

estabelecida desde o Tratado de Nerchinsk, de 1689.[1] Apesar disso, a Coreia ainda se encontrava isolada dos ocidentais, tanto em termos diplomáticos como geográficos – a leste pelo arquipélago japonês e ao sul e a oeste pelo império chinês. O contexto levou os interesses imediatos dos ocidentais a se concentrarem nesses dois governos, o que adiou as relações ocidentais com a corte Joseon por mais algumas décadas até fins do século XIX.

O reino coreano – diferentemente do japonês, que tinha negociado uma tímida presença de legações portuguesas e holandesas desde o século XVI – historicamente havia diminuído seu contato com o mundo ocidental, restringindo o acesso portuário a representantes oficiais do Japão e da China. Para o Ocidente, essa conjuntura criou a percepção de que a Coreia era uma espécie de "reino eremita", isolado, subordinado ao império chinês e adepto dos preceitos confucionistas por sua corte de funcionários letrados, os *yangbans*.

Mesmo assim, a influência ocidental começou a se fazer sentir no reino coreano, em grande parte graças à presença de mercadores e representantes coreanos na capital chinesa, que traziam livros, ideias e produtos ocidentais desde o século XVIII.[2] Uma dessas inovações foi o catolicismo, trazido para a China por missionários estrangeiros. Isso se revelou singular, pois a entrada dessa influência na Coreia, ao contrário das outras nações no Leste Asiático, se deu por via indireta, através de contatos chineses, e passou a ser mais gradativa e menos impositiva.

A bem da verdade, o catolicismo foi introduzido entre os coreanos aos poucos, expandindo-se desde fins do século XVI por livros traduzidos para o chinês em Pequim.* Gradualmente, os coreanos passaram a absorver e a reinterpretar esse novo "aprendizado ocidental" (*seohak*, 서학) não como uma forma impositiva de dogmas religiosos, mas como um conjunto filosófico que poderia ajudar a rever e a repensar a ortodoxia neoconfucionista do reino Joseon. As ideias ocidentais e o catolicismo foram, portanto, antes de tudo, objeto de interesse de estudiosos coreanos viajantes que depois passaram a propagá-los em sua terra nativa.

---

* Muito dessa curiosidade inicial coreana adveio das obras traduzidas de um jesuíta atuante e influente na corte chinesa, Matteo Ricci (1552-1610), na obra *A verdadeira noção de Deus* (天主實義), publicada em Pequim, em 1603, e traduzida na época para várias línguas asiáticas.

Nessa conjuntura, destacou-se a figura de um dos primeiros coreanos convertidos ao catolicismo, Yi Sung-hun (1756-1801), batizado em 1784 por um missionário ocidental em Pequim. Ao voltar à Coreia, seu ardor religioso e heterodoxia filosófica atraíram seguidores entre *yangbans* descontentes com a tradição, intérpretes, comerciantes, médicos e membros da classe média (*chungin*). Diante do crescimento no número de seus seguidores, os oficiais do governo passaram a pleitear nos tribunais meios de suprimi-los, invocando a tradição e o costume de proibição de contato não oficial com o estrangeiro. Proclamou-se, então, em 1785, a pedido do inspetor-geral Yu Ha-won, uma lei que impedia o espalhamento do credo católico, considerado herético à ortodoxia coreana, e a importação de livros católicos e similares do pensamento ocidental.[3] Paralelamente, surgiram acusações de negligência dos cultos de ancestrais por alguns católicos coreanos, que foram ameaçados com a pena de morte.

A reação conservadora do governo coreano indicava a crise que o sistema ortodoxo neoconfuciano enfrentou no início do século XIX. Houve um movimento de puristas neoconfucianos, referidos como *wijong choksa* ("defesa da ortodoxia, rejeição da heterodoxia" ou "defesa dos ensinamentos legítimos de Confúcio, rejeição dos falsos ensinamentos"), que repudiaram qualquer influência estrangeira. Essa mobilização se combinou com a dominação de elementos conservadores de *yangbans* no governo coreano que decidiram por decreto, em 1801, perseguir e matar os convertidos católicos, resultando na morte de mais de trezentos coreanos, muitos pertencentes a críticos e oposicionistas do sul da península. Esse ato, que ficou conhecido como "Perseguição Sinyu" (신유박해), marcou muito o reino, principalmente pela ação de uma elite conservadora que tentou coibir qualquer manifestação estrangeira suspeita.[4] O posicionamento ampliou-se para uma política de Estado referendada pelo monarca Sunjo (r. 1800-1834) – que à época tinha 11 anos de vida e era fortemente influenciado pelas convicções de sua bisavó e regente, a rainha Jeongsun (1745-1805).

Apesar da curiosidade e inquietação da sociedade coreana pelos novos conhecimentos revelados nos livros e estudos ocidentais, o reino de Joseon tomou a crucial decisão de frear a aproximação. Tendo isso em mente, as demandas por reformas e inovações no reino coreano passaram a ser desencorajadas ou mesmo condenadas. Assim, movimentos e grupos clandestinos eram as únicas formas de manter contato com o estrangeiro e de fomentar ideias inovadoras.

No âmbito interno, a tradição ortodoxa e seu sistema de privilégios destinados a poucos pelos *yangbans* passaram a ser alvo de denúncias e ódio da população em geral, o que desencadeou revoltas populares abertas contra uma monarquia vista como corrupta e atrasada. Em 1811, um candidato a *yangban* que tinha sido reprovado nos exames admissionais, Hong Gyong-nae (1780-1812), liderou um grupo de fazendeiros e camponeses no noroeste da península; eles chegaram a tomar o controle de um forte da região, o de Jeongju. Após cinco meses, as forças do governo suprimiram a rebelião.[5] Decorridos quase cinquenta anos, outro grande levante (Jinju, 1862), conhecido como a Rebelião Imsul, foi deflagrado pelo descontentamento com os abusos e as irregularidades dos arrecadadores fiscais, provocando a indignação de camponeses e plebeus.[6] Novas revoltas se espalharam por mais de setenta cidades e vilas, tomando muitas propriedades e saqueando seus estoques de comida, além de terem decretado a prisão de membros do governo, como o *yangban* magistrado Baek Nakshin.

As sucessões ao trono

O reinado do 25º rei da dinastia Joseon, Cheoljong (que não tinha herdeiros), terminou com sua morte em 1864. A indecisão sucessória foi grande e os altos funcionários conservadores (pertencentes ao chamado grupo dos "Patriarcas", originados em boa parte da região de Andong, do clã dos Kim) clamaram que fosse apontado um membro de seu clã para o trono. Contudo, a decisão sucessória, por direito, cabia à rainha viúva mais velha, Sinjeong (1809-1890), que, por pertencer a outro clã, apontou como herdeiro um familiar de 11 anos, o príncipe Gojong. Para reger em nome do jovem príncipe, foi escolhido o príncipe Heungseon – recebendo, assim, o título de *Daewongun* ("Grande Arquiduque") –, que assumiu o controle do reino de 1863 a 1873, até a maioridade do herdeiro.

A rainha Sinjeong da dinastia Joseon. Crédito: Autor desconhecido/ Administração do Patrimônio Cultural/Revolution will/Wikimedia Commons.

Heungseong foi, portanto, rei de fato de Joseon durante um período crucial de sua história. Nascido na família real e entusiasta do neoconfucionismo, esse regente sempre se indignara com as práticas abusivas e corruptas do passado, em especial considerando os privilegiados membros do clã dos Kim de Andong. Ao chegar ao poder, ele passou a conter a influência proeminente daquele clã e concentrou-se em minar as bases do poder da classe *yangban* pelo reino. Para tanto, nomeou pessoas com reconhecido talento e mérito das classes dos plebeus e dos letrados que tinham sido marginalizadas do poder, como aqueles originados do sul da península.

Assim, o regente ganhou cada vez mais popularidade entre as classes populares e dos camponeses, ainda mais quando promoveu uma ampla política de financiamento e empréstimo para o plantio de grãos, uma tentativa de conter as rebeliões do passado coreano. A fim de aumentar sua popularidade, Heungseong empreendeu a ambiciosa tarefa de restaurar Gyeongbok, um dos maiores palácios dos Joseons, que tinha sido destruído durante a Guerra Imjin de fins do século XVI. Para custear a empreitada, o regente passou a taxar os *yangbans*, que até então tinham gozado de considerável isenção fiscal, e passou a recorrer a doações privadas para cobrir as despesas. A reconstrução também mobilizou ampla força de trabalho das províncias.

Os contatos internacionais

No aspecto externo, o reino coreano passou a ser alvo de interesse internacional. Um dos primeiros contatos registrados de ocidentais se deu por conta do acidente sofrido por um navio mercante britânico em 1832. Sua tripulação chegou a desembarcar na costa ocidental coreana, onde ficou alojada até que os danos à embarcação fossem reparados. Nas décadas seguintes, outras embarcações de ocidentais passaram a percorrer a costa coreana. Muitos estavam determinados a manter relações duradouras com as autoridades, mas desconheciam a prática tradicional coreana de concentrar os contatos com estrangeiros na corte em Pequim, respeitando sua condição de reino tributário. Em decorrência disso, os ocidentais na Coreia foram sistematicamente evitados ou rejeitados.

No verão de 1866, um navio mercante dos Estados Unidos, o *Surprise*, naufragou perto da costa noroeste e sua tripulação foi resgatada com a devida hospitalidade. Depois de tratados, os oficiais coreanos os devolveram à China. Dois meses depois, outro navio americano, o *General Sherman*, vindo do porto chinês de Tianjin e armado com canhoneiras, penetrou no rio Taedong até alcançar a cidade de Pyongyang em busca da abertura do mercado e comércio.[7] Desta vez, a população coreana reagiu, incendiando a embarcação e matando sua tripulação. Um dos magistrados de Pyongyang, Bak Gyusu (1807-1877), acreditou que a embarcação havia violado a ordem tradicional coreana ao invadir o território do reino sem antes ter obedecido ao processo diplomático.

O regente não tinha experiência nem conhecimento suficiente da política internacional quando esse incidente ocorreu e considerou

O regente coreano em tempos turbulentos Heungseon Daewongun.
Crédito: Chronicle of World History/Alamy/Fotoarena.

qualquer presença estrangeira uma potencial fonte de agressão e ameaça. Em vez de fazer contato direto com os americanos, seguiu a tradição de respeitar a suserania chinesa nos casos de relações com estrangeiros. Sua política refletia a percepção da classe *yangban*, defensora dos preceitos neoconfucianos. Visando preparar-se e combater futuros enfrentamentos, Heungseon mandou erguer estelas de pedra com inscrições que recomendavam à população evitar negociar com os ocidentais, que deviam ser combatidos.[8]

Sob esses preceitos, em 1866 o regente coreano passou a perseguir qualquer estrangeiro e a banir as ideias ocidentais no reino Joseon. Assim, foi decidido novamente reprimir com vigor o catolicismo – que tinha crescido em número de adeptos para cerca de 23 mil, graças à atuação de alguns padres jesuítas franceses.[9] Na repressão, cerca de 8 mil coreanos convertidos e nove missionários franceses foram executados após julgamento pelos tribunais coreanos, no episódio conhecido como a "Perseguição Pyong-in" (*Pyongin pakhae*). Em resposta à notícia, o

Ilustração da expedição francesa bombardeando a ilha de Kanghwa.
Crédito: Autor desconhecido/Ryuch/Wikimedia Commons.

imperador francês, Napoleão III, decidiu retaliar e mandou, no outono de 1866, uma frota naval de sete navios de guerra, sob comando do almirante Roze, atacar a ilha de Kanghwa, que protegia a costa da capital do reino.[10] As forças francesas ocuparam e saquearam a ilha e, durante o mês de posse da guarnição coreana, exigiram a imediata punição dos responsáveis pela morte dos missionários franceses.

Apesar do sucesso da ofensiva sobre a ilha, a França não conseguiu enfrentar as defesas coreanas munidas de canhões nas fortalezas da região, o que resultou na retirada dos franceses sem qualquer acordo diplomático. Esse evento criou a impressão de que os coreanos poderiam resistir à presença dos ocidentais.

Em 1871, cinco anos depois do incidente com o navio americano *General Sherman*, o governo dos Estados Unidos passou a exigir a abertura da Coreia para o comércio. Foram enviados o representante norte-americano em Pequim, Frederick F. Low, e o comandante da frota de cinco navios de guerra, contra-almirante John Rodgers. Excessivamente confiantes, os navios americanos adentraram o rio Taedong (que passara por uma ampla fortificação de suas margens depois da invasão francesa). As baterias coreanas abriram fogo contra os estadunidenses, que, embora tivessem tomado o controle de alguns fortes, não conseguiram impor uma derrota decisiva sobre a defesa coreana.

Encorajadas pela aparente vitória sobre os franceses e os americanos, as autoridades coreanas passaram a reforçar as ideias tradicionais de relações com o leste asiático. No entanto, o Japão tinha atravessado um período frenético de mudanças desde a abertura de seus portos, em 1854. Com a ascensão do imperador Meiji, em 1868, os japoneses passaram a reconsiderar a limitada relação com os coreanos, que desde 1609 era feita exclusivamente por intermédio do senhor (*daimiô*) de Tsushima, a quem os coreanos tratavam, conforme protocolo estabelecido, como subordinado. O Japão Meiji começou a exigir novos acordos nessa relação, a refletir os princípios do direito internacional originados dos ocidentais. Ao tomar conhecimento das mudanças políticas e jurídicas do reino japonês, o regente começou a considerá-lo não mais uma nação vizinha, mas um dos "bárbaros ocidentais". Em suma, a política de Heungseon passou a ser cada vez mais antiocidental e, em igual medida, antijaponesa.

Em 1874, o regente foi obrigado a se retirar do poder, pois o legítimo herdeiro, o príncipe Gojong, tinha alcançado a maioridade. A mudança no trono veio através das denúncias feitas por um *yangban*, Choe Ik-hyeon (1833-1906), que passou a criticar toda a política do regente que havia isolado excessivamente o reino coreano. Com isso, diante da ascensão do novo rei, a influência de Heungseong e seus partidários começou a diminuir na esfera política coreana a partir do último quarto do século XIX. O rei, postumamente referido como Gojong (r. 1874-1897), acabaria sendo dominado por membros da família de sua consorte, a rainha Min (ou Myeongseong, 1851-1895).[11]

O novo rei coreano estava ansioso por demonstrar a condição invicta do reino perante os estrangeiros. Esse intento, no entanto, colidiu com a crescente ambição dos japoneses, que, em 1874, enviaram uma carta à corte de Joseon demandando a abertura do mercado coreano. Os termos da carta não respeitavam o conceito de iguais, de nações vizinhas (*gyorin*), refletindo, em vez disso, as mudanças políticas japonesas baseadas no direito internacional. Esse movimento nipônico ia muito além, enfatizando o militarismo e o expansionismo, conforme o slogan propagado à época, "nação rica e nação forte" (*fukoku kyohei*). Muitos

Desenho póstumo da rainha Min, de 1898. Imagem publicada como ilustração do livro *La Corée indépendante, russe ou japonaise*, escrito por Villetard de Laguérie. Crédito: dece033090/Wikimedia Commons.

japoneses passaram a defender a conquista da Coreia (*seikaron*), mas essa postura radical foi derrotada por políticos moderados. Portanto, em vez de uma ofensiva militar, optou-se por uma ação diplomática ao enviar a carta.

O rei Gojong herdara um reino razoavelmente autossuficiente e estava disposto a reformar a nação. No início de seu governo, o jovem monarca, ainda livre das influências da rainha Min e de seus familiares, nomeou como um de seus principais conselheiros Bak Gyusu, político experiente e responsável pelo enfrentamento do navio americano *General Sherman* em 1866. Anos depois, Bak Gyusu elaborou uma política externa mais aberta e modernizadora, acompanhando as mudanças internacionais do fim do século XIX. Sua postura era resultado de anos de experiência como representante em Pequim, observando a atuação dos estrangeiros na China. Essa linha condizia com a curiosidade de Gojong em saber mais a respeito dos acontecimentos na China e no

O rei Gojong (na foto, como imperador Gwangmu) em trajes militares cerimoniais ocidentais em 1907. Crédito: Autor desconhecido/ChowJw/Wikimedia Commons.

exterior. Gojong lia avidamente os relatos vindos de Pequim a respeito da política chinesa voltada à busca de reformas e de modernização de sua capacidade industrial e tecnológica.

A corte de Joseon, contudo, não compartilhava do mesmo entusiasmo. Muitos da ala conservadora e tradicionalista não aceitavam a mudança na postura dos japoneses. Bak Gyusu e seus partidários, assim como o próprio rei, compreenderam a nova realidade política no Leste Asiático, e o Japão na era Meiji passou a exigir da Coreia condições que potências estrangeiras tinham exigido da China e do próprio Japão em meados do século XIX.

Para persuadir as autoridades coreanas a renunciarem à posição de tributária do império chinês, além da abertura de três portos aos navios japoneses e da extraterritorialidade em solo coreano, em 20 de setembro de 1875 o navio de guerra japonês *Unyokan* se aproximou da ilha de Kanghwa. Diante do avanço, a bateria de defesa coreana disparou tiros de advertência, o que os japoneses consideraram um pretexto para a invasão. Houve mortes de soldados coreanos e o saque de mantimentos, armas e pólvora. Esse incidente resultou na assinatura do Tratado de Kanghwa, em 26 de fevereiro de 1876, o primeiro tratado assinado pelo reino coreano nos moldes do direito internacional.

A corte coreana inicialmente se mostrou indecisa, aceitando a contragosto os termos desiguais impostos no tratado em nome da "amizade, comércio e navegação", conforme consta no documento. Assim, o Japão conseguiu orgulhosamente agir de maneira imperial no Leste Asiático, impondo uma desafio à tradicional ordem asiática em torno da dinastia chinesa.

Na Coreia, as autoridades passaram a considerar as mudanças trazidas pelos novos tempos e a privilegiar as boas relações com um Japão em franca transformação. Sob a ótica dos chineses da dinastia Qing, o ato japonês foi visto como provocação e ameaça a suas fronteiras no nordeste e na Manchúria. O vice-rei Li Hongzhang (1823-1901), principal arquiteto da diplomacia chinesa no século XIX, concebeu uma estratégia para conter o avanço nipônico no continente asiático, convencendo as potências ocidentais a estabelecerem relações diplomáticas com a Coreia e a reconhecerem o reino como tributário dos chineses. Com esse intuito, foram enviadas de Pequim cartas secretas ao rei Gojong, exortando-o a aceitar essa política e a promover a abertura e comércio com o Ocidente.

Em 1880, o diplomata chinês Huang Zunxien entregou um documento a um representante coreano em Tóquio, Kim Hongjijp (1842-1896). Intitulado *Uma estratégia para a Coreia* (*Chaoxian celue*), o texto aconselhava a corte coreana a fortalecer sua política externa: aproximar-se da China e coordenar-se com o Japão, aliar-se aos Estados Unidos e precaver-se contra a Rússia.[12] Ao mesmo tempo, Li Hongzhang tentava persuadir os representantes dos governos ocidentais a iniciar relações diplomáticas com a Coreia. Contudo, alguns governos ocidentais, como os Estados Unidos, passaram a questionar o status tributário coreano perante a China.

Realista por natureza, Li entendeu esses questionamentos e passou a aceitar a independência soberana da Coreia. Entretanto, antes disso ele desejava que o Ocidente reconhecesse a primazia da China sobre a península coreana, a fim de afastar a preponderância japonesa. Nesse momento decisivo, os Estados Unidos foram o primeiro governo ocidental a estabelecer relações com a Coreia. Depois de dois anos de negociações, o comodoro Robert Wilson Shufeldt assinou, em 22 de maio de 1882, o Tratado de Paz, Amizade e Comércio com representantes coreanos, sob a mediação de Li Hongzhang.[13]

Esse acordo, conhecido como Convenção Shufeldt, era muito mais igualitário e justo do que o Tratado de Kanghwa e os outros impostos cobrados na época pelos ocidentais à China, ao Japão e a outros reinos asiáticos. O pacto estipulava que a Coreia poderia impor tarifas comerciais sobre produtos americanos. Nos anos seguintes, outros governos ocidentais presentes na China passaram a celebrar tratados em termos similares com o reino coreano: Grã-Bretanha e Alemanha (1883); Rússia e Itália (1884); e França (1886).[14] Esse último, curiosamente, definia a entrada de missionários católicos. Em todos esses tratados, para certo alívio de Li Hongzhang, o soberano coreano afirmava alimentar laços tributários nominais com a China, respeitar a tradição, mas ser plenamente independente em termos práticos.

A abertura dos portos e das relações do reino coreano foi um ponto de virada histórica e também o ponto de partida de uma série de desafios a serem enfrentados nas décadas seguintes. A modernização industrial e tecnológica adotada no Japão Meiji e promovida na China pelo príncipe Gong (1833-1898) foi fator de inspiração para o soberano da dinastia Joseon. O rei Gojong adotou atitude similar, mas houve vivos protestos de conservadores neoconfucianos, principalmente após a humilhante imposição dos japoneses.

Um desses líderes de resistência ao rei, Choe Ik-hyeon, angariou inúmeros seguidores e combatentes (o "Exército Justo", *Uibyeong*, 의병) que denunciaram a presença japonesa e de qualquer influência ocidental, como o catolicismo. Após uma série de ações de combate pelo interior, voltaram-se para o antigo regente, Heungseon, que se encontrava aposentado. Isso evidenciou uma profunda divisão no reino coreano em fins do século XIX: os antijaponeses, antiocidentais e conservadores contra aqueles que viam as relações estrangeiras como essenciais para as reformas necessárias à Coreia de então, inspirados no movimento chinês de "autofortalecimento" (*ziqiang yundong*, 洋務運動).

As reformas e resistências

A primeira tentativa sistematizada de modernização coreana foi iniciada pelo rei Gojong e seus partidários. Em janeiro de 1881, criou-se uma nova divisão burocrática do governo para lidar com questões externas, o Escritório para Assuntos Extraordinários de Estado (*Tongnigimu amun*, 統理機務衙門), inspirado na contraparte do governo chinês. Criada para administrar interesses diplomáticos e comerciais, a nova repartição estava fora da estrutura burocrática tradicional dos outros ministérios. Foi criada, ainda, uma unidade militar chamada "Forças Especiais" (*Pyolgigun*), treinada por oficiais japoneses.[15] Essas inovações, evidentemente, foram motivadas pelo exemplo da política japonesa de "nação rica e nação forte" (*fukoku kyohei*).

Não obstante, a criação de uma nova divisão militar provocou reação considerável de antigos membros da classe bélica. Em julho de 1882, soldados descontentes com os pagamentos atrasados e cientes das condições especiais do *Pyolgigun* revoltaram-se. A insurreição acabou levando ao assassinato do conselheiro militar japonês e ao ataque à delegação do Japão na capital. O movimento ampliou-se com a adesão de funcionários e *yangbans* conservadores, que nomearam Heungseon seu líder e reivindicaram sua volta ao poder.

A situação delicada e frágil da Coreia certamente facilitou a crescente atuação de nações vizinhas sobre a península. Para conter os tumultos e rebeliões, o governo chinês enviou um contingente de 3 mil homens e os japoneses mobilizaram um batalhão na capital coreana. Com o desenrolar dos fatos, o antigo regente foi sequestrado pelos chineses e conduzido a Tianjin, na China. A rainha Min, que havia se refugiado no interior, retornou ao palácio real e o rei Gojong renovou suas tentativas de reforma, adotando o slogan "moralidade oriental, tecnologia ocidental" ou "maneiras orientais, máquinas ocidentais" (*tongdo sogi*).[16]

Inicialmente, a dupla intervenção sobre a Coreia, em 1882, pendeu para os chineses, que garantiram mais acesso ao soberano. Li Hongzhang, visando fortalecer a posição de Gojong, enviou à Coreia um conselheiro alemão, o eminente linguista e sinólogo Paul Georg von Möllendroff (1848-1901). Desconfiado das intenções chinesas, Gojong rejeitou o alemão e preferiu escolher um ministro americano, Lucius

Foote (1826-1913), para aconselhá-lo em assuntos ligados à diplomacia, à defesa, à educação e à agricultura.

Os ânimos, todavia, não foram apaziguados. Boa parte da sociedade coreana se dividiu sobre os rumos modernizadores. A classe média, *chungin*, pendia para o lado dos japoneses – que favoreceriam seus negócios e atividades mercantis. Os *yangbans*, em sua maioria, consideraram as reformas e novos acordos com o estrangeiro uma ofensa às tradições. Nesse cenário, alguns funcionários radicais da corte, liderados por Kim Ok-gyun (1851-1894) e Bak Yung-hio (1861-1939), articularam um golpe de Estado em dezembro de 1884, conhecido como Golpe Gapsin (*Kapsinjongbyon*, 갑신정변).[17] A rebelião serviu de pretexto para os chineses (que lutavam contra os franceses na Indochina) retirarem metade de seus 3 mil homens do reino coreano.

Inspirado nas ideias reformistas de Bak Gyusu, que considerava a experiência japonesa exemplar, o Golpe Gapsin foi o resultado de um plano amplo para mudar e modernizar todo o sistema coreano – instituições políticas e estruturas social e econômica. Mas o sonho durou apenas três dias, já que os rebeldes foram reprimidos por novos reforços militares chineses. Muitos buscaram a proteção da legação japonesa e foram exilados para o Japão.

Após o golpe de 1884, diante do desgaste no evento, China e Japão decidiram dar uma trégua à península coreana e concordaram em retirar parte de suas forças do reino. Li Hongzhang e Ito Hirobumi (1841-1909), principal elaborador da política externa japonesa na época, assinaram a Convenção de Tianjin em 18 de abril de 1885. Apesar das iniciativas, contudo, a paz coreana ainda era precária no jogo de equilíbrio de poder entre a China, o Japão e a Rússia.

Desde a abertura dos portos, as novas ideias, gostos, hábitos, produtos e instituições nos padrões modernos – como os hospitais baseados na medicina ocidental e as escolas que seguiam o currículo do Ocidente – atraíam cada vez mais a classe urbana e a elite coreana. Missões religiosas de protestantes cristãos americanos e canadenses começaram a ganhar popularidade por conta dos serviços médicos prestados.

Um jovem missionário presbiteriano americano, doutor Horace Newton Allen (1858-1932), inaugurou um hospital na capital coreana em 20 de setembro de 1884. Outros, como o metodista reverendo

Henry Gerhart Appenzeller, o reverendo William B. Scranton e Horace G. Underwood, atuaram energicamente em instituições educacionais particulares. Esse último fundou a Escola de Meninos Baejae (Baejae Hakdang), enquanto a mãe de Scranton, Mary, foi a fundadora e primeira diretora da Escola de Meninas Ehwa (Ehwa Hakdang), em 31 de maio de 1886.[18] Essas instituições propagaram a educação e as ideias não confucianas para gerações de coreanos.

Produtos importados como algodão, fósforos, querosene, corantes e louças caíram no gosto do consumidor, solapando as tradições. A classe mercantil rapidamente se adaptou às mudanças, passando a produzir esses artigos. Os camponeses, contudo, permaneceram presos às propriedades rurais, alheios às mudanças e conservadores nos valores. Embora a demanda pelo arroz tivesse aumentado com os japoneses, a condição do campesinato pouco se alterou ao longo do século XIX.

Aprendizado Oriental

Foi no meio rural e camponês que emergiu, em 1860, um poderoso e popular movimento de cunho religioso criado por um *yangban*, Choe Je-u (1824-1864), chamado de *Donghak* ("Aprendizado Oriental"). Essa nova corrente social foi um reflexo de oprimidos e ressentidos com as assombrosas mudanças na sociedade coreana. O *Donghak* buscou revitalizar o confucionismo clássico, rejeitando as tradições do neoconfucionismo, e valorizar o autoaprimoramento de acordo com a vontade e ordem do Céu (*Tian*, 天), presente nos escritos atribuídos a Confúcio.[19]

Choe Je-u exerceu um forte apelo popular xenofóbico, em oposição ao que muitos consideraram a decadência e degeneração das influências estrangeiras, incluindo o cristianismo. A Coreia vivia um momento de turbulência, com ameaças e reformas pairando no ar, e rejeitar o que vinha de fora pareceu a melhor ideia para muitos que almejavam uma ordem social mais justa baseada na tradição coreana.

As ideias propostas pelo *Donghak* eram de fato inovadoras. A defesa do pleno igualitarismo social e de gênero que aboliria o status de privilegiados como os *yangbans*, conforme defendido na obra de Choe Je-u

O fundador do movimento *Donghak*, Choe Je-u. Crédito: Heritage Image Partnership Ltd/Alamy/Fotoarena.

– o *Livro abrangente de aprendizagem oriental* (동경대전, *Dongkyeong Daejon*) –, batia de frente com os membros dos altos cargos burocráticos coreanos. Sob a promessa de criar uma nova sociedade mais justa, o *Donghak* ofereceu redenção às pessoas que sofriam com a discriminação social das tradições. Por seu radicalismo e impacto, Choe Je-u foi julgado por um tribunal composto de magistrados *yangban* e decapitado como herege em 15 de abril de 1864.[20]

Algumas décadas depois, o movimento *Donghak* fortaleceu-se novamente (por volta de 1892 e 1893), desta vez sob a liderança do sobrinho de Choe Je-u, Choe Si-yeong (1827-1898). Se anteriormente os seguidores eram essencialmente rurais, agora houve gradual e crescente presença no meio urbano. No início de 1893, representantes desse movimento chegaram à capital, Hanyang, para uma audiência com o rei Gojong. Os pleitos foram ouvidos e o corpo de Choe Je-u foi devidamente honrado. No entanto, as demandas por amplas reformas políticas e sociais não foram atendidas. Por isso, líderes mais combativos da mobilização passaram a organizar revoltas contra os magistrados e funcionários do governo, como a que foi liderada no campo por Jeon Bongjun (1853-1895) em janeiro de 1894. Em abril do mesmo ano, o *Donghak* ampliou-se para outras cidades e províncias coreanas, derrotando as forças governamentais por onde passava.

Diante da ameaça, o governo coreano pediu ajuda às tropas chinesas a fim de dominar a rebelião. No entanto, de acordo com a Convenção de Tianjin, nem o Japão nem a China poderiam enviar tropas para a Coreia sem o outro. Quando um contingente militar de 3 mil militares chineses chegou ao solo coreano em junho de 1894, o Japão imediatamente reagiu e mandou uma força de 7 mil homens. A frágil paz coreana mais uma vez se viu ameaçada. Os rebeldes do *Donghak* foram prontamente reprimidos e Jeon Bongjun, preso. Contudo, a força dos apelos do movimento ainda ecoaria por anos nas províncias interioranas.

Em julho de 1894, forças japonesas ainda presentes na capital coreana planejaram um golpe de Estado que derrubou os seguidores da corte da rainha Min, defensora de uma posição mais nacionalista, e instalou um governo pró-Japão. Os interesses nipônicos tinham o apoio de aliados coreanos muito ligados ao comércio, que poderiam se beneficiar com a entrada de capital japonês no reino. Min, ao contrário, representava o anseio da corte de buscar se afastar do Japão, afirmando a soberania coreana. Heungseon, o antigo *Daewongun*, foi recolocado no trono da dinastia Joseon, onde passou a defender os interesses antichineses a favor de Tóquio. A Coreia gradativamente se tornou, de fato, um protetorado japonês.

Essa postura do governo japonês provocou a ira dos chineses e, assim, foi declarada guerra entre os dois países em 1º de agosto do mesmo ano. Os enfrentamentos logo tomaram conta dos mares e das terras coreanas, com a prevalência japonesa. Em abril de 1895, com a rendição chinesa, Li Hongzhang se apresentou na cidade de Shimonoseki, um porto na costa ocidental do Japão, na condição de representante do governo imperial chinês para assinar mais um tratado no qual foram reconhecidos o fim do status tributário da Coreia e sua plena independência.[21]

O golpe, as reformas e o assassinato

Diante dessa sucessão de eventos fatídicos e da vitória japonesa, um novo grupo de funcionários coreanos – que incluía participantes do golpe Gapsin – assumiu o poder com o apoio nipônico. Esse grupo começou a implementar um programa de modernização que havia sido adiado – e rejeitado – por anos no reino Joseon, uma série de medidas conhecida como Reformas Gabo, que se estenderam de 1894 a 1896. Seus principais proponentes foram Kim Hong-jip (1842-1896) e Yu Kil-chun (1856-1914), que atuaram para aprovar as leis no recém-criado conselho deliberativo (*Gunguk gimucheo*, 군국기무처) liderado por Heungseon.

O primeiro objetivo das reformas foi estabelecer de fato a independência coreana como nação, romper todas as ligações tributárias e nominais com a China Qing e revogar os acordos assinados com o Império do Meio* entre 1882 e 1894. Foi proibido o uso do calendário chinês, substituído por documentos oficiais baseados na fundação da dinastia Joseon. O rei Gojong, ainda no trono, porém cada vez mais um mero símbolo de Estado, recebeu o título de "Sua Majestade, o Grande Rei" (*Taegunju peha,* 태군주 폐하), que lhe conferia o status de imperador Gwangmu. O alfabeto hangul passou a ser usado nas publicações oficiais do governo e a história coreana começou a ser lecionada em todos os níveis de ensino. A partir de 1895, o governo deu início à impressão de jornais com o uso extenso da escrita coreana.

O passo seguinte das reformas foi ainda mais substancial, pois almejava reorganizar a estrutura do governo, tradicionalmente assentado na classe *yangban*. Em uma estrutura moderna, inspirada no governo japonês do imperador Meiji, foi abolido o antigo Conselho de Estado e seus seis ministérios, surgindo em seu lugar um novo gabinete executivo com oito ministérios; um Departamento de Assuntos Reais foi concebido para separar os assuntos monárquicos dos de Estado, o que, sem dúvida, visava restringir o poder do imperador, transferindo as prerrogativas fiscais do palácio para o Ministério das Finanças; ademais, foi fundado um novo sistema monetário lastreado na prata e um banco nacional foi estabelecido a fim de padronizar os pesos e medidas do reino.

---

* Outro nome para China.

O sistema educacional não ficou de fora. Inúmeras escolas de ensinos primário, secundário e faculdades foram instituídas nos moldes ocidentais. Em consequência, o tradicional exame do serviço público foi abolido. O novo governo, buscando uma reforma ampla, encorajou e financiou o estudo no exterior, enviando cerca de duzentos jovens para o Japão, ao mesmo tempo que custeava, mediante um sistema de bolsas, alunos a serem educados na escola coreo-americana de Yugyeong Gongwon, estabelecida desde 1886. O currículo educacional foi expandido para incluir a plena alfabetização em hangul, além do ensino de matemática, aritmética e, nos níveis mais avançados, ciências ocidentais e línguas estrangeiras.

O mais impactante das Reformas Gabo foi a modernização da vida social. Com o estabelecimento de um sistema judiciário moderno, a tortura e a punição coletiva de crimes individuais foram abolidas. Os *yangbans*, antes tolhidos pela tradição, passaram a poder investir e atuar nas atividades comerciais. As nomeações para os cargos públicos foram abertas a todos os estratos sociais. A promessa de casamento com crianças proibida, e as viúvas puderam se casar novamente. Esposas secundárias e seus filhos não eram mais discriminados.

O novo gabinete foi dominado por um enviado japonês, Inoue Kaoru (1835-1915), que energicamente buscou implementar as avassaladoras reformas em um curto período de tempo. Esse grandioso projeto foi colocado em prática com a ajuda e supervisão de mais de quarenta conselheiros japoneses que haviam vivenciado as reformas da Restauração Meiji.*

Como um contraponto ao entusiasmo febril dos reformistas no governo, a sociedade coreana precisou de algum tempo para assimilar as mudanças sociais e econômicas. Heungseon, na condição de presidente do conselho deliberativo, passou a questionar as reformas e tentou preservar algumas tradições e relações especiais com o governo chinês, o que levou à sua destituição do cargo. Membros do movimento popular

* Restauração Meiji adveio após a derrubada do xogunato Tokugawa (Período Edo) em 1867. Refere-se a um período de transformações dos regimes político, econômico e social do Japão. A restauração transformou o Japão na primeira nação asiática numa nação-Estado inspirada em constituições ocidentais, como a prussiana, e com profundas reformas dos sistemas produtivo, financeiro, militar e social.

Donghak passaram a atuar de forma mais difusa pelo interior e províncias do país, denunciando as mudanças.

O ministro Inoue convenceu o imperador a perdoar os delitos dos líderes do golpe de 1884, Pak Yung-hio e Seo Gwangbom, e ambos se juntaram ao gabinete de Kim Hong-jip. Além disso, Inoue mobilizou tropas japonesas para esmagar de vez os rebeldes *Donghak* pelo envolvimento na fracassada tentativa de alcançar o poder com Heungseon. Visando obter maior controle da Coreia, os japoneses nomearam um membro substituto do ministro residente Inoue Kaoru, um militar de formação, Miura Goro (1847-1926), em 1895.

A resistência antijaponesa aparecia em diversos setores da sociedade. *Yangbans* neoconfucionistas rejeitaram prontamente as Reformas Gabo, assim como os rebeldes inspirados pelo movimento *Donghak*, as classes populares e os membros da família real, entre eles os membros do clã Min, ligados por sangue à rainha Min. Esses últimos, vendo-se afastados do poder efetivo, foram procurar a ajuda dos russos. Foi assim que Miura Goro começou a organizar uma conspiração para se livrar dos membros Min dos círculos monárquicos. À meia-noite de 7 de outubro de 1895, um grupo de japoneses armados e coreanos aliados invadiu o palácio real e assassinou a rainha Min a facadas, incinerando seu corpo em seguida.[22]

Apesar da turbulência dos eventos nos dias seguintes ao regicídio, as Reformas Gabo continuaram sendo implementadas. Em 30 de dezembro de 1895, o ministro Kim Hong-jip aprovou o uso do calendário ocidental a partir de 1896. No mesmo dia, o imperador Gwangmu, que vivia virtualmente como prisioneiro, decretou que todos deveriam cortar seus tradicionais topetes, costume de séculos fundamentado nos ensinamentos confucianos. Os ânimos se mostraram, então, ainda mais inflamados, e as lutas e confrontos de conservadores ortodoxos e elementos antijaponeses e antiocidentais se alastraram pela península. Esse conjunto de rebeldes se uniu e se organizou em grupos armados, revigorando o "Exército Justo", *Uibyeong*, do movimento *Donghak*. Apesar disso, pouco puderam fazer em face da superioridade bélica das tropas do governo e dos japoneses. Ademais, muitos camponeses que participaram das lutas não conseguiram entrar em consenso com *yangbans* mais conservadores e críticos do igualitarismo defendido pelo *Donghak*.

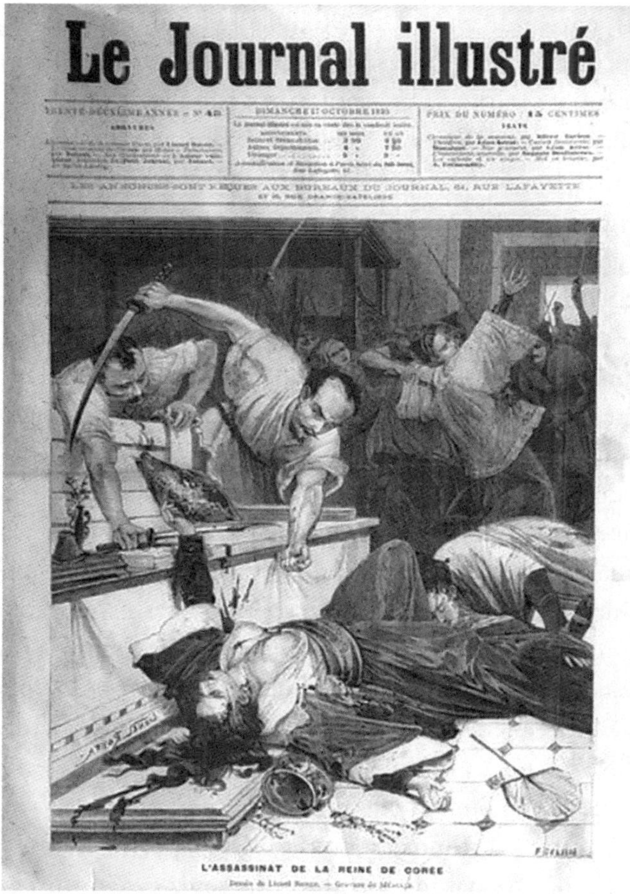

Capa do semanário francês *Le Journal Illustré* retratando o assassinato da rainha Min, 1895. Crédito: *Le Journal Illustré*/Salamander724/Wikimedia Commons.

Em fevereiro de 1896, o imperador buscou refúgio na legação russa da capital coreana com a ajuda de dois funcionários. Seguro sob a proteção do império russo, Gwangmu decretou a abolição das Reformas Gabo, desafiando as autoridades japonesas. O ministro Kim Hong-jip e os membros de seu gabinete formado pelas reformas abolidas foram presos, e alguns foram mortos pela fúria popular. A Rússia czarista passou a atuar como protetora da monarquia coreana, mas suas ambições entraram em conflito com as dos japoneses.

Essa mudança política por parte dos russos, mais agressiva e ativa na península coreana, tinha se revelado clara desde a coroação do czar

Nicolau II, em 26 de maio de 1896. Diante disso, pelo maior envolvimento no Leste Asiático, diversos emissários japoneses, chineses e coreanos se fizeram presentes na corte russa em São Petersburgo.

Para servir aos interesses da família real coreana, foi enviado à capital russa um membro da família Min – Min Yonghwan (1861-1905) –, e, para atender aos interesses chineses, Li Hongzhang, ambos encarregados de negociar a construção da linha ferroviária russa que passaria pela Manchúria. O Japão também se fez presente, na pessoa de Yamagata Aritomo (1838-1922), para discutir e negociar com os russos a questão da soberania coreana. O anfitrião foi o ministro das Relações Exteriores, o príncipe Aleksey Lobanov-Rostovsky (1824-1896), que assumiu a delicada tarefa de conciliar interesses e pleitos tão distintos.

Visando antes de tudo defender os interesses de seu país, o chanceler do império russo passou a negociar com os chineses a passagem pela Manchúria, o que demandou reforçar o controle sobre a península coreana, indo de encontro aos interesses japoneses. Assim, foi assinado um termo com o governo de Tóquio, no acordo chamado Yamagata-Lobanov, em 9 de junho de 1896.[23] Durante essa discussão, foi proposta uma divisão das esferas de influência na península coreana demarcada pelo paralelo 39 norte, um pleito rejeitado pelos russos – esse paralelo seria evocado por Stálin em 1945.

Muitos outros coreanos estavam ansiosos por manter a plena independência de sua nação. Membros da corte e reformistas radicais antijaponeses buscaram articulação com novas forças no plano internacional, além dos russos e chineses. Um dos mais ardorosos defensores da independência coreana foi Soh Jaipil (1864-1951), que estava exilado nos Estados Unidos desde o golpe Gapsin de 1884 (um dos primeiros coreanos a conseguir a cidadania americana) e retornou à Coreia usando o nome Philip Jaisohn. Ele se tornou um dos mentores do Clube Chongdong, grupo de líderes antijaponeses e pró-americanos sediado na rua Chongdong, na capital, nas proximidades de escolas e legação americanas.

Com Gwangmu sob proteção russa, Soh Jaipil passou a atuar como conselheiro do soberano coreano. Depois de conquistar apoio financeiro, ele inaugurou, em 7 de abril de 1896, um dos primeiros jornais modernos, o *Tongnip Sinmun* (독립신문, *Notícias Independentes*),

Parte frontal do Portão da Independência, em Seul. Crédito: Administração do Patrimônio Cultural/Sadopaul/Wikimedia Commons.

impresso no alfabeto coreano, de um lado, e em inglês, do outro. Sua circulação diária inicial foi estimada em 2 a 3 mil cópias.[24]

Em 2 de julho foi fundado, sob iniciativa de Soh, o Clube da Independência (*Tongnip Hyophoe*, 독립협회) e um dos primeiros atos dessa organização foi a construção de um portão – espécie de Arco do Triunfo da capital coreana – para simbolizar a aspiração aos ideais democráticos e iluministas da nova Coreia: o Portão da Independência (*Dongnimmun*, 독립문). Esse monumento tem grande importância histórica, pois era onde se recebiam os enviados da corte chinesa. O Clube da Independência aproveitou o período de relativo equilíbrio dos poderes entre Rússia, China e Japão para construir as bases de uma nação independente, forte e próspera.

Em 1897, Gwangmu deixou a legação russa e se instalou no palácio Gyeongun (atual Deoksugung), onde passou a nomear funcionários pró-russos e a instituir programas de modernização que, a despeito das Reformas Gabo pró-japonesas, buscaram também fortalecer a posição monárquica. Em agosto de 1897, Gwangmu mudou seu título para Gwangmu ("Guerreiro da Luz", 광무), e em outubro Gwangmu assumiu seu título imperial ("Guerreiro da Luz", 광무) e proclamou seu reino como o Império da Grande Coreia.

Uma nova constituição foi aprovada em 17 de agosto de 1899 para centralizar os poderes Legislativo, Executivo e Judiciário em torno da figura do imperador, tal como se dava no sistema czarista russo. Conhecidas como Reforma Gwangmu, essas medidas almejavam equilibrar as tendências modernizantes enquanto mantinham a autonomia e a tradição coreanas.

Apesar disso, os rebeldes conservadores, muitos pertencentes à antiga classe dos literatos e do movimento *Donghak*, opuseram-se a essas reformas, que entravam em conflito com a tradição coreana. Por outro lado, o Clube da Independência, foco de apoio ao novo governo, era diminuto, restrito e elitizado demais para representar os anseios da sociedade da Coreia.

O imperador coreano passou a concentrar as reformas no campo econômico, a fim de garantir a independência financeira do reino. Com base em um amplo levantamento sobre as propriedades fundiárias e no recenseamento populacional entre 1898 e 1901, o governo criou um novo departamento, o Escritório de Contrato de Terras. Assim, poderia obter dados para novas políticas fiscais e populacionais. Ademais, todo o sistema rodoviário, o minerador, o de comunicações, o postal e a indústria manufatureira, antes nas mãos de empresários e comerciantes, passou a ficar sob a égide do governo.

No entanto, apesar de as reformas apontarem para um maior controle centralizado, a base financeira do governo era frágil demais para todos os ambiciosos programas. A fim de arrecadar fundos para a modernização industrial, passou-se a conceder direitos especiais e isenções fiscais para a entrada do capital estrangeiro nos setores da mineração, ferroviário, de eletricidade e de saneamento. Os privilégios provocaram críticas de nacionalistas, a exemplo do Clube da Independência e de seu jornal, que enxergaram nessas concessões uma afronta à soberania nacional a favor dos interesses estrangeiros.

Entre abril e julho de 1898, o clube começou a discutir a implementação de um sistema democrático parlamentar com uma monarquia constitucional, visando limitar de alguma forma os poderes do imperador. A proposta foi argumentada e discutida a partir de uma série de editoriais de Soh Jaipil no jornal *Notícias Independentes*, ganhando visibilidade no meio urbano e letrado. A reação do governo foi uma crescente perseguição ao líder, que, depois de anos de militância e vendo-se ameaçado, retornou aos Estados Unidos em maio de 1898.

Ainda assim, em fins do século XIX, havia surgido uma nova geração de líderes críticos do regime coreano que lutaram pelos ideais democráticos e constitucionais. Assim como Soh Jaipil, os jovens viam o sistema político americano com admiração, e passaram a atuar no Clube da Independência. Entre eles, Yun Chi-ho (1864-1946) e Yi Sang-jae (1850-1929), que tinham formado seus ideais por meio da educação recebida na Escola Baejae e de suas vivências no exterior.

Chi-ho posteriormente se tornou editor do primeiro jornal comercial da Coreia, o *Gyeongseong Sinmun* (*Notícias da Capital*), fundado em 1898.[25] Esse jornal se inseria na tendência de incentivos de missionários ocidentais protestantes para publicações de periódicos vernaculares em hangul, como o *Joseon Kurisudoin Hoebo* (*Boletim Coreano Cristão*), o *Kurisudo Sinmun* (*Jornal Cristão*) e o *Hyopsong Hoebo* (*Boletim da Sociedade da Amizade Mútua*).[26] Esse último foi criado por um clube estudantil da Escola Baejae, iniciado sob a liderança de Yi Sungman (ou Syngman Rhee) (1875-1965), que depois se juntou ao Clube da Independência.

Em outubro de 1898, membros do Clube da Independência se reuniram na praça Chongno, no centro da capital, Hanyang (atual Seul), somando cerca de 4 mil pessoas. Nessa ocasião, vários membros oficiais do governo estavam presentes, assim como figuras notáveis da sociedade, das classes dos letrados, dos religiosos, dos comerciantes e dos estudantes. Foi uma primeira grande manifestação democrática, um ensaio para as mudanças exigidas no reino em tempos de transformação.

Representantes do governo saíram desse encontro com propostas que depois foram levadas ao monarca. Uma delas recomendava a criação de um alto órgão legislativo, o Conselho Privado. Relutante, o imperador Gwangmu acatou as propostas e prometeu implementá-las. No mês seguinte, novembro de 1898, foi promulgado um novo conjunto de regulamentos, pelos quais se estabeleceu que metade dos cinquenta membros do Conselho Privado seria escolhida no Clube da Independência. A determinação provocou a indignação dos membros conservadores e monarquistas, que persuadiram o imperador de que o clube planejava estabelecer uma república no país. Convencido, o imperador coreano ordenou a detenção dos líderes do clube. Yi Sang-jae e outros dezesseis membros foram imediatamente presos para serem interrogados.

As detenções e a aparente indecisão e debilidade do imperador geraram ondas de protesto pelo país. Em 29 de novembro, Gwangmun compôs o Conselho Privado, mas ele contava com apenas dezessete membros do Clube da Independência. Um deles era o jovem Syngman Rhee. Apesar de a maioria dentro desse conselho legislativo ser composta de membros monarquistas (membros da chamada Associação Imperial), os do Clube da Independência conseguiram aprovar o repatriamento de Pak Yung-hio e Soh Jaipil, que estavam no exílio.

Enquanto as tensões fermentavam, houve rumores de que certos grupos estavam tramando um golpe para instalar uma monarquia constitucional, colocar no trono o príncipe imperial Uihwa (Yi Kang) (1877-1955) e convidar Pak Yung-hio para primeiro-ministro. Ao tomar conhecimento desses planos, Gwangmu decretou a prisão de vários líderes considerados suspeitos de sedição e perturbação da ordem imperial. Em 21 de dezembro de 1898, tropas reais do governo reprimiram as demonstrações sociais que clamavam pela democratização e pela soltura dos membros do Clube da Independência. O flerte coreano com a democracia teve uma vida tênue e breve, enquanto perspectivas sombrias pareciam vir do norte e do outro lado do mar ao leste.

7

A TEMPESTADE

A calamidade e os interesses

No fim do século XIX, a Coreia se encontrava em uma situação delicada. Durante esse período, o governo buscou investimentos externos para dinamizar sua modernização nos setores industrial, pesqueiro, minerador, de transporte e de infraestrutura urbana. No âmbito externo, a Rússia e o Japão começaram a se mostrar mais agressivos para levar a cabo seus interesses asiáticos. Em janeiro de 1902, o governo japonês obteve um trunfo diplomático ao assinar um acordo com os britânicos sobre questões navais. Além disso, Londres reconheceu os interesses nipônicos sobre a península coreana. Em agosto de 1903, animados com o êxito, os japoneses passaram a exigir que os russos também reconhecessem a proeminência nipônica sobre o território coreano, concedendo, como contrapartida, a Manchúria ao regime czarista.

A chancelaria russa, então, fez outra proposta: a de criar uma zona neutra entre as partes na Coreia ao norte do paralelo 39. No entanto, como a Rússia tinha desconsiderado a oferta japonesa de dividir a Coreia em 1896, Tóquio decidiu agir da mesma forma e rejeitou a ideia.[1] Era inevitável que os dois governos colidissem em algum momento.

Em fevereiro de 1904, forças japonesas desembarcaram em solo coreano e entraram na capital, Hanyang. Feito isso, intimaram o governo coreano a renunciar à sua condição independente e a aceitar o controle japonês. Nesse contexto, o Clube da Independência e outros setores

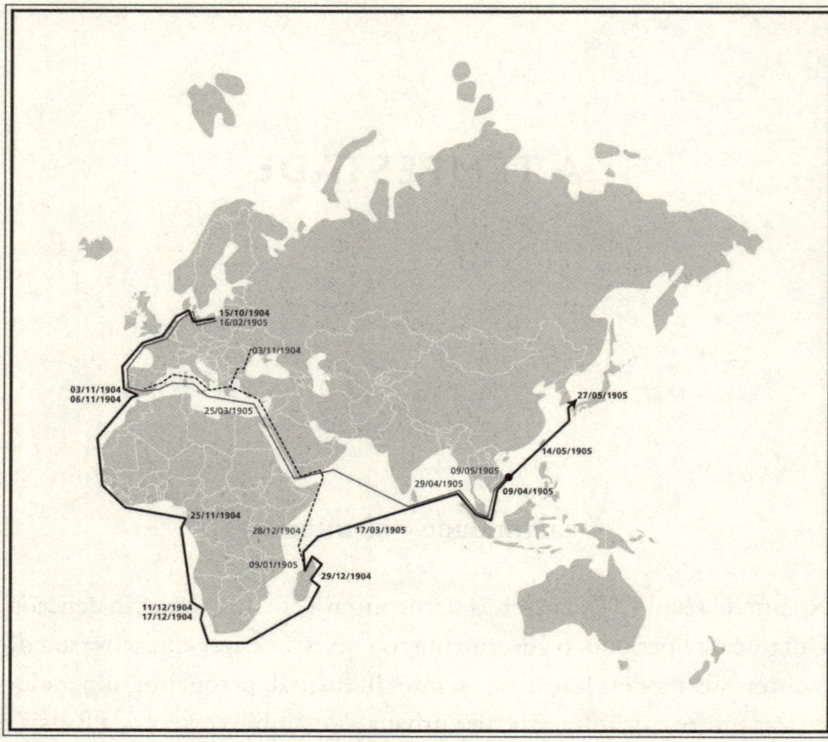

As enormes rotas percorridas pelas frotas russas desde o Báltico até a Batalha de Tsushima. Unidade Dobrotvorsky com o destacamento Fölkersahm em pontilhado, frota Rozhestvensky em preto e 3º Esquadrão do Pacífico de Nebogatov em cinza.

mostravam-se bastante ativos no cenário político coreano, o que levou os dirigentes japoneses a buscar colaboradores coreanos para sua empreitada. Assim, formou-se um grupo de coreanos pró-japoneses chamado de *Iljinhoe* ("Sociedade Unida para o Progresso", 일진회) em agosto de 1904. O grupo era liderado por Song Byung Joon (1858-1925) e Yi Yonggu (1868-1912); o primeiro havia vivido no exílio no Japão e tinha trabalhado como intérprete do Exército japonês.

Além dessas duas figuras, membros diversos da sociedade coreana, ex-funcionários reformistas, comerciantes e rebeldes antiocidentais juntaram-se à organização. Para demonstrar sua lealdade, todos os membros cortaram seus topetes e colaboraram ativamente na construção de linhas de trem e no esforço de guerra contra os russos. Apesar desse

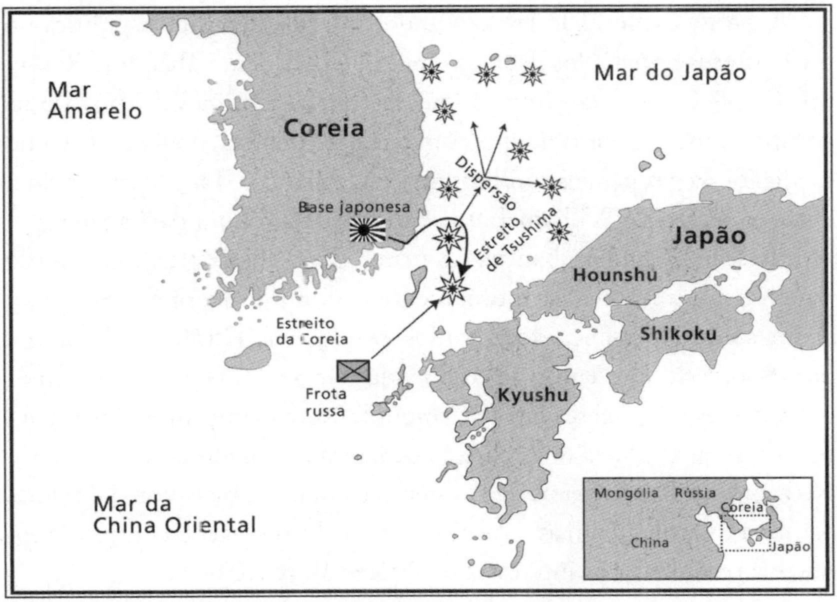

A derrota do czar. Momento decisivo da Guerra Russo-Japonesa de 1905, na Batalha de Tsushima, rendendo a glória ao almirante Togo e a vitória japonesa.

entusiasmo, o governo japonês ordenou que seus diplomatas e militares não assumissem publicamente nenhuma conexão com o grupo, a fim de lhe conferir maior legitimidade nacional.

No momento derradeiro, as forças japonesas cruzaram o rio Yalu em maio de 1904 e atacaram os russos na península de Liaodong. Embora os japoneses superassem em número os russos na Manchúria e arredores, sofreram amargamente inúmeras baixas para capturar a cidade de Port Arthur (hoje Luyshun).

Felizmente para o lado japonês, a vitória adveio do mar. Graças a sua aliança com os britânicos, a frota naval russa do mar Báltico teve a passagem impedida pelo canal de Suez, o que a forçou a circunavegar longamente o continente africano a fim de se juntar à batalha no Leste Asiático. Com tempo para planejar sua estratégia naval, o almirante japonês Togo Heihachiro (1847-1934), admirador do herói coreano do século XVI almirante Yi Sunsin, esmagou espetacularmente a frota russa quando ela tentava atravessar o estreito de Tsushima para alcançar a cidade de Vladivostok após uma viagem de dois meses.[2]

A vitória conferiu ao Japão grande visibilidade militar e política no meio internacional. Nos Estados Unidos, o presidente Theodore Roosevelt (1858-1919), mais impressionado com as reformas da monarquia constitucional japonesa do que com o regime czarista, ofereceu-se como mediador da paz para os conflitos no Leste Asiático. Washington enviou, então, o secretário William Taft (1848-1930) a Tóquio para assinar um acordo secreto com o chanceler Katsura Taro (1848-1913). O Acordo Taft-Katsura reconheceu mutuamente o domínio japonês na Coreia, assim como a presença dos Estados Unidos nas Filipinas. Visando à paz, Roosevelt apresentou-se como voluntário para negociar os termos entre russos e japoneses em Portsmouth, New Hampshire. Assim, em setembro de 1905, as duas partes assinaram o Tratado de Portsmouth. No acordo, a Rússia foi obrigada a entregar a parte meridional das ilhas Sacalina e Curilas, com as ferrovias na Manchúria, para o controle japonês, e a reconhecer os interesses nipônicos sobre a Coreia.

Enquanto isso, o imperador coreano, Gwangmu, buscou infrutiferamente o apoio americano para reconhecimento da independência coreana, compromisso assumido no Tratado de Paz, Amizade e Comércio de 1882. Roosevelt, porém, desconsiderou a reivindicação mesmo após insistentes pedidos do representante coreano, o reverendo Homer Hulbert (1863-1949), e de Syngman Rhee. Assim, o campo estava aberto para a dominação japonesa na Coreia.

Novos governantes

Em novembro de 1905, o ex-ministro Ito Hirobumi chegou à capital coreana, onde as tropas japonesas já haviam ocupado as dependências do palácio real. Hirobumi passou, então, a exigir um novo tratado de protetorado pelo qual o governo japonês assumiria o controle do reino coreano. Embora veementemente rejeitado por Gwangmu, o acordo foi assinado por membros intimidados de seu gabinete em 17 de novembro. Os acordos assinados foram reunidos no Tratado de Protetorado de 1905. Desse modo, o império coreano, com mais de 4 mil anos de tradição e quinhentos anos de dinastia, teve seu fim nas mãos japonesas. Vários membros do governo apresentaram vivo protesto. Alguns

Ito Hirobumi (no centro em pé) como governador da Coreia, ladeado por membros da corte real Joseon e por sua esposa, Umeko (segunda a partir da esquerda, sentada). Crédito: Autor desconhecido/白拍子花/Wikimedia Commons.

cometeram suicídio. Outros, na capital, juntaram-se aos rebeldes e novas insurreições começaram a se avolumar no interior, organizados no *Uibyeong*, o "Exército Justo".

O governo estabelecido pelos japoneses se inspirou no modelo imposto pelos britânicos sobre o Egito: todas as instituições e cargos diretores permaneceram nas mãos coreanas, mas as questões de segurança, finanças e política externa foram transferidas aos conselheiros japoneses.

O mandato japonês iniciou-se, então, com Ito Hirobumi sendo nomeado residente-geral em dezembro de 1905. Sua primeira ação, visando angariar popularidade e apoio coreanos, foi a tomada de um empréstimo de 10 milhões de ienes de Tóquio a fim de promover um amplo projeto de modernização de infraestrutura. Inspirado no lorde Evelyn Baring Cromer (1841-1917), o cônsul-geral britânico no Egito, Ito tentou convencer membros da sociedade coreana dos benefícios das reformas e da construção de estradas, hospitais, escolas e do aumento da produção agrícola. Ademais, Ito mandou construir sua residência oficial na encosta da montanha Namsan, com vista geral para a capital coreana. A construção era um reflexo dos novos tempos, com traços ocidentais marcantes misturados a tendências orientais, uma síntese do que havia ocorrido depois da Reforma Meiji no Japão.

O maior desafio de Hirobumi foi encontrar colaboradores coreanos para corroborar e legitimar seu regime. Muitos da antiga elite coreana permaneceram em seus postos dentro do gabinete pelo apoio pró-Japão. Novos colaboradores se juntaram em maio de 1907, com o endosso de Ito Hirobumi: Song Pyong-jun, Cho Chunggun e Ko Yonghui, entre os mais conhecidos. Diante das oportunidades abertas com o novo regime, membros que antes eram marginalizados na sociedade coreana passaram a ascender ao poder.

O "Exército Justo", *Uibyeong*, começou a se tornar o principal foco de resistência armada aos japoneses. Membros dessa organização começaram a intensificar suas campanhas no interior, atacando representantes e magistrados coreanos, mercadores e militares japoneses. Ex-membros *yangbans* estavam dispostos a lutar contra os nipônicos, mas alguns se recusaram a combater militares coreanos, pois eram considerados leais ao imperador Gwangmu. Houve, então, uma cisão nos rebeldes do *Uibyeong*, parte deles mantendo sua tradicional lealdade à dinastia Joseon, enquanto outros se posicionaram mais radicalmente na luta pela plena igualdade e nacionalismo coreanos, muitos desses camponeses das províncias meridionais da península.

No meio urbano, alguns intelectuais lançaram um movimento patriótico desvinculado do *Uibyeong*, acreditando que apenas o autofortalecimento nacional garantiria a soberania coreana. Conservadores confucionistas, que haviam criticado as reformas modernizadoras, começaram a aderir a essa ala, passando a enviar seus filhos para escolas com currículo de ensino técnico ocidental, a organizar associações como a *Changanhoe* ("Sociedade de Fortalecimento Pessoal") e a publicar jornais e periódicos. Um desses projetos resultou na ampla campanha de 1907 para angariar doações para o pagamento da dívida internacional, "Movimento de Pagamento do Débito Nacional", *Gukchae Bosang Undong* (국채보상운동).

Enquanto isso, o imperador Gwangmu ampliava sua rede de contatos no exterior em busca de ajuda. Por sugestão do reverendo Homer Hubert, o monarca enviou representantes para a Segunda Conferência Internacional da Paz, realizada em Haia, na Holanda, em junho de 1907.[3]

Luta pela justiça de todos. Membros do *Uibyeong* nos últimos anos da dinastia Joseon. Crédito: Frederick Arthur McKenzie/84user/Wikimedia Commons.

Entretanto, a Coreia havia perdido sua soberania para o Japão, o que impediu seus representantes de participar oficialmente do encontro. Apesar do comovente discurso de um dos representantes coreanos, Yi Wijong, o governo japonês usou essa situação como pretexto para remover de vez o imperador coreano do trono. De fato, Ito Hirobumi e seus colaboradores no governo coreano passaram a pressionar e ameaçar o imperador da Coreia, a ponto de ele ceder o trono ao filho, o príncipe herdeiro Sunjong (1874-1926), último soberano da dinastia Joseon.

Como seu primeiro ato, o novo soberano monárquico assinou um tratado revisado com os japoneses, pelo qual permitia a nomeação de ministros japoneses para todos os ministérios. A abdicação forçada de Gwangmu e o novo tratado de protetorado ampliaram ainda mais os sentimentos antijaponeses na sociedade coreana. Muitos soldados do Exército coreano foram aposentados e passaram a engrossar as fileiras das guerrilhas do "Exército Justo" em 1908.

Ito Hirobumi havia subestimado a antipatia popular e passou a enfrentar uma resistência armada cada vez maior no campo. Assim, ampliou as campanhas militares em toda a península. Em 1908, o Exército japonês matou cerca de 11,5 mil membros do *Uibyeong*, circunstância que ganhou visibilidade na imprensa internacional.

Nessa onda repressora, em 1909 um nacionalista coreano que vivia nos Estados Unidos, An Chang-ho (1878-1938), organizou um movimento clandestino chamado *Shinminhoe* ("Sociedade das Novas Pessoas", 신민회), cujo objetivo era organizar e financiar a resistência armada a partir do exterior. Outros membros da sociedade, intelectuais e nacionalistas, passaram a se engajar na publicação de jornais e panfletos na capital. Um dos mais ativos jornalistas desse grupo foi Shin Chae-ho (1880-1936), cujos escritos influenciaram muitos, como o poeta e historiador coreano Choe Nam-seon (1890-1957).

Isolada internacionalmente e sem apoio no meio interno, a resistência antijaponesa passou a adotar medidas extremas. Como último recurso, em maio de 1908, um americano que servia como conselheiro aos japoneses sobre a Reforma Gabo, Durham White Stevens, foi baleado por dois nacionalistas coreanos em Oakland, na Califórnia. Em meio à crise internacional e aos protestos do governo dos Estados Unidos, o residente-geral Ito Hirobumi renunciou ao cargo, dando vez aos japoneses que defendiam uma política mais repressora e direta para a Coreia.

Em julho de 1909, o gabinete japonês passou a adotar uma política de anexação. Em seu último ato diplomático, Ito Hirobumi visitou a cidade de Harbin, na Manchúria, em outubro do mesmo ano, para se encontrar com o ministro russo Vladimir Kokovsoff e negociar a aprovação da anexação da Coreia. Na estação de trem, um nacionalista coreano, An Jung-geun (1879-1910), matou Ito a tiros.[4] O jovem An planejara o ato a fim de chamar a atenção mundial para a situação coreana, mas provocou o contrário, atraindo a simpatia de muitos pelo Japão.

Na capital coreana, petições para uma união voluntária com o Japão passaram a chegar às mãos do imperador Sunjong. Em 1910, visando a maior segurança e controle, duas divisões do Exército japonês penetraram no território coreano. Depois de anos de campanha contra a guerrilha do *Uibyeong* no interior, o general Terauchi Masatake (1852-1919) foi nomeado residente-geral, o que fortaleceu a repressão e a investigação pela infame polícia secreta japonesa, o *Kenpeitai*.

A fim de intimidar os rebeldes e oposicionistas, Terauchi ordenou que todas as organizações políticas e movimentos sociais fossem dissolvidos, incluindo o *Iljinhoe*. No momento derradeiro, o primeiro-ministro coreano (Yi Wanyong) e Terauchi assinaram um Tratado de Anexação em 22 de agosto de 1910,[5] pondo fim à dinastia Joseon. A anexação de fato reformulou a presença japonesa na Coreia. No lugar do residente-geral, agora havia um governador-geral com poderes coloniais para dirigir e administrar.

Não obstante, algumas áreas coreanas foram preservadas. Poderes legislativos restritos e alguma força militar coreana foram resguardados, apesar de os postos de oficialato serem reservados aos japoneses.

O general Terauchi Masatake passou a comandar a nova colônia com mão de ferro. Primeiramente, os japoneses não foram capazes de convencer a população da Coreia de seu projeto modernizador, resultando em anos de conflitos. Mesmo após várias derrotas contra o *Uibyeong*, a antipatia e a resistência coreanas persistiram por décadas. Acrescente-se a isso a tradicional postura conservadora da elite da Coreia, que acreditava ser, pela tradição confuciana, superior aos japoneses, que haviam se "degenerado" nos modos ocidentais desde a Reforma Meiji.

Assim, a imposição japonesa se deu por mãos militares, com pouco efeito sobre o convencimento dos coreanos. Foram os militares japoneses – animados após a vitória sobre o império russo em 1905 – que concretizaram a dominação.

Além disso, a economia japonesa não era tão sólida a ponto de não depender da coreana. Os japoneses, antes de tudo, consideravam a Coreia fornecedora essencial de matéria-prima, como arroz e minerais, e mercado consumidor dos produtos industriais japoneses – as tarifas de importação desses produtos eram baixas, justamente para impedir a concorrência com o mercado coreano.

Depois de feito um amplo levantamento das terras coreanas, o governo-geral nacionalizou vastas extensões de lavouras de arroz, que era vendido abaixo do preço de mercado visando favorecer os investidores japoneses, principalmente da Oriental Development Company (Dongyang Cheoksik, 동양척식주식회사), fundada em 1908 por Ito Hirobumi.[6] Além disso, os empresários coreanos dependiam da autorização do governo para fundar novas empresas, que precisavam sempre favorecer os japoneses.

As atividades políticas foram proibidas, tendo sido impedido o exercício livre de expressão, imprensa e reunião. Em agosto de 1911, o governo aprovou leis que desencorajavam os coreanos de receber educação superior e de ter acesso ao estudo da área das humanidades e das ciências sociais, incluindo sua própria história e geografia. Foram, contudo, incentivados a aprender a língua japonesa, promovendo-se como heróis os coreanos que haviam colaborado com a administração japonesa.

Em 1912, ano da morte do imperador Meiji, todos os eventos coreanos de celebração e festa foram terminantemente proibidos.[7] O número de escolas públicas na Coreia aumentou na medida em que obedeciam ao novo sistema e as particulares, com mais autonomia, diminuíram. Em março de 1912, as autoridades japonesas começaram a ter livre poder de investigação, interrogatório e tortura contra suspeitos.

Sob esse duro regime, o pequeno espaço de resistência se dava por organizações com apoio estrangeiro, como as escolas missionárias e particulares – que as autoridades japonesas mantinham, apesar de considerarem suspeitas, a fim de preservar a imagem internacional da administração japonesa na Coreia. Esses missionários, em boa parte advindos da América do Norte, de igrejas protestantes, começaram a denunciar cada vez mais a opressão e os abusos dos direitos humanos, angariando suporte e apoio de nacionalistas coreanos e de outros missionários e coreanos convertidos. Em outras palavras, o cristianismo na Coreia passou a ser visto como meio de escapar da opressão japonesa.

Em 1911, citando alegações de conspirações para assassinar o governador-geral, foi expedido um mandado de prisão contra vários líderes cristãos coreanos, incluindo Yun Chi-ho. Apesar disso, o cristianismo continuou a crescer na Coreia com relativo entusiasmo, principalmente nas províncias onde o neoconfucionismo não havia criado raízes históricas, a exemplo do noroeste da península. Visando contrapor a popularidade do cristianismo, as autoridades coloniais passaram a promover o budismo, crença historicamente compartilhada com os japoneses.

Enquanto isso, o mundo estava mudando radicalmente. A Rússia czarista desabou diante da Revolução Bolchevique em novembro de 1917, e Lênin proferiu o princípio internacionalista do comunismo, segundo o qual todos os povos oprimidos deveriam ser apoiados. A mensagem foi poderosa e chegou aos ouvidos coreanos, o que acabou por inspirar o movimento comunista local.

Em novembro de 1918, representantes de um partido nacionalista coreano – Partido da Juventude da Nova Coreia –, sediado em Xangai e liderado por Yo Um-hyung (ou Lyuh Woon-hyung) (1886-1947), reuniram-se na Conferência de Paz em Paris para peticionar pela independência da Coreia. A comunidade coreana nos Estados Unidos tentou enviar representantes para o encontro, chefiados por Syngman Rhee, que se convertera ao cristianismo. Apesar dos esforços, pouco efeito prático foi alcançado.

A Conferência de Paz que transcorreu até 1919 serviu ao menos de inspiração e esperança para os coreanos que persistiram na luta contra a dominação colonial. Isso porque o presidente dos Estados Unidos, Woodrow Wilson (1856-1924), chegou a defender no evento a autodeterminação dos povos.

Em Tóquio, em 8 de fevereiro de 1919, coreanos fundaram o Partido da Independência da Coreia em resposta ao que viram como promessa de tempos em mudança. Outros coreanos que voltavam dos seus estudos da Universidade de Waseda, em Tóquio, passaram a ensinar às novas gerações os direitos e princípios libertadores do nacionalismo e da autodeterminação.

Figuras proeminentes como Yi Sang-jae, notável líder político e religioso, organizaram campanhas pela independência coreana. Sang-jae foi ativista entre círculos poderosos nos Estados Unidos, sendo amigo próximo da filha do ex-presidente Theodore Roosevelt, Elise. Alguns nacionalistas passaram a apoiar lideranças religiosas, outros engrossaram as fileiras do movimento *Donghak*, agora reencarnado como seita religiosa, o *Cheondogyo* ("Religião dos Meios Celestes", 천도교), ou cheondoísmo.*

O secretário-geral desse novo movimento religioso e milenarista, Choe Rin (1878-?), conseguiu convencer a liderança a se envolver na política anticolonial. Outros líderes religiosos, cristãos, também reagiram à mensagem de Woodrow Wilson e passaram a lutar por novos ideais.

Todo esse turbilhão de inspirações e ideais convergiu para o dia 1º de março de 1919, quando houve uma grande concentração de manifestantes na praça Pagoda, na capital coreana. Na ocasião, 33 líderes religiosos estavam presentes, dezesseis dos quais cristãos, quinze do cheondoísmo

---

* Religião panteísta coreana que luta pelo bem comum e pela justiça social, tal como o movimento *Donghak*. Após incorporar elementos do xamanismo coreano, do taoísmo e do budismo, venera Haneunim (하느님, "Senhor Celeste") como princípio máximo do bem e da justiça.

Yu Gwansun, uma voz poderosa pela independência coreana.
Crédito: Chronicle of World History/Alamy/Fotoarena.

e dois budistas.[8] Assim foi lida a Declaração de Independência por Son Byong-hi (1861-1922), escrita pelo poeta Choe Nam-seon, ainda hoje uma referência para as causas nacionalistas e de libertação coreana. A mensagem gritada pela "Longa vida (*Man-se*) à Independência coreana!" ecoou pelo movimento e pelo país, inspirando os estimados 2 milhões de coreanos presentes na praça.

Foi nesse cenário que uma colegial ativista coreana, Yu Gwansun (1902-1920), antes de morrer aos 17 anos na prisão por seus protestos, escreveu palavras fervorosas por seu país que palpitam até os dias atuais: "Mesmo que minhas unhas sejam arrancadas, meu nariz e orelhas sejam dilacerados e minhas pernas e braços sejam esmagados, essa dor física não se compara à dor de perder minha nação".[9]

Dias depois, as manifestações pelo país ganharam ares violentos e as autoridades japonesas resolveram agir de maneira brutal. Mobilizando a polícia, o *Kenpeitai* e o Exército, foram usados rifles e espadas durante semanas contra os considerados subversivos. Ao todo, cerca de 7,5 mil pessoas morreram, 15 mil ficaram feridas e mais de 46 mil foram presas e torturadas.[10] Centenas de casas, igrejas e escolas foram incendiadas. Em 15 de abril, a população de uma aldeia perto de Suwon foi massacrada dentro de uma igreja local pelas autoridades japonesas.

As notícias aterradoras, no entanto, não chegaram a impactar a imprensa internacional, pois muitos países ocidentais não assumiram posição crítica diante de um aliado nos esforços da Primeira Guerra Mundial, o Japão.

A mobilização de 1º de março de 1919, conhecida como Movimento Sam-il (*Sam-il Undong*, 삼일 운동),* foi a maior demonstração do povo coreano contra o colonialismo japonês. Nenhum outro ato de resistência coreana durante o período da dominação japonesa alcançou a mesma projeção. Surpreendidas, as autoridades japonesas começaram a reformular sua política colonial, passando de uma postura impositiva para uma de mais reconciliação.

Em 1920, um novo governador-geral foi apontado, o almirante Saito Makoto (1858-1936), e foi anunciado um conjunto de medidas que, supostamente, beneficiaria os coreanos. O *Kenpeitai* foi substituído por forças regulares e oficiais japoneses não mais poderiam ostentar suas espadas, consideradas símbolo da opressão colonial. Novas medidas permitiram a publicação de obras coreanas e o direito de expressão e reunião. O número de escolas aumentou, assim como os anos de estudo para os coreanos. Foi prometido respeito às tradições e aos cultos coreanos.

Dos novos jornais coreanos fundados em 1920, dois pertenciam e eram dirigidos por coreanos, o *Dong-A Ilbo*** (동아일보) e o *Chosun Ilbo* (조선일보).[11] Essas mudanças foram fruto de uma nova política colonial, focada na maior liberdade da imprensa nacional, esperando, assim, apaziguar os ânimos e as contestações coreanas. Contudo, visando coibir os mais rebeldes, o governo de Saito revogou as escolas particulares de missionários cristãos, sob o pretexto de que propagavam crenças subversivas à ordem da península.

---

* O Movimento Sam-il consistiu em uma série de protestos contra o domínio colonial japonês na Coreia e em comunidades coreanas no exterior. As manifestações ocorreram, em grande parte, em março e abril de 1919, e são lembradas até os dias atuais pelos sul-coreanos em um feriado nacional. A mobilização envolveu estimados 2 milhões de pessoas e foi duramente reprimida pelas autoridades japonesas.

** Foi esse periódico que tempos depois, nas Olimpíadas de Berlim de 1936, primeiro publicou uma foto do maratonista coreano e medalhista de ouro Son Kijong (1912-2002) com a bandeira japonesa apagada de seu peito. Por esse incidente, o jornal foi suspenso temporariamente. Por outro lado, o jornal *Chosun Ilbo* passou a publicar histórias sobre o líder rebelde da Coreia do século XVI, Im Kkeokjeong, visando preservar a memória coreana.

Nas escolas públicas, as autoridades japonesas passaram a ensinar história e a defender a integração e a assimilação aos japoneses, distorcendo o passado coreano.[12] A primeira universidade da Coreia foi fundada na capital em 1924 e se voltou principalmente para a comunidade japonesa, apesar de um terço de suas vagas ter sido reservado para os coreanos.

O ardor dos sonhos

Depois dos eventos de 1º de março de 1919, o movimento nacionalista coreano parecia vislumbrar alguma esperança. Uma nova geração de líderes surgiu dentro das instituições coreanas de ensino – como Yi Kwang-su (1892-1950), que se formara com base nos ideais do Iluminismo europeu, articulando um governo nacionalista no exílio, com seu mentor protestante, Ahn Changho, em Xangai.

O Primeiro de Março inspirou muitos combatentes da liberdade para uma Coreia independente. Ao longo da década de 1920, diversos deles concordaram que deveriam se unir em uma frente ampla a defender um novo regime político, republicano e não mais monárquico. Várias figuras e líderes de resistência se congregaram na resistência organizada, representando os diferentes espectros políticos que abundavam no meio oposicionista coreano e se centraram no governo provisório da República da Coreia (*Daehanminguk Imsijeongbu*, 대한민국 임시정부), sediada em Xangai.

Essa gama de lideranças compunha um governo apenas na forma, pois, além das distâncias geográficas, havia as discordâncias conceituais. A maior discrepância se referia à convicção de Syngman Rhee em desacordo com as ideias comunistas de Yi Dong-hwi. Nacionalistas mais radicais criticaram Rhee por sua moderação e pela proposta de submeter a Coreia a um mandato sob a Sociedade das Nações (ideia que ele defendeu em Genebra, em 1933).

Após outros desentendimentos, o governo provisório de Xangai passou para a presidência de Kim Gu (1875-1949), que assumiu o controle de 1940 até depois da Segunda Guerra Mundial, em 1947. A atual Constituição da Coreia do Sul reconhece essa organização como antecessora de seu governo legitimado.

Syngman Rhee, que fora para os Estados Unidos em novembro de 1904 e atuara ativamente como diplomata, não conseguiu atrair grande atenção das autoridades para o caso coreano, pois ainda havia muitas colônias europeias na África, Ásia e América Latina antes da Segunda Guerra Mundial. Apenas o governo soviético ofereceu ajuda imediata, pois, por ideologia, defendia a libertação dos povos oprimidos ao redor do mundo. A ajuda era concedida por intermédio da Internacional Comunista (Comintern), estabelecida em 1919, que fornecia fundos, armas e conselheiros para os combatentes pela Independência, e o movimento comunista coreano foi o primeiro beneficiado desse apoio soviético. (Mas seus membros, em boa parte, viviam e atuavam no território russo.)

Em 26 de junho de 1918, Yi Dong-hwi havia fundado o Partido Socialista Coreano em Khabarovsk, no leste da Rússia. Esse partido concorria com o dos imigrantes coreanos, criado em janeiro de 1918 como uma seção do Partido Comunista em Irkutsk, enquanto lutaram contra o exército czarista na Revolução Bolchevique. As duas facções disputaram o favorecimento da Comintern. Enquanto os últimos enfatizaram a revolução proletária internacional, os primeiros queriam a independência nacional da Coreia. Depois de algum tempo, Yi renomeou seu partido para Partido Comunista Koryo, em janeiro de 1921, sediado em Xangai, e congregou em torno dos outros líderes do governo provisório da República da Coreia.

Nesse meio-tempo, os ensinamentos de Marx e Lênin espalharam-se com furor no meio intelectual e rebelde coreano, entre estudantes, ativistas, políticos e exilados na China, Manchúria, Sibéria e Japão, resultando em vários grupos comunistas. Todos esses tentaram se infiltrar na Coreia e lutar pela emancipação de seu povo. Contudo, a polícia japonesa agiu com eficiência impiedosa contra qualquer tipo de subversão à ordem colonial. Vários agentes comunistas coreanos resolveram cooperar entre si e fundaram secretamente na capital, em abril de 1925, o Partido Comunista da Coreia (*Choson Kongsandang*, 조선 공산당), que passou a ganhar o apoio substancial da Comintern. Boa parte de seus ativistas foi presa e reprimida pela polícia japonesa, mas, em um segundo momento, em junho de 1926, conseguiu instigar uma manifestação em massa que teve impacto na resistência nacionalista antijaponesa.

Em setembro de 1926, esses comunistas resolveram mudar de estratégia e se unir em uma frente unificada com os nacionalistas, estabelecendo, assim, em fevereiro de 1927, a "Sociedade Nova Coreia" (*Singanhoe*, 신간회). Unificados e ampliados em sua luta pela independência, os comunistas e os nacionalistas sofreram reiterada perseguição e repressão pelo governo japonês colonial. Em outubro de 1928, quase já não havia nenhuma organização comunista atuante na Coreia, uma situação que se estenderia até 1945.

As atividades comunistas permaneceram no exterior, pois o pensamento marxista e o exemplo bolchevique alimentaram a esperança de muitos que sonharam com a independência coreana. Nos meios artístico e literário, isso também se fez presente. Em julho de 1925, foi fundada a Federação do Artista Proletariado Coreano (conhecida pela sigla KAPF), que passou a defender a arte e a literatura voltadas para a realidade da classe oprimida da Coreia colonial. Esse movimento foi bem-sucedido desde o início, pois conseguiu congregar uma frente unida que considerava imperativo, antes de tudo, denunciar a exploração colonial do povo coreano, despertando na classe artística a sensibilidade para o realismo e as questões sociais.

Pelo cinema e pelo rádio, o povo coreano conseguia ter acesso às obras dessa escola. Um de seus membros mais notáveis adveio do cinema, de Na Woon-gyu (1904-1937), diretor e roteirista do filme *Arirang* (아리랑), de 1926.* O filme se tornou uma sensação nacional na Coreia.[13] A história apresenta a vida dura de um humilde estudante coreano que veio do interior para a capital. No movimento de 1º de março de 1919, o estudante é preso e sofre brutais torturas e, depois, retorna para sua aldeia natal com problemas mentais. Certo dia, com a turbulência de seu estado mental, ele testemunha sua irmã sendo agredida pelo filho de uma autoridade japonesa, momento em que reage e mata o agressor com uma foice. Preso novamente pela polícia japonesa, ele repentinamente se cura de seu distúrbio mental.

* O título do filme faz alusão a uma música folclórica coreana, considerada por muitos um hino de resiliência e unidade, pois era cantada durante os anos de ocupação japonesa. Foi declarada Patrimônio Cultural da Humanidade pela Unesco duas vezes: em 2012 e 2014.

A brutal realidade manifestada em insanidade no cinema. Cartaz da refilmagem de 1957 do filme coreano *Arirang*. Crédito: Archive PL/Alamy/Fotoarena.

No contexto internacional, a crise da Bolsa de Nova York em 1929 agravou consideravelmente a situação da economia japonesa, que passou a defender o militarismo e a expansão sobre a China. Em junho de 1928, militares japoneses eliminaram o maior senhor da guerra na Manchúria, Zhang Zuolin, e estabeleceram ali um Estado-fantoche chamado de Manchukuo sob o último descendente real da dinastia Qing chinesa, Pu Yi, em fevereiro de 1932. Posteriormente, as forças japonesas passaram a expandir sua presença sobre toda a região norte e a costa chinesa. Parecia que o sonho de Toyotomi Hideyoshi de conquistar a Coreia e a China no século XVI era, agora, realidade.

Pelo lado dos nacionalistas coreanos, as décadas de 1920 e 1930 trouxeram perspectivas limitadas, apesar do entusiasmo bolchevique. O maior grupo de resistência organizada pela independência coreana ficava em Xangai, mas também existiam células comunistas. Contudo, todos enfrentavam sérias limitações em suas atuações de guerrilha contra o Exército japonês. Na Manchúria, a maioria dos grupos de guerrilha coreanos entrou em colapso na década de 1930.

Visando alavancar seus investimentos e ter retorno econômico na região e na Coreia, os japoneses passaram a construir infraestrutura e indústrias metalúrgica, química e têxtil, além de promover mudanças para o aumento da produção agrícola. Sob incentivo do governo-geral nipônico na Coreia, conglomerados de empresas japonesas, conhecidas como *zaibatsu* (como a Mitsui, a Mitsubishi e a Noguchi), foram convidados a se instalar no território coreano e manchuriano a fim de explorar a mão de obra barata coreana e chinesa. Em termos estatísticos, a produção industrial dessas regiões cresceu exponencialmente, mas isso sempre deu frutos à política colonial japonesa, com pouca participação do empresariado coreano.

Em julho de 1937, militares japoneses entraram em confronto com chineses em um subúrbio de Pequim. Usando esse fato como pretexto, o governo japonês iniciou uma nova guerra contra os chineses, passando a controlar boa parte do norte e da costa da China. Foram as primeiras vitórias japonesas em solo chinês desde a tomada da Manchúria, seis anos antes. O governo nacionalista chinês, sob o comando de Chiang Kai-Shek, em Nanquim, pouco pôde fazer para deter esses avanços, e a capital do sul foi tomada após cinco meses de batalhas e o massacre de milhares de cidadãos. Parecia que a China estava fadada à rendição. No vasto interior do país, não obstante, o domínio nipônico se mostrou mais limitado, e foi dessa região que guerrilhas organizadas pelo Partido Comunista Chinês começaram a se organizar e a ganhar força.

Na Manchúria, um exército de rebeldes antijaponeses manchurianos e coreanos foi organizado pelo Partido Comunista Chinês em 28 de janeiro de 1936. Até 1940, essa unidade se tornou um entrave para a presença japonesa na região, o que atraiu a atenção de líderes que desejaram a expulsão dos japoneses na Coreia. Um desses líderes foi um membro do exército chamado Kim Songju (1912-1994), que depois mudou o próprio nome para Kim Il Sung (ou Kim Kyung cheon), em homenagem a um lendário combatente coreano na Manchúria. Com esse nome, Kim Il Sung tornou-se o maior líder de resistência aos japoneses no norte coreano e na Manchúria – ele depois viria a ser o primeiro líder da Coreia do Norte, em 1948.

Membros da 88ª Brigada de Fuzileiros, unidade militar internacional do Exército Vermelho, em 1943. Kim Il Sung está sentado na primeira fila, o segundo a partir da direita. Crédito: Northeast Anti-Japanese United Army/红烧腰果/Wikimedia Commons.

Em 4 de junho de 1937, Kim Il Sung, então com apenas 24 anos, contando com o crescente apoio de comissários comunistas chineses, invadiu o território coreano ao sul do rio Yalu. Comandando uma companhia de cerca de 150 homens, ele atacou com sucesso a base japonesa em Pochonbo, na fronteira com a China, matando vários militares japoneses.[14] Após o feito, as forças de Kim Il Sung recuaram para o território manchuriano, depois para Khabarovsk, na Rússia, na chamada "Marcha Árdua" (*gonanui haenggun*, 고난의 행군), mas seu feito inspirou as lutas antijaponesas nos anos seguintes. No território russo, Kim Il Sung passou a ser protegido e treinado pelo comando oriental do Exército Vermelho Soviético.

Com a expansão das ofensivas japonesas sobre a China, o governo-geral intensificou a exploração dos recursos humanos e minerais da Coreia para apoiar os esforços de guerra. Nesse momento, políticas draconianas sem precedentes foram estabelecidas. O novo governador-geral, Minami Jiro (1874-1955), nomeado em agosto de 1936, começou a implementar uma política de plena assimilação, juntando os dois países como "um só corpo" (*naisen ittai*, 內鮮一體).[15] Minami acreditava que assim poderia abolir a identidade coreana e mobilizar seus esforços militares para o império japonês.

Em 1937, foi estabelecido um órgão de vigilância e inteligência para policiar os coreanos, o Comitê Central de Informação. Houve um aumento notável de agentes da polícia secreta japonesa, além de um incremento no número de militares no território coreano. A Coreia vivia sob um Estado colonial cada vez mais policial. A fim de intimidar os dissidentes e intelectuais coreanos, as autoridades coloniais prenderam vários de seus líderes, como o influente escritor Yi Kwang-su, e cristãos como Yun Chi-ho.

Em agosto de 1938, o governador-geral lançou uma política de mobilização da sociedade coreana visando à sua total dedicação e lealdade à guerra, fundando a Federação Coreana de Mobilização Total do Espírito Nacional (*Kokumin Seishin Sodoin Chosen Renmei,* 国民精神総動員朝鮮連盟). Suas ramificações envolveram todos os escalões administrativos, desde a capital às províncias, cuja base de organização se dava em grupos de dez famílias cada um. Cada uma dessa unidades deveria contribuir com serviços, trabalhos, racionamento e vigilância.[16] Diante disso, as condições de vida se tornaram cada vez mais opressivas e miseráveis: boa parte da sociedade coreana foi forçada a usar uniformes de guerra; a moda masculina deveria seguir o estilo militar japonês, enquanto as mulheres coreanas foram proibidas de usar saias ocidentais ou o vestido tradicional coreano, o *chima* (치마), e forçadas a usar calças marrons (*monpe,* もんぺ); os uniformes escolares foram concebidos para refletir o sistema japonês (*seifuku,* 制服), com o uniforme preto de cadete para os meninos e o traje de marinheiro para as meninas.

A política de Minami Jiro visava à plena assimilação da cultura, religião e tradição coreanas, tendo como um de seus principais alvos a língua. Em março de 1938 foi decretado pelo governador-geral que as escolas deveriam usar apenas a língua japonesa e todos os estudantes deveriam falar esse idioma, mesmo em casa. Todas as manhãs, os estudantes deviam se curvar em direção ao leste, ao palácio do imperador japonês (*Tennô,* 天皇), e recitar um juramento de lealdade ao império.

Jornais de língua coreana, como o *Dong-A Ilbo* e o *Chosun Ilbo*, foram fechados. Mensalmente os coreanos eram forçados a visitar um templo xintoísta e adorar deuses japoneses.[17] Isso causou grandes problemas entre a população cristã coreana, já que ia contra um dos Dez Mandamentos. Assim, a repressão contra a população cristã foi impetuosa. Em 1938, dezoito escolas cristãs foram fechadas; dois anos depois, mais de 2 mil cristãos coreanos foram presos por desobediência e mais de duzentas igrejas foram fechadas. Cerca de cinquenta líderes cristãos, incluindo o presbiteriano reverendo Chu Ki-Chol (1897-1944), foram martirizados na prisão.

Em 1939 foi decretado que todos os coreanos deveriam adotar sobrenomes japoneses[18] – uma grande ofensa às tradições confucionistas de cultuar os ancestrais familiares. Diante da relutância e resistência de muitos, o governo colonial buscou recompensar aqueles que tinham mudado de sobrenome por meio de racionamentos mais generosos e do acesso a cargos mais altos no governo. Apesar disso, cerca de 20% da população coreana desafiou a nova política e manteve seu nome original.

A intensificação da Segunda Guerra Mundial pelo lado japonês se deu após o ataque surpresa a Pearl Harbor em 7 de dezembro de 1941. A política colonial na Coreia levou o povo a uma mobilização ainda maior no esforço de guerra, com o Exército japonês passando a incorporar membros coreanos voluntários. Um desses foi Park Chung Hee (1917-1979) – que depois seria um dos líderes da Coreia do Sul entre 1961 e 1978.[19]

Com a falta de mão de obra diante da Guerra do Pacífico contra os Estados Unidos, o Japão passou a recrutar militarmente na Coreia a partir de 1943. Cerca de 187 mil foram alistados no Exército japonês e outros 20 mil, na Marinha. Além disso, militares japoneses mobilizaram cerca de 200 mil jovens coreanas para a Brigada do Corpo Dedicado (*Teishintai*, 挺身隊), que foram enviadas para as linhas de combate e forçadas à servidão sexual das tropas japonesas. Essas jovens ficariam conhecidas como "mulheres de conforto".[20]

Desde 1939, as autoridades japonesas na Coreia enviavam coreanos para realizar trabalhos compulsórios, mas, em 1944, isso se expandiu grandemente e começou a envolver quase 1 milhão de pessoas até o fim da guerra.[21] Esses trabalhadores forçados atuaram nas minas, nas fábricas e também no campo de batalha.

Até a rendição japonesa, em 15 de agosto de 1945, o governo-geral na Coreia havia empregado todos os meios e recursos para perseguir e

Mulheres de conforto capturadas pelo Exército dos Estados Unidos, 14 de agosto de 1944, em Myitkyina. . Crédito: Zip Lexing/Alamy/Fotoarena.

reprimir qualquer oposição e dissidência. O Partido Comunista da Coreia foi dissolvido e se pulverizou em pequenas células clandestinas nas zonas industriais. A maioria dos líderes nacionalistas coreanos foi subjugada e presa. Outras lideranças sobreviveram, mas no exterior.

Na China, o governo provisório da República da Coreia, sob Kim Gu, fugiu para a cidade interiorana de Chongqing, que havia se tornado a capital temporária do governo nacionalista chinês. No norte da China, o Partido Comunista treinou e protegeu líderes coreanos comunistas que lutaram contra os japoneses. Na Rússia, na província de Khabarovsk, Kim Il Sung e seus seguidores continuaram sendo preparados e instruídos pelo Exército soviético. Nos Estados Unidos, Syngman Rhee redobrava seus esforços diplomáticos pela causa da independência coreana.

Em 1945, a Coreia, em suma, encontrava-se em condição subjugada e explorada. Os interesses japoneses pela guerra resultaram em uma administração brutal a atender aos objetivos dos conflitos, mais recursos naturais, mão de obra e repressão a qualquer sinal de dissidência coreana. Futuros líderes da península já despontavam, alguns alinhados aos americanos ou soviéticos, todos acalentando o sonho do fim da ocupação japonesa. Mas a sombra da guerra ainda não estava afastada da Coreia; o futuro guardava novas tragédias, mortes e destruição.

8
A FRATURA

O pesadelo

Após agosto de 1945, os dias da Segunda Guerra Mundial estavam contados. A Alemanha nazista havia se rendido em 8 de maio, mas persistia a frente japonesa contra os americanos. O imperador Hirohito (1901--1989) finalmente decidiu se render após dois bombardeios atômicos nas cidades de Hiroshima e Nagasaki, em 6 e 9 de agosto, respectivamente.

Como a União Soviética havia declarado guerra contra o Japão em 8 de agosto, o Exército Vermelho avançou para as províncias ocupadas no norte e nordeste da Coreia. Os Estados Unidos estavam distantes da região, estabelecidos nas ilhas Ryukyu, a cerca de 600 quilômetros da península coreana. Em 15 de agosto, Hirohito anunciou, em transmissão pelo rádio feita para uma população atônita – que jamais tinha ouvido a voz do imperador –, a rendição incondicional às Forças Aliadas.

Na Coreia, o evento teve repercussões promissoras. O governo-geral havia passado para as mãos de Endo Ryusaku (1886-1963) e este, ciente da capitulação, secretamente sondou lideranças coreanas para quem transferir o poder administrativo. Um dos primeiros a serem considerados foi Kim Seong-Su, do Partido Democrático da Coreia, um líder experiente e bem articulado entre os mais moderados que mostrara relativa cooperação com os japoneses. As autoridades do Japão acreditavam que o grupo dele teria mais condições de controlar e apaziguar os ânimos após o período colonial e a guerra. Kim rejeitou a oferta, insistindo que o governo provisório da República da Coreia, exilado em Chongqing, na China, era o único dotado de legitimidade para representar o povo coreano.

Diante da recusa, Endo voltou-se para Yo Unhyong (ou Lyuh Woon-hyung), que, desde agosto de 1944, vinha formando secretamente um partido político que reunia esquerdistas moderados, a Liga da Construção da Coreia (*Konguk Tongmaeng,* 건국 통맹).[1] Lyuh impôs como condição a plena independência coreana, com liberdade de imprensa, não interferência nas atividades políticas, nos movimentos trabalhistas e estudantis.[2] Em troca, prometeu não dissolver a estrutura da administração vigente do governo-geral e controlar o impulso retaliatório contra os japoneses na península. Foi assim que Lyuh organizou, com o apoio de An Chaehong (1892-1965), o Comitê para a Preparação da Independência Coreana (*Konguk Chunbiwiwonhoe,* 건국 천비위원회), convidando a participar todo o espectro das lideranças nacionalistas, independentemente das diferenças ideológicas.

Em Pyongyang, no norte coreano, o governador japonês propôs a um nacionalista cristão, Cho Man-sik (1882-1950), a organização de outro comitê para buscar a conciliação e a ordem na região. Cho concordou em cooperar, unindo-se ao *Konguk Chunbiwiwonhoe* em 17 de agosto. Contudo, no grupo de Cho havia apenas dois comunistas em meio a vinte membros de orientação mais conservadora e direitista. Quando se uniram ao grupo na capital coreana, agora renomeada como Seul, os direitistas de Cho se viram em minoria contra a maioria esquerdista no *Konguk Chunbiwiwonhoe.*[3]

Os comunistas coreanos haviam se reagrupado em fins de agosto, sob a liderança do ativista político e filósofo Bak Honyong (1900-1955),* retornado de Seul. Com a presença massiva das tropas soviéticas no norte da Coreia, os esquerdistas começaram a ganhar ânimo e a alimentar a esperança por um futuro promissor. Ademais, representantes diplomáticos de Moscou permaneceram em Seul durante a guerra, com a concordância das autoridades japonesas após a assinatura de um Pacto de Neutralidade (*Nisso Churitsu Joyaku,* 日ソ中立条約) entre os

* Um dos maiores ativistas coreanos, líder do movimento comunista na península desde o domínio japonês.

Bak Honyong em 1948. Crédito: Autor desconhecido/Arquivo de Park Vivian/KubanAnimator/Wikimedia Commons.

dois países em abril de 1941. A União Soviética era, portanto, a única potência vencedora da guerra a manter presença na península coreana.

Aproveitando-se das mudanças políticas e do vácuo de poder, com a maioria dominada por esquerdistas e desfrutando da proximidade soviética, o *Konguk Chunbiwiwonhoe* instituiu a República Popular da Coreia (*Choson Inmin Konghwakuk*, 조선인민공화국) e, em seguida, estabeleceu dezenas de comitês populares locais (*Inmin Wiwonnhoe*, 인민 위원회) nas províncias lideradas por membros comunistas.[4] A Liga constituiu a seguir um corpo armado chamado de Preservação da Paz, composto de membros jovens que haviam assumido o papel de garantir a ordem pública.

Em 6 de setembro de 1945, Lyuh Woon-hyung e Bak Honyong presidiram um plenário no Congresso dos Representantes do Povo. Mais de mil delegados de todo o país compareceram a fim de eleger 55 representantes para o corpo parlamentar da nova Coreia, o Comitê Legislativo do Povo, a ser presidido por Lyuh. Assim, nasceram as estruturas iniciais da República Popular da Coreia.

O Comitê Legislativo nomeou o presidente e seus membros de gabinete: Syngman Rhee tornou-se presidente e Kim Gu, ministro do interior. Naquele momento, na composição política coreana, representantes de centro e direita estavam em desvantagem. Em outras palavras, a Coreia nasceu em setembro de 1945 sob os moldes de uma República Popular, sob um governo de coalizão que incorporaria toda a gama de líderes nacionalistas, em torno, porém, de um predominante e coeso núcleo comunista.

Os países aliados, vitoriosos da Segunda Guerra Mundial, não chegaram a um consenso sobre o futuro da península coreana. Quando se reuniram no Cairo, em 1º de dezembro de 1943, Roosevelt, Churchill e Chiang Kai-shek pensaram em termos vagos e imprecisos sobre uma forma de tutela das potências aliadas, declarando que a Coreia seria, no devido tempo, livre e independente. Os aliados entendiam que a península não tinha um governo soberano desde o início do século XX.

Apesar disso, os coreanos desejavam ardentemente um autogoverno e sabiam que, após a guerra, a independência era iminente. Cópias da Declaração do Cairo foram distribuídas em todo o país, gerando grande expectativa e efervescência entre as lideranças nacionalistas.

Mais tarde, em fevereiro de 1945, Stálin, Roosevelt e Churchill foram mais cautelosos ao se reunir em Ialta, na Crimeia, e não apresentaram nenhuma conclusão sobre a Coreia. Em julho, na Conferência de Potsdam, na Alemanha, os Estados Unidos demonstraram visível desinteresse pelo assunto, enquanto a União Soviética manteve-se ambígua. Era notável o fato de que nenhum representante coreano havia sido convidado pelos governos aliados para discutir a situação do país no pós-guerra.

A indiferença dos Estados Unidos, em particular, levou a uma decisão importante do Pentágono no dia 10 de agosto de 1945: a proposição de uma linha ao longo do paralelo 38 como fronteira para a ocupação futura da Coreia entre americanos e soviéticos. Como o Japão se rendera antes do esperado, a Rússia não mais tinha motivos para não avançar da Manchúria para a península. Stálin, almejando os portos do nordeste da Coreia como parte de sua campanha de total controle manchuriano, aceitou a linha demarcada do governo de Truman. Assim, o XXV Exército soviético começou a ocupar o norte da península coreana em 9 de agosto, um dia depois de ter rompido o Pacto de Neutralidade com o governo japonês.

Em 15 de agosto, o general Ivan Mikhailovich Christiakov, comandante do XXV Exército, fez um apelo ao povo coreano a partir de sua base na Manchúria. Ele anunciou o estabelecimento de um comando militar soviético na Coreia e declarou a Rússia libertadora do país da opressão pelos japoneses.

O povo da Coreia não recebeu a mensagem de bom grado, pois haviam sido frequentes os saques de vilas e cidades por tropas soviéticas e por coreanos oportunistas. Mesmo assim, os soviéticos começaram cedo a estruturar o poder com base nos comitês populares locais (*Inmin Wiwonnhoe,* 인민 위원회) e nas forças policiais que controlavam a ordem pública.

Assim que chegaram a Pyongyang, em 28 de agosto, o general Christiakov e seu comissário político, general Nikolai Georgievich Lebedev, reorganizaram o comitê nacionalista no recém-criado Comitê Político do Povo, que tinha nacionalistas e comunistas em igual número. Seu maior nome era Cho Man-sik.

Pelo lado americano, houve considerável hesitação, e a postura foi impositiva. Os Estados Unidos, partindo de Washington e de Tóquio, nomearam o general John R. Hodge (1893-1963) comandante das Forças Armadas dos Estados Unidos na Coreia. A indicação se deu unicamente pelo fato de seu exército estar mais próximo da península, em Okinawa, no sul do arquipélago japonês.

Quando Hodge desembarcou com sua tropa em Incheon, em 8 de setembro, uma comitiva do governo provisório da República da Coreia foi recebê-lo. Ao se deparar com um suposto "governo coreano", o general se recusou a encontrá-los, já que Hodge permanecia fiel ao que fora anunciado na Ordem Geral de 7 de setembro de 1945 por seu superior em Tóquio, general Douglas MacArthur (1880-1964):

> Em virtude da autoridade investida em mim como Comandante em Chefe das Forças do Exército dos Estados Unidos e do Pacífico, venho por meio desta estabelecer o controle militar na Coreia ao sul da latitude 38 norte, e anuncio aos seus habitantes as seguintes condições de ocupação: todos os poderes de governo sobre o território citado estão sob a minha autoridade. As pessoas obedecerão às minhas ordens e se submeterão à minha autoridade. Atos de resistência às forças de

> ocupação ou quaisquer atos que possam perturbar a paz e a segurança serão punidos severamente. Para todos os efeitos, o inglês será a língua oficial do controle militar.[5]

As palavras de MacArthur soaram desalentadoras para os coreanos que haviam sonhado com a plena independência depois da guerra e de décadas de governo colonial japonês. A ordem contrastava com a mensagem soviética tornada pública em 8 de agosto, em que ao menos fora reconhecido o sofrimento dos coreanos nas mãos dos japoneses, além da ênfase dada à liberdade:

> A noite sombria da escravidão da Coreia durou longas décadas, chegou enfim a hora da libertação! Os poderosos ataques do vitorioso Exército Vermelho serão somados aos ataques realizados contra o Japão [...]. Coreanos! Levantem-se para uma guerra santa contra seus opressores! Saiba que iremos ajudá-los como amigos na luta pela sua libertação da opressão japonesa.[6]

Aparentemente as autoridades militares dos Estados Unidos consideraram a Coreia hostil a seus interesses, já que tinha "colaborado com o regime japonês", por isso o país deveria cumprir os termos da capitulação que haviam sido impostos ao Japão. Portanto, os norte-americanos continuaram a manter a estrutura colonial japonesa do governo-geral, assim como suas duras leis, sobre os coreanos.

Segundo a Ordem Geral de MacArthur, o povo coreano era merecedor de proteção, mas deveria ser guiado em termos políticos a seguir os caminhos democráticos e pacíficos. O general Hodge, por sua vez, recusando-se a receber os comandantes coreanos em Incheon, manifestou claramente o não reconhecimento oficial do governo provisório da República da Coreia sediado em Chongqing, apesar de ter permitido a volta de seus líderes.

Foi assim que Kim Gu, presidente do governo provisório, retornou à Coreia em 23 de novembro. Situação semelhante ocorreu em 16 de outubro com Syngman Rhee, que, estabelecido em Washington, havia por tantos anos atuado nos Estados Unidos. Rhee, que se tornara o líder de independência mais popular na década de 1940, não teve uma

O simpático Kim Gu em 1949. Crédito: Archive PL/Alamy/Fotoarena.

recepção triunfal em sua terra natal. Apenas os membros da direita nacionalista, do Partido Democrático Coreano, liderado por Song Jin-woo (popularmente chamado de Goha, 1889-1945) e Kim Seong-su (1891-1955), estavam entusiasmados.

Pelo lado soviético, a festa foi maior. Foi organizada uma cerimônia de recepção de herói para Kim Il Sung. A celebração impressionou inclusive o povo, surpreendido com a juventude do militar coreano, de 33 anos. Enquanto os antigos líderes comunistas coreanos, como Pak Hon-yong, lutavam pela hegemonia em Seul, os russos em Pyongyang concentraram-se em apoiar e fortalecer Kim Il Sung.

Kim tinha servido por anos sob o comando do general Terentii Shtykov (1907-1964), que fora promovido a comandante da Primeira Força do Extremo Oriente do Exército Vermelho, algo superior ao XXV Exército. Para facilitar o acesso de Kim ao poder, seu rival comunista na região norte-coreana, Hyon Chun-hyok, foi encontrado morto em circunstâncias misteriosas em 28 de setembro de 1945.[7]

A fim de estruturar o poder soviético sob Kim, a administração civil dos russos estabeleceu em novembro vários cargos administrativos e reorganizou o órgão executivo, o Comitê Popular, para refletir o modelo da União Soviética. Isso colocou o Comitê sob permanente controle do Partido Comunista, aliado a Moscou. Assim, Kim tornou-se líder inconteste da Coreia ao norte do paralelo 38. (A ascensão de Kim Il Sung foi feita de maneira independente e sem consulta aos comunistas coreanos em Seul.)

A primeira importante cúpula dos aliados sobre a Coreia iniciou-se em 16 de dezembro de 1945, em Moscou, com a presença de ministros de relações exteriores dos Estados Unidos, União Soviética, Reino Unido e, em momento posterior, da China. O acordo foi anunciado em 28 de dezembro e propôs uma comissão conjunta estadunidense-soviética para auxiliar na formação de um futuro governo coreano. Concluiu-se ainda que seria necessário um período máximo de cinco anos de tutela dos países da cúpula sobre a Coreia, materializando o vago projeto proposto no Cairo em 1943 e em Ialta dois anos depois.[8]

O acordo feito em Moscou desencorajou os coreanos que almejavam a independência imediata, e a frustração explodiu em manifestações pelo país, incluindo toda a população, dos esquerdistas aos mais conservadores. Em poucos dias, porém, a esquerda começou a se organizar e a seguir as diretrizes dos soviéticos, que endossaram o Acordo de Moscou. À direita, no entanto, o movimento antitutelagem prosseguiu, sob a liderança de Syngman Rhee e de Kim Gu, mobilizando seus partidários e apoiadores principalmente ao sul do paralelo 38 e em Seul. Com a continuada presença de comunistas independentes e de direitistas na região meridional da Coreia, o cenário apontava para um maior agravamento dos conflitos.

Em 11 de fevereiro de 1946, seguindo uma diretiva do Departamento de Estado norte-americano para seu comando militar na Coreia, foi organizada uma coalizão política entre os coreanos ao sul do paralelo 38 visando ajudar os representantes a terem voz consensual na Comissão Conjunta formada por Estados Unidos e União Soviética, conforme acordado em Moscou. Todos se reuniram no Conselho Democrático Representativo da Coreia do Sul, organizado pelos Estados Unidos, e Syngman Rhee foi eleito presidente do Conselho, embora com ressalvas por parte do general Hodge e sua equipe, que desejavam uma liderança mais moderada, como Kim Kyu-sik (1881-1950), que pudesse dialogar igualmente com direitistas e esquerdistas. Mas o clima político na Coreia do Sul parecia não favorecer a moderação: a esquerda e alguns

Syngman Rhee em discurso em outubro de 1945, com a presença do general John R. Hodge, sentado de óculos escuros. Crédito: Don O'Brien/Flickr/Efloean/Wikimedia Commons.

oposicionistas sul-coreanos prontamente rejeitaram o Conselho e, em vez dele, formaram a Frente Nacional Democrática.[9]

A Comissão

A Comissão Estados Unidos – União Soviética realizou sua primeira reunião em Seul em 20 de março de 1946, sem conseguir chegar a um entendimento mínimo sobre quais partidos políticos coreanos teriam participação no governo provisório. Os delegados soviéticos tinham insistido em excluir a maioria dos membros da direita coreana, alegando que estes se opunham aos acordos feitos em Moscou. Os Estados Unidos, em contrapartida, defenderam a livre expressão política, incluindo aqueles que haviam rejeitado a tutelagem. Depois de dois meses de impasse, a Comissão Conjunta foi adiada indefinidamente. Foi o início da quebra de diálogo entre as partes coreanas.

Os direitistas começaram a organizar um movimento essencialmente antissoviético e anticomunista, reivindicando a independência imediata e sem tutelagem. Syngman Rhee exigiu, em 3 de junho de 1946, o estabelecimento de um governo independente no sul caso a União Soviética não cooperasse com os Estados Unidos para a instituição de um governo coreano unificado na península. Kim Kyu-sik, fortemente apoiado por militares e pelo governo norte-americano, promoveu um movimento de coalizão entre os partidos da esquerda e da direita no sul da península coreana.

Em julho, o Departamento de Estado americano ordenou que líderes coreanos reunidos em Seul buscassem formar uma ampla coalizão política como primeira condição para um futuro governo interino. Esquerdistas moderados, como Lyuh Woon-hyung, se uniram no acordo exigido, mas o Partido Comunista Coreano, sob Pak Hon-yong, manifestou oposição a qualquer fratura da península coreana. Em outras palavras, a maior liderança comunista da região que hoje corresponde à Coreia do Sul (República da Coreia, sendo esse o nome oficial) se posicionou contra qualquer acordo com líderes de outros partidos. A península caminhava aos poucos para uma perigosa divisão.

Ao norte do paralelo 38, os soviéticos, sob administração civil, entregaram sua autoridade a uma gerência centrada em Pyongyang e passaram a atuar como conselheiros do governo de Kim Il Sung. Empoderados pela presença do Exército Vermelho no norte da península, os comunistas coreanos passaram a perseguir quem se opunha a seu projeto de poder – o que incluiu a prisão do líder nacionalista Cho Man-sik, em janeiro de 1946, no hotel Koryo, em Pyongyang.[10] Ficou demonstrada desse modo a falta de vontade dos russos e comunistas do norte coreano em cooperar com outras lideranças nacionalistas. A política no norte começou a se consolidar, assim, em torno de duas facções comunistas: uma composta de guerrilheiros manchurianos e chineses que tinham lutado com Kim Il Sung, e outra formada por coreanos que haviam vivido em território russo e retornaram com o Exército Vermelho.

Kim, que contava com o apoio da União Soviética, pedia a instalação de um governo efetivo e democrático nas regiões do norte da península, a fim de seguir a política de Stálin de "socialismo em um único país".* Essa diretriz tinha por objetivo a estabilização política do domínio da União Soviética nas áreas sob seu controle, ou seja, o norte coreano. Por essa política, almejava-se antes o estabelecimento de um regime sovietizado de contornos próprios, antes de buscar internacionalizar a ideologia comunista.**

A partir de março de 1946, a administração de Kim Il Sung deu início a uma reforma na estrutura fundiária. O Estado passou, então, a confiscar, sem compensação, as grandes propriedades e a redistribuí-las para fins de lavoura sem exigência de pagamento. Ao mesmo tempo, a administração norte-coreana iniciou um processo de nacionalização das principais indústrias e estabelecimentos financeiros. Essa revolução se mostrou um alívio para aqueles que tinham sido explorados e espoliados durante o governo japonês.

Implantar essas mudanças foi relativamente fácil, pois eram expropriados os poucos que tinham se aliado aos japoneses – e também é preciso levar em conta a escassa faixa de solo cultivável disponível no norte coreano. O resultado foi a redistribuição de pequenas extensões de terra para inúmeras famílias.

Apesar da ampla satisfação, houve resistência por parte dos que foram destituídos ou injustiçados, os quais passaram a alimentar sentimentos anticomunistas. Em centros urbanos norte-coreanos essa situação foi mais evidente: em Pyongyang, houve tentativas individuais de atentado contra a vida do comandante Christiakov e de um tio de Kim Il Sung, o presbiteriano Kang Ryang-uk (1904-1983).[11] A resistência no norte envolveu proprietários de terras, pequenos burgueses e comerciantes, intelectuais e estudantes que discordavam do regime nascente. Esses foram os primeiros a deixar o norte coreano. Essa corrente alcançaria o contingente de 1,5 a 2 milhões de pessoas de 1945 a 1949,[12] quando o tráfego pelo paralelo 38 passou a ser regulamentado.

---

* Tese desenvolvida por Nikolai Bukahrin em 1925, posteriormente adotada como política de Estado por Josef Stálin.

** Como teoria política, os expoentes do "socialismo em um único país" argumentam que a ideia não contradiz nem a revolução mundial nem o comunismo mundial. A teoria se opõe à da revolução permanente de Leon Trotsky e à da revolução mundial comunista.

Kim Il Sung se viu, portanto, ladeado por comunistas fiéis aos soviéticos e aos chineses manchurianos. No entanto, o governador do norte coreano conseguiu angariar lealdade para compor o grupo dominante nos órgãos executivos cruciais, como a secretaria do partido e a área de segurança. Pouco a pouco, delineava-se uma estrutura unipartidária e dominante na Coreia do Norte, sem espaço para dissidências, mesmo entre os comunistas.

A fim de isolar ainda mais os possíveis questionamentos de comunistas de outras lealdades, Kim criou, em agosto de 1946, o Partido dos Trabalhadores da Coreia do Norte (*Pukchoson Rodongdang*, 북조선로동당), que reuniria militantes fiéis a Il Sung e, por conseguinte, se distanciaria dos outros partidos comunistas nas regiões norte e sul da península.

Em Seul, em maio de 1946, o Partido dos Trabalhadores da Coreia do Sul, o "Namro" (*Namchoson Rodongdang*, 남조선로동당), liderado por Pak Ho-nyong, foi tornado ilegal, o que o levou a assumir uma postura mais firme.[13] Pak – que tinha se posicionado contra as orientações de Moscou e Pyongyang de respeitar a busca por coalizões e negociar com a Comissão Conjunta – estava determinado a lutar contra o governo militar dos Estados Unidos na Coreia do Sul: exigia reformas agrárias radicais (como feito no norte) e a pronta transferência do poder para um comitê de coreanos no sul.

A partir de 1º de outubro, os comunistas sul-coreanos começaram a organizar uma série de atos de sabotagem contra o governo sul-coreano em Daegu, no sudeste da península. A postura de Pak, não obstante, não impressionou Stálin, que a essa altura já havia consolidado seu aliado no norte. Vendo-se abandonados, Pak e seus seguidores passaram a buscar um governo independente e unificado em Seul, sob diretrizes comunistas próprias, longe dos interesses russos.

A partir de então, Stálin, sob recomendação de Shtykov, passou a tratar exclusivamente com Kim Il Sung. O líder soviético sabia que o único aliado que demonstraria lealdade ao Kremlin seria Il Sung e, assim, pôs-se a ignorar os pleitos de ajuda de um dos maiores líderes comunistas coreanos, Pak Hon-yong.

Em 7 de outubro de 1946, a coalizão de líderes políticos, liderada por Yo Unhyong e Kim Kyu-sik, entrou em consenso. Consideraram a importância de redistribuição de terras depois da guerra e do domínio japonês, mas com uma política de compensações a ser respeitada. Sob sugestão de Washington, 45 membros da coalizão foram eleitos deputados por voto popular e nomeados, visando, assim, garantir a legitimidade.

Em 12 de dezembro, Kim Kyu-sik foi escolhido dentre os deputados eleitos para ser presidente da Assembleia Legislativa interina coreana – que tinha a maior parte de seus membros advinda dos direitistas do Partido Democrático da Coreia (*Han-guk Minjudang*, 한국민주당) e de apoiadores de Syngman Rhee e Kim Seong-su.

Impulsionados por essa votação, os militares americanos passaram a apoiar a transferência da administração para um governo interino no sul da Coreia, conforme previsto no Acordo de Moscou. O sucesso da atuação da coalizão sul-coreana reforçou a ideia de Washington de que somente por meio desse processo poderia ser solidificado um governo representativo de toda a península.

Não obstante, após a formação do governo interino, lideranças sul-coreanas, como Syngman Rhee e Kim Seon-su, compreenderam que a Comissão Conjunta Estados Unidos – União Soviética deveria observar limites na tutelagem, respeitando a soberania do regime nascente no sul da península. Avaliaram que a comissão estrangeira poderia passar a considerar os comunistas coreanos residentes no sul. Em suma, uma vez no poder, a liderança sul-coreana direitista eleita queria afastar de vez os esquerdistas da região.

Syngman Rhee e Kim Seon-su alimentavam sonhos diferentes para um país independente. Para Seon-su, o antigo governo coreano provisório sediado na China, em Chongqing, deveria ser o único legitimado. Rhee, por sua vez, começou a considerar que os americanos e os soviéticos não resolveriam suas questões sobre a península e que a parte sul-coreana estava sob o controle dos americanos. Ambos os líderes aceitaram a Doutrina Truman dos Estados Unidos, declarada em março de 1947, que postulava a contenção e vigilância ativa dos comunistas.

O fato é que as duas superpotências, Estados Unidos e União Soviética, já haviam se posicionado ao longo do paralelo 38 e nenhuma delas parecia desejar a unidade coreana. A Comissão Conjunta Estados Unidos – União Soviética, idealizada no Acordo de Moscou, também não conseguiu chegar a nenhum acordo em 21 de maio de 1947. O governo soviético se opunha à inclusão de políticos de direita sob o argumento de que foram eles que rejeitaram o período proposto de tutelagem acordado em Moscou em 1945. Ficou claro que se tratava de uma estratégia para excluir qualquer oposição ao projeto de poder de Stálin sobre aliados ao norte do paralelo 38 na península coreana. Em contrapartida, Washington abandonou as ilusões de que os Estados Unidos poderiam agir em conjunto com os soviéticos para definir o futuro unitário da Coreia.

A polarização

À medida que os anos da Guerra Fria passavam, o governo norte-americano começou a cooperar, embora relutante, com aquele que considerava o líder de uma Coreia longe da influência dos soviéticos e comunistas locais: Syngman Rhee.

No aspecto social, após a saída dos japoneses, a Coreia vivia um turbilhão. De 1945 a 1950, a população cresceu de cerca de 16 milhões para 20 milhões. Enquanto 630 mil pessoas haviam sido repatriadas de volta ao Japão, mais de 1 milhão de coreanos retornaram do exterior, a maioria advinda da Manchúria e de outras regiões chinesas, do Japão e do território soviético – cerca de 12 mil vieram da China e da Manchúria. Internamente, em torno de 1,8 milhão de indivíduos (de proprietários de terras a empresários e anticomunistas) atravessaram o paralelo 38 para o sul da península.[14]

A economia coreana, que se baseara inteiramente no iene japonês até o fim da guerra, mergulhou em uma crise súbita em 1945, diante da brutal retirada do capital e da gestão nipônicos. A maioria das instalações industriais controladas por japoneses foi desativada ou destruída; minas e ferrovias foram abandonadas sem qualquer manutenção ou capacidade operativa. O desemprego, em comparação com 1944, subiu para cerca de 60% no setor industrial até 1947. A colheita de arroz diminuiu com a redistribuição de terras, apesar da tentativa do governo norte-americano de fornecer farinha (elemento não habitual na dieta dos coreanos). A inflação veio com o caos. De agosto de 1945 a dezembro de 1946, os preços no varejo dispararam quase dez vezes o valor nominal; no atacado, 28 vezes. O custo médio mensal de alimentos por pessoa aumentou de 8 para 800 ienes.[15]

A crise avolumou-se com a chegada de refugiados e repatriados coreanos. A maior parte dos recém-chegados era composta de jovens, muitos dos quais, sem encontrar emprego no campo, migraram para os centros urbanos da península. Alguns deles começaram a formar gangues que atuavam no mercado ilegal; outros foram empregados na força policial.

Associações políticas de jovens começaram a crescer nesse cenário. No sul coreano, fundaram-se grupos contemplando todo o espectro político efervescente da época: a Associação da Juventude Democrática da Grande Coreia (direitista), a União da Juventude Democrática e Patriótica Coreana (comunista), a Associação de Jovens do Noroeste (anticomunista), a Associação Juvenil da Independência Coreana (pró-Syngman Rhee), o Corpo Juvenil Taedong (nacionalista) e o Corpo Nacional Juvenil (ultradireitista).[16]

Essas associações e grupos políticos dependiam de fundos estrangeiros ou de atividades ilegais e se tornaram focos de violência e desordem a serem combatidos por suas ideologias. Por conta disso, lideranças políticas passaram a ser alvo da intolerância. O jornalista e ativista social Song Jin-woo, líder do Partido Democrático da Coreia, foi assassinado por terroristas em 30 de dezembro de 1945. Lyuh Woon-hyung (popularmente conhecido como Mongyang)* foi morto em 19 de julho de 1947, em Hyehwa-dong, em Seul, por um direitista de 19 anos integrante de um infame grupo terrorista, o Baeguisa (백의사).

Logo em seguida, Chang Toksu, um dos fundadores do partido de Song Jin-woo, morreu pelas mãos de um radical de esquerda.[17] Finalmente, Kim Gu, presidente do governo provisório da República da Coreia, estava lendo poesia em seu escritório quando foi alvejado por quatro tiros em 26 de junho de 1949. Os disparos partiram da arma do tenente coreano Ahn Doo-hee, que confessou ter matado o dirigente por considerá-lo um agente soviético. A paranoia e a intolerância pairavam sobre a Coreia.

---

* Um dos raros políticos coreanos reverenciados até os dias atuais em toda a península, do norte ao sul coreano.

Mongyang ou Lyuh Woon-hyung. Crédito: Autor desconhecido/ Mongyang/Sienic~commonswiki/Wikimedia Commons.

A questão coreana foi levada às Nações Unidas, onde a influência do governo norte-americano era dominante. Os direitistas em Seul rapidamente acolheram a iniciativa americana. No entanto, alguns membros mais moderados do sul, prevendo que o norte não cooperaria com a ONU e tornaria a unificação impraticável, convocaram uma reunião com a presença de lideranças coreanas do norte e do sul para discutir o futuro integrado da península.

Em 14 de novembro de 1947, a Assembleia Geral da ONU adotou a Resolução n. 112, que determinava a realização de eleições gerais para uma Assembleia Nacional até 31 de março de 1948. As eleições deveriam se basear no sufrágio adulto e no voto individual e secreto. Uma Comissão Temporária das Nações Unidas foi estabelecida para a Coreia (United Nations Temporary Commission on Korea, UNTCOK), com o objetivo de supervisionar a eleição.[18] Na mesma resolução ficou definido que toda presença estrangeira deveria ser retirada após a realização das eleições na península.

No norte coreano, as autoridades, respaldadas por Moscou, prontamente se recusaram a adotar a resolução da ONU e instituíram, em fevereiro de 1948, um corpo militar próprio, o EPC (Exército Popular

Coreano, *Choson inmingun*, 조선인민군), além de anunciarem a elaboração de uma nova constituição para a futura República Popular no norte.

Em 26 de fevereiro de 1948, a comissão da ONU começou a organizar as urnas eleitorais com o apoio dos militares americanos. As eleições ao sul do paralelo 38 foram marcadas para o dia 10 de maio desse ano. Algumas lideranças sul-coreanas, no entanto, já haviam iniciado um boicote ao processo eleitoral, uma vez que não aceitavam a divisão da península – manifestada implicitamente no processo eleitoral separado no sul. Os comunistas coreanos no sul, por sua vez, tentaram impedir o pleito por meio de ações de guerrilha a partir da ilha de Jeju. Mesmo assim, as eleições foram um sucesso, contando com o comparecimento de cerca de 75% da população de votantes. As eleições sul-coreanas, ao final, foram consideradas válidas e justas pela UNTCOK.

A Assembleia Nacional no sul coreano adotou o sistema presidencialista em 17 de julho. Dos 198 representantes na Assembleia, 83 deles, a maioria, pertenciam a partidos independentes, 56 eram pró-Rhee e 29 eram filiados ao Partido Democrático da Coreia. Syngman Rhee, que havia concorrido em coligação com os democráticos, foi eleito presidente do novo governo sul-coreano. Como último sopro de esperança de uma península unificada, cem assentos permaneceram vagos na Assembleia, a serem ocupados pelos norte-coreanos mais votados, algo que nunca aconteceu.

Em 15 de agosto de 1948, a República da Coreia (também referida como Coreia do Sul) foi proclamada o único governo legítimo da península, com base nas eleições supervisionadas pela ONU. Em 12 de dezembro, o novo governo sul-coreano foi confirmado pela Assembleia Geral das Nações Unidas. Os Estados Unidos e países aliados reconheceram o país asiático, com quem logo estabeleceram relações diplomáticas.

Em 25 de agosto do mesmo ano, eleições foram realizadas no norte da península e os eleitores não tiveram escolha além dos candidatos recomendados pelo partido comunista local: a Frente Democrática da Coreia do Norte para a Unificação (*Choguk Tongil Minjujŭi Chŏnsŏn*, 조국통일민주주의전선). Em 9 de setembro de 1948, os representantes eleitos se reuniram no Conselho Supremo do Povo e proclamaram a República Popular Democrática da Coreia (RPDC, também referida como a Coreia do Norte), liderada por Kim Il Sung e tendo Pak Ho-nyong como vice-premiê e ministro das Relações Exteriores. A União Soviética e seus aliados rapidamente reconheceram o novo governo.

Oficialmente, a Coreia havia sido fraturada em duas. República da Coreia no sul, República Popular Democrática da Coreia no norte. Coreia do Sul e Coreia do Norte. No fim de 1948, conforme acordado em Pyongyang, as forças soviéticas se retiraram do norte. Os americanos fizeram igual em junho de 1949, após prolongados debates em Washington sobre o prazo e a forma da retirada dos militares americanos na península.

A nova república sul-coreana foi contestada pelo Partido dos Trabalhadores da Coreia do Sul. A resistência foi organizada principalmente por comunistas da ilha de Jeju a partir de abril de 1948, movimento que depois se estendeu pela península ao longo do ano, marcado por combates entre as forças governamentais e os comunistas. Novos motins se seguiram, como o dos membros comunistas dentro do Exército sul-coreano e o da Frente Democrática Sul-Coreana para a Unificação Nacional (reunião dos dois Partidos dos Trabalhadores).

Em meio ao clima de confrontos e rebeliões na Coreia do Sul, o presidente Syngman Rhee se viu diante de um dilema: ou se concentrava para julgar e expelir os japoneses e a estrutura deixada na península, ou enfrentava o premente problema das insurreições organizadas pelos comunistas. Rhee optou pela segunda tarefa, pois essa questão poderia causar consequências mais graves para seu governo.

Apesar de ter sido sempre um voraz crítico da dominação japonesa, o presidente passou a contar com colaboradores da política colonial para identificar e reprimir as atividades clandestinas dos comunistas no sul coreano. Essa postura lhe rendeu amplas críticas, já que deixava de lado o empenho em julgar e condenar aqueles que haviam oprimido os coreanos durante décadas. Por esse motivo, a partir da primavera de 1950, o núcleo do Partido dos Trabalhadores da Coreia do Sul entrou em colapso diante da ampla ofensiva policial de investigação e repressão às atividades de guerrilha.

Apesar da lei especial que dispunha sobre a investigação e a punição dos colaboradores da administração japonesa, estes não somente deixaram de ser sentenciados pela justiça coreana, mas também foram recrutados para serem conselheiros e agentes da polícia na repressão das células subterrâneas comunistas.

Na China, o cenário político mudou radicalmente com a ascensão dos comunistas ao poder em outubro de 1949, sob Mao Zedong (ou Mao Tsé-tung). Voluntários coreanos que lutaram ao lado dos comunistas chineses na Manchúria (contra os japoneses e nacionalistas do Kuomitang) tornaram-se uma força militar a ser usada na península coreana. (A ausência de ajuda significativa dos Estados Unidos na guerra civil chinesa foi notada por Stálin e Kim Il Sung.)

Após o gradativo fracasso e desarticulação comunista na Coreia do Sul, Kim Il Sung e Pak Ho-nyong passaram a planejar uma ampla ofensiva para subjugar a Coreia ao sul do paralelo 38, contando com a lealdade do recém-criado EPC e das tropas coreanas veteranas na Manchúria. Para conseguir respaldo internacional, Kim e Pak solicitaram ajuda militar de Moscou e Pequim na forma de soldados, equipamentos e mantimentos para a empreitada bélica. Considerando o que acontecera na China, as autoridades norte-coreanas acreditavam que os Estados Unidos não teriam interesse imediato na península. Essa suspeita ganhou força quando, em 12 de janeiro de 1950, o secretário de Estado norte-americano, Dean Acheson (1893-1971), em um discurso no National Press Club em Washington, afirmou que a política de contenção anticomunista dos Estados Unidos não incluía a Coreia, pois se concentraria em um perímetro de defesa na região do Pacífico.[19]

Encorajado diante da ocasião histórica acima, Kim Il Sung viajou para Moscou e pediu a Stálin o endosso de seu plano de unificação. Stálin, que não desejava uma guerra aberta contra os Estados Unidos, decidiu apoiá-lo sob a condição de que a União Soviética permanecesse oficialmente fora da guerra entre as duas partes coreanas. Mao Zedong, por sua vez, prontamente disponibilizou 41 mil tropas do Exército Voluntário Coreano (que lutara por anos em solo chinês) a ajudar o esforço norte-coreano.

Conselheiros militares soviéticos logo chegaram com armas e equipamentos, o que inchou as forças norte-coreanas para dez divisões de combate, uma brigada de tanques e um regimento de motociclistas equipados com 1,6 mil artilharias, 258 tanques soviéticos T-34 e 172 aviões.[20]

Pelo lado sul-coreano, os números eram desoladores. Aproximadamente 100 mil homens poderiam ser mobilizados, mas eram indisciplinados e inexperientes no combate. Desse total, cerca de 65 mil estavam armados com morteiros e metralhadoras com defeito. Além deles, havia apenas 4 mil agentes da guarda costeira, e a força policial interna contava com apenas 45 mil homens.[21] Não havia nenhum apoio aéreo, de tanques e artilharia para a força de infantaria. Mesmo assim, Syngman Rhee se manteve comprometido a enfrentar as forças norte-coreanas, esperando pelo eventual apoio dos Estados Unidos na contenção do avanço comunista.

De 10 a 19 de junho de 1950, sete divisões do EPC foram mobilizadas para o paralelo 38 a pretexto de realizar manobras de exercício militar. No dia 23, seus comandantes receberam ordens para deflagrar a guerra de libertação do sul, sob a Operação Tempestade, *Pakpung* (폭풍 작전).* A ação se desdobrou rapidamente em marchas ofensivas a partir das quatro horas da manhã do dia 25. Como meio de justificar a invasão, a Coreia de Kim argumentou estar retaliando um suposto ataque sul-coreano, em busca do "traidor" Syngman Rhee.

Os primeiros choques se deram na península Ongjin, no oeste. Em um primeiro momento a guerra parecia favorecer os norte-coreanos. Fortalecidos, mais bem equipados e apoiados pelos soviéticos, eles tomaram rapidamente Seul apenas três dias depois do início das ofensivas.[22] Rhee evacuou com seu governo. Às duas da manhã do dia 28 de junho, as tropas sul-coreanas explodiram a ponte Hangang sobre o rio Han na tentativa de impedir o avanço do EPC, ferindo e matando milhares de refugiados que a atravessavam. No mesmo dia, o governo sul-coreano ordenou a execução sumária de todos os suspeitos e simpatizantes dos comunistas, evento que ficou conhecido como Massacre das Ligas Bodo (*bodo yeonmaeng sageon,* 보도 연맹 사건).

Os norte-coreanos, entretanto, não esperavam uma resposta tão rápida dos Estados Unidos – que reagiram no Conselho de Segurança

---

* O objetivo original da Operação *Pokpung* era controlar toda a península até 15 de agosto de 1950, ou seja, em cinquenta dias, a tempo de comemorar o quinto aniversário da Libertação da Coreia do Japão (*Gwangbokjeol,* 광복절, "Dia do Retorno da Luz").

Execução de prisioneiros políticos por militares sul-coreanos em Daejeon, na Coreia do Sul, em julho de 1950. Crédito: PJF Military Collection/Alamy/Fotoarena.

da ONU no dia seguinte, condenando as agressões do regime de Kim Il Sung.

Com o sistemático boicote e a ausência da delegação soviética, que reiteradamente denunciava o organismo internacional como instrumento do imperialismo capitalista, foi aprovada a Resolução n. 82 no Conselho de Segurança da ONU para combater as tropas norte-coreanas. Em seguida, o presidente dos Estados Unidos, Harry Truman (1884-1972), despachou forças aéreas e terrestres para a península. Dezesseis países membros da ONU (Austrália, Bélgica, Canadá, Colômbia, Etiópia, França, Grécia, Luxemburgo, Holanda, Nova Zelândia, Filipinas, República da África do Sul, Tailândia, Turquia, Reino Unido, além dos Estados Unidos) enviaram forças para a Coreia do Sul, no que se denominou Comando das Nações Unidas (United Nations Command), sob a liderança do general Douglas MacArthur.

Os americanos, os aliados e o Exército sul-coreano passaram a se concentrar em um perímetro de defesa no rio Nakdong, perto da cidade de Pusan (ou do perímetro Pusan), no sudoeste da península.

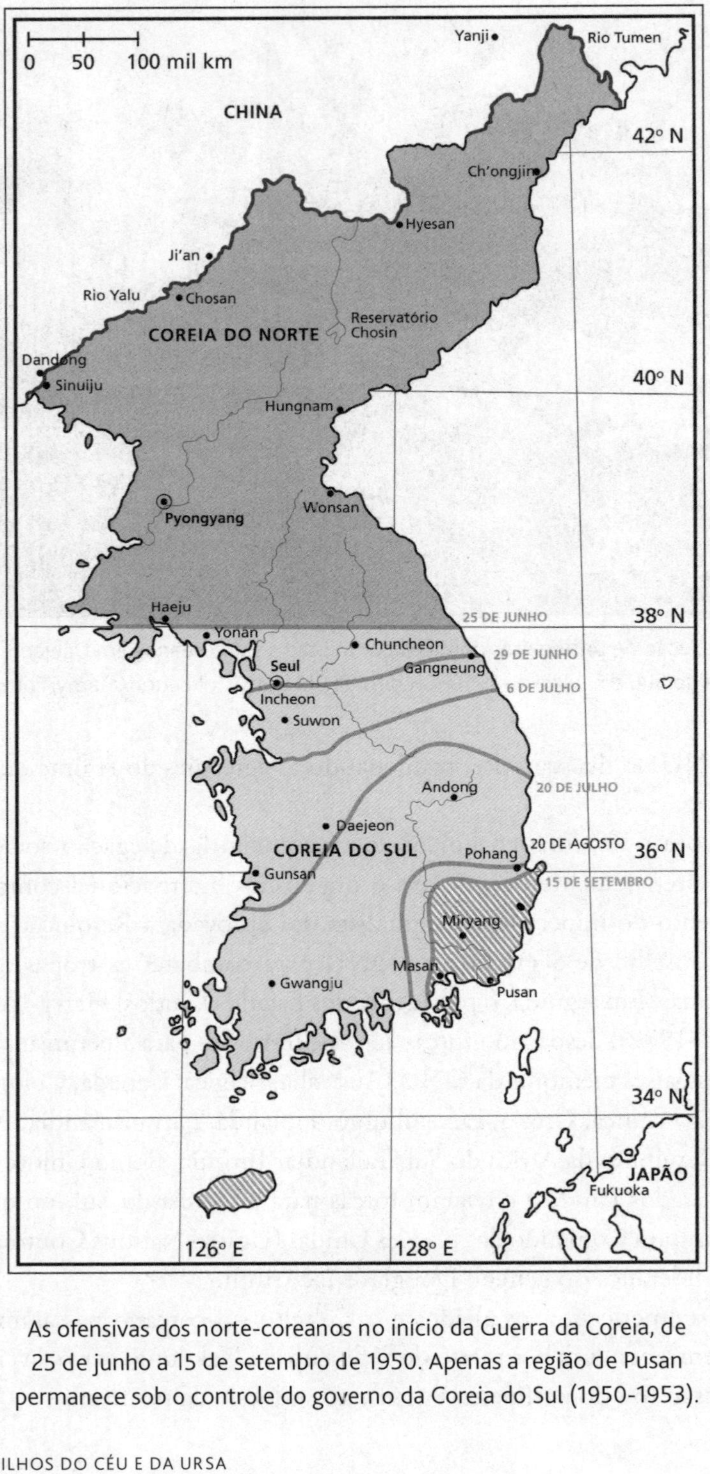

As ofensivas dos norte-coreanos no início da Guerra da Coreia, de 25 de junho a 15 de setembro de 1950. Apenas a região de Pusan permanece sob o controle do governo da Coreia do Sul (1950-1953).

Para mitigar o cercamento comunista no perímetro Pusan, MacArthur havia pensado em uma contraofensiva perto de Seul, mais de 160 quilômetros atrás das linhas do EPC. O general ordenou, então, que o major-general Hobart R. Gay, comandante da 1ª Divisão de Cavalaria dos Estados Unidos, vinda de Yokohama, conduzisse a operação.

No dia 10 de setembro de 1950, aviões americanos sobrevoaram Wolmi-do e lançaram bombas de napalm para "queimar" a encosta leste, visando abrir caminho para as tropas terrestres. A cavalaria americana desembarcou em Incheon, em 15 de setembro.[23] As batalhas duraram quatro dias, ao longo dos quais as forças do EPC foram empurradas de volta para o norte e o oeste, abrindo passagem para a retomada do controle de Seul. A captura da capital sul-coreana afetou as linhas de comunicação e o fornecimento de suprimentos para o EPC na parte da meridional da península. Foi um grande trunfo para os americanos a ousada e bem-sucedida operação comandada e originalmente idealizada por Hobart R. Gay.

A bem da verdade, tratou-se mais de uma retirada norte-coreana, pois em 18 de setembro Stálin já havia mandado o general Zakharov aconselhar Kim Il Sung a pôr fim ao cerco de Pusan e voltar para defender Seul. Os chineses, por intermédio do chanceler Zhou Enlai, também haviam sugerido a retirada em Incheon se o EPC não tivesse um número de soldados suficiente no local.

Em 27 de setembro foi aprovada a diretriz do Estado-maior das Forças Armadas norte-americanas, Memorando 81/1, autorizando uma operação militar ao norte do paralelo 38 com o objetivo de perseguir e aniquilar as tropas da Coreia do Norte. Zhou Enlai, por sua vez, do lado chinês, já havia alertado que caso houvesse invasão ao norte do referido paralelo, seria motivo de intervenção direta do corpo militar de seu país, o Exército de Libertação Popular (ELP).

No dia 2 de outubro, ignorando a mensagem chinesa, MacArthur ordenou que suas tropas cruzassem a fronteira[24] e dezoito dias depois elas tinham o controle de Pyongyang e avançavam em direção ao norte, para o rio Yalu. O general estadunidense não sabia que Mao Zedong, nesse meio-tempo, havia mobilizado dezoito divisões de combate de seu exército, contando com coreanos voluntários na China. Mao enfrentara a reticência de seu chanceler, Zhou Enlai (1898-1976), por isso tinha nomeado Peng Dehuai (1898-1974) comandante das tropas chinesas que entrariam em solo norte-coreano.[25]

As batalhas se intensificaram ao longo da fronteira norte-coreana. Fortalecidos com o apoio dos chineses, os comunistas venceram as tropas da ONU no reservatório de Chosin, região nordeste da Coreia do Norte. As forças sob o comando do major-general Edward Almond conseguiram fugir do cerco e se encaminharam para o porto de Hungnam.[26] Esse evento foi amplamente celebrado pelos norte-coreanos e pelos chineses e marcou uma virada decisiva de retirada do Comando das Nações Unidas para o sul.

O avanço dos chineses do ELP e dos norte-coreanos do EPC para a parte meridional da península foi notável em novembro de 1950. No dia 2 de dezembro, após árduas batalhas no vale do rio Chongchon, as tropas vitoriosas chinesas e coreanas continuaram em direção ao paralelo 38. Em 31 de dezembro, os chineses do XIII Exército forçaram o recuo dos americanos sob o comando do tenente-general Matthew B. Ridgway, que evacuou para Seul no dia 3 de janeiro de 1951. A vitória decisiva dos comunistas na batalha representou o auge dos militares chineses do ELP na Coreia. O lado americano pediu um cessar-fogo. Mao Zedong, entusiasmado, interpretando o pedido como um sinal de fraqueza, defendeu o avanço até o paralelo 38 e além, se possível.

Encorajados com a vitória, chineses e coreanos lançaram nova ofensiva na véspera de Ano-Novo. Em meio a ataques noturnos ao som de trombetas e gongos, as tropas dos capacetes azuis (das Nações Unidas) se viram desorientadas e confusas. Com o sucesso desse avanço pelos comunistas, Seul foi capturada pela segunda vez em 4 de janeiro de 1951.[27] Até os dias atuais, os chineses e os coreanos relembram o sucesso ofensivo nas encenações da peça teatral *Ataque ao Regimento do Tigre Branco* (奇袭白虎团, *Qi xi bai hu tuan*).[28]

Um enfurecido e humilhado MacArthur passou a defender o uso de armas nucleares no interior norte-coreano e chinês, visando criar zonas de precipitação radioativa para interromper de vez os postos e linhas de abastecimento supridos pela China. Além disso, relatórios reunidos no chamado *Needham Report*, baseados nas evidências colhidas na Comissão Internacional de Cientistas, provam que armas biológicas foram empregadas contra a população coreana.[29]

As tropas chinesas tomando o controle de um posto de comando de norte-americanos e aliados perto do rio Chongchon, no fim de 1950. Crédito: Chinese Military Science Academy/rt66/ File Upload Bot (Magnus Manske)/Wikimedia Commons.

Diante do cenário insustentável, em março de 1951 o presidente Truman decidiu buscar um acordo. No dia 23 desse mês, ele declarou que as forças da ONU haviam evitado a invasão comunista na Coreia e que, portanto, o Comando das Forças das Nações Unidas estava pronto para negociar um cessar-fogo.

No dia seguinte, o general MacArthur desconsiderou a posição do presidente dos Estados Unidos e ordenou o bombardeio da região da Manchúria, na China, para retaliar os comunistas chineses. Truman, como havia feito Stálin, sabia que isso escalaria ainda mais os conflitos para uma guerra generalizada, por isso destituiu MacArthur do Comando das Forças da ONU em 11 de abril de 1951.[30] Foi um fim inglório para um general que ambicionava poder, popularidade e até mesmo a cadeira presidencial da Casa Branca.

Dois anos se passaram até que os dois lados da Coreia assinassem um armistício, em 27 de julho de 1953, em Panmunjom, encerrando uma guerra com danos consideráveis e traumáticos para toda a península. O acordo definitivo foi assinado pelo general Mark W. Clark, Kim Il Sung

Assinatura do armistício em Panmunjom, em 27 de julho de 1953. Crédito: Pictorial Press Ltd/Alamy/Fotoarena.

e Peng Dehuai. O presidente Syngman Rhee se recusou a assiná-lo, mas deu sua aprovação tácita para a trégua depois que os Estados Unidos reafirmaram seu compromisso de segurança na Coreia do Sul.

A fronteira da trégua ficou novamente estabelecida marginalmente ao longo do paralelo 38, área que se tornaria conhecida como Zona Desmilitarizada (DMZ). A guerra havia custado um número imenso de vidas humanas, afetando a existência de 30 milhões de coreanos de toda a península e de 700 mil coreanos advindos da Manchúria.

As estatísticas ainda são controversas, mas estima-se que 2,72 milhões de pessoas tenham morrido ou desaparecido no conflito. Esse contingente impressionante inclui 1 milhão de norte-coreanos que possivelmente migraram ou fugiram para o sul. Estima-se ainda que cerca de 500 mil soldados norte-coreanos tenham morrido em batalha, e que tenha havido mais de 1 milhão de vítimas civis.

No sul, as baixas militares chegaram a 237.686. Cerca de meio milhão de civis sul-coreanos foram sequestrados e outros 600 mil civis morreram ou desapareceram, totalizando as perdas sul-coreanas em torno de 1,33 milhão.

De acordo com registros oficiais, as baixas dos Estados Unidos foram de 33.629 mortos e 103.284 feridos.[31] As demais forças da ONU, excluindo a dos sul-coreanos, perderam 3.143 vidas, restando ainda 11.532 feridos e 525 desaparecidos. Por último, os registros chineses dão conta de que houve 116 mil mortos de suas tropas, 220 mil feridos e 29 mil desaparecidos, somando 336 mil pessos, mas estima-se que o total tenha passado de 900 mil.[32]

A guerra envolveu uma colossal força combinada de armas, pessoas, ambições e mortes. Mal saídos da brutal dominação japonesa em 1945, os coreanos foram buscar caminhos próprios para sua independência, alguns com sonhos de soberania nacionalista, outros a defender maior aproximação com Washington ou Moscou. Líderes e ideias colidiram, opositores e dissidentes foram perseguidos e mortos ao sul e ao norte de uma linha que passou a servir como fronteira da fratura da península, o paralelo 38 norte.

As desavenças entre líderes do norte e do sul da Coreia foram amplificadas no contexto permeado por incertezas da nascente ordem mundial estabelecida depois de 1945, a Guerra Fria. Assim, a partir das primeiras ofensivas dos norte-coreanos, na madrugada de 25 de junho de 1950, os céus desabaram sobre a população da península, resultando em uma catástrofe que marcará para sempre essa região. Daquele momento em diante, sobretudo após o armistício assinado em Panmunjom em 27 de julho de 1953, haveria dois regimes antagônicos: um ao sul, a Coreia do Sul, reconstruída com a presença militar americana nas décadas seguintes, e outro ao norte, a Coreia do Norte, que passaria a trilhar um caminho cada vez mais fechado, acuado e isolado.

9

A RECONSTRUÇÃO

Em busca dos novos caminhos

Após a Guerra da Coreia, o regime ao sul do paralelo 38 permaneceu sob a liderança de Syngman Rhee. Oriundo de uma família de valores cristãos e casado com uma austríaca, Francesca Donner, Rhee não tinha filhos e era visto como um líder sem tendências ao nepotismo, o que lhe rendia admiração pelo compromisso com as causas nacionais. O longo exílio no exterior inspirara nele novas perspectivas e ideais para o futuro de seu país.

Tendo cursado seu doutorado na Universidade de Princeton, em Nova Jersey, Rhee era grande admirador do sistema americano e queria implementá-lo na nascente Coreia do Sul. Na juventude, fora educado por missionários americanos com base em valores éticos lastreados no cristianismo protestante.

Apesar do fervor político, Rhee foi obrigado a lidar com a condição social e histórica da Coreia após a guerra traumática que terminou em 1953. Desde o início do século XX, os coreanos haviam sido privados de toda liberdade de pensamento e participação política, a não ser na clandestinidade. A maioria da população, portanto, resumia sua vida política a obedecer um poder opressivo e brutal.

A economia também sofria reflexos dessa história. Por décadas, os principais setores econômicos foram geridos para apoiar políticas estratégicas dos japoneses e, depois da Segunda Guerra Mundial, enquanto o comando militar americano buscava conter o comunismo. A economia sul-coreana, em específico, dependia em grande parte da agricultura e da mineração, com as principais indústrias japonesas se instalando ao norte do paralelo 38 e na Manchúria.

Com as crises geradas pela Segunda Guerra Mundial e pela Guerra da Coreia, a elite sul-coreana também se viu destituída de qualquer perspectiva de emprego em uma economia em ruínas, mesmo para os egressos das universidades.

O governo militar americano, após 1945, tentou fornecer ajuda para a reconstrução da economia sul-coreana, mas boa parte dos investimentos era destinada às áreas militares. Isso tudo resultou em uma sociedade em colapso, desempregada, politicamente volúvel, sem tradição democrática e que assistia à proeminência dos setores militares.

Duas nações

Foi nesse contexto que, em 1953, o presidente Syngman Rhee iniciou seu mandato. Apesar da idade já avançada na época, Rhee demonstrou a determinação férrea de se manter no poder e nele permaneceu por uma década. Essa postura, no entanto, começava a revelar sua tendência autoritária. Rhee foi criticado principalmente por oprimir a oposição com base na Lei de Segurança Nacional, aprovada em 1958.

O crescimento populacional sul-coreano era palpável, com altas taxas de natalidade em um cenário de descontrolada migração do campo para as cidades. A economia não apresentou crescimento considerável após 1953, e o governo de Rhee, enfrentando pressões da população por melhorias sociais, passou a adotar políticas repressivas e limitadoras. Em 1959, o presidente mandou executar Cho Pong-am, que concorrera contra ele três anos antes. Um ano depois, Rhee se candidatou a um quarto mandato, e sua vitória nas eleições de 15 de março foi considerada fraudulenta por setores da sociedade civil.

Foi nas províncias que surgiram as primeiras manifestações massivas contra o processo eleitoral de 1960. Em Masan, no sul da península, um estudante do ensino médio foi morto no dia das eleições por forças policiais, o que deflagrou uma manifestação estudantil em Seul, em 19

Protestos contra Syngman Rhee em 19 de abril de 1960, na Coreia do Sul, que resultariam em sua renúncia e exílio. Crédito: AP Wirephoto/ Sydney Morning Herald/SuperStock/Alamy Stock Photo.

de abril desse ano. Foi estimada uma participação de cerca de 20 mil estudantes, principalmente universitários e secundaristas, que saíram às ruas gritando "Abaixo a ditadura!". A repressão da polícia se intensificou depois que alguns manifestantes seguiram na direção ao palácio presidencial, o que resultou na morte de cem pessoas.[1] Diante da comoção gerada pelos eventos, em 26 de abril o presidente Rhee sucumbiu às pressões e declarou sua renúncia, exilando-se no Havaí.

O poder político na Coreia do Norte depois de 1953 começou a gravitar cada vez mais em torno da figura de Kim Il Sung, tendo como pano de fundo a perseguição a oposicionistas, inclusive membros da chamada Facção de Yannan, grupo de comunistas pró-China após a divisão da Coreia. O principal alvo de Il Sung era Pak Hon-yong, destacado líder comunista do Partido dos Trabalhadores da Coreia do Sul.

No início de 1953, um dos partidários de Hon-yong havia sido preso no norte coreano e confessou, possivelmente sob tortura, que havia um complô em andamento entre o sul-coreano e o partido norte-coreano.

Desde então, Pak Hon-yong nunca mais foi visto em ocasiões oficiais e, em agosto de 1953, foi definitivamente preso. Dois anos depois, foi condenado à morte por espionagem.[2] Pak e seus seguidores foram todos responsabilizados e acusados pelos fracassos da "guerra de unificação".

No exterior, as acusações de Nikita Khrushchov (1894-1971) contra Stálin no 20º Congresso do Partido Comunista Soviético, em fevereiro de 1956, repercutiram amplamente no sistema norte-coreano. Os membros da Facção de Yannan passaram a planejar mudanças na estrutura política do país, que consistiriam na substituição da liderança centralizada em uma pessoa por um comando coletivo.

Isso se deu enquanto Kim Il Sung estava em visita oficial a Moscou, em 1956. Com seu retorno, os membros de Yannan foram imediatamente condenados como antirrevolucionários. Moscou e Pequim tentaram veementemente intervir na situação, mas Kim declarou, depois de dois anos de perseguições e detenções arbitrárias, em março de 1958, que havia definitivamente liquidado todos os dissidentes na Coreia do Norte. O horizonte da República Democrática Popular da Coreia permanecia sombrio.

Nos anos posteriores, a Coreia do Norte se fechou cada vez mais e passou a assentar seu sistema político em uma ideologia própria, sem dependência do estrangeiro. Um sistema autárquico e autônomo suplantava a existência de um aliado soviético, fundamentado pela política do *juche* ("autoconfiança", 주체).*

No setor econômico, após a guerra, Kim planejou a restauração das atividades por meio de planos trienais, inspirados nos planos quinquenais dos soviéticos. Na mesma época, em 1956, o dirigente lançou um amplo programa de reforma e revitalização chamado *Chollima* ("Cavalo Alado", 천리마운동), uma versão coreana do Grande Salto Adiante de Mao Zedong.** Esses programas tiveram resultados notáveis, ao menos

---

* *Ju* (주) significa "mestre" e *che* (체), "corpo". Assim, *juche* pode ser traduzido como "mestre de si próprio", um termo que enfatiza a independência do país, sua própria capacidade, bem como a autonomia da classe trabalhadora.

** Foi uma campanha liderada pelo Partido Comunista Chinês entre 1958 e o início de 1960 para ampliar as produções industrial e agrícola nas comunas rurais pelo país. Os chineses esperavam desenvolver métodos de industrialização no uso intensivo de sua mão de obra.

Estátua do Cavalo Alado, Chollima, em Pyongyang. Chollima, "cavalo de mil li", refere-se a um cavalo voador mitológico capaz de viajar mil li (500 quilômetros) em um único dia. Crédito: Oleg Znamenskiy/Shutterstock.

no setor industrial, considerando o estado da economia norte-coreana depois de 1953: graças aos investimentos chineses, foi recuperada boa parte das usinas mineradoras instaladas na época do governo japonês.[3]

Embora o setor industrial tenha crescido, isso se deu à custa da agricultura, que enfrentou crises na colheita de grãos. A mão de obra foi exaurida no trabalho e no êxodo rural, provocando efeitos nefastos na sociedade. A coletivização agrícola acabou por acarretar fome e miséria no campo, deslocando a mão de obra do interior para as indústrias e relegando a um plano secundário a produção na lavoura de trigo, por exemplo. Il Sung priorizou a indústria almejando transformar o país na velocidade do cavalo Chollima, mas, em um país com limitadas áreas férteis para o plantio, condenou muitos à fome, em uma repetição sinistra do que ocorrera na China com o Grande Salto Adiante.

Apesar dos danos causados pela implantação do Programa *Chollima* e demais planos de desenvolvimento, Kim Il Sung – e seu filho e sucessor, Kim Jong-Il – nunca deixou de exaltar essas medidas, como fez na 6ª Plenária do Partido, em outubro de 1980.[4]

Sonhos distantes

No sul coreano, depois da renúncia de Syngman Rhee, em junho de 1960, a Assembleia Nacional da República da Coreia adotou uma nova constituição, que estipulava um sistema parlamentar bicameral, anunciando o que seria sua Segunda República.

Nas eleições gerais realizadas em 19 de julho, o Partido Democrata (originado do antigo Partido Democrático Coreano) dominou as duas câmaras do Parlamento, obtendo 175 dos 233 assentos entre os deputados e elegendo 31 dos 58 senadores. O parlamento, então, elegeu o católico Chang Myon (1899-1966), ex-vice-presidente e ex-embaixador em Washington, primeiro-ministro, e Yun Posun (1897-1990) presidente. O cargo de primeiro-ministro acabou sendo o de chefe de Governo, apoiado por seu próprio gabinete, enquanto a presidência se tornou apenas mais uma figura de Estado.

Democrata fervoroso, Chang Myon acreditava poder dar prosseguimento ao trabalho de Rhee. Suas crenças políticas, fortemente ancoradas no sistema dos Estados Unidos, apontavam para uma imprensa livre, sem censura. No entanto, o Partido Democrata de Chang, atormentado por rivalidades internas, foi incapaz de resolver o grave desemprego nas cidades e a escassez de mantimentos no campo. Ademais, a recém-empossada administração enfrentou um número cada vez maior de manifestações promovidas por estudantes, professores, sindicatos e outros grupos sociais organizados. Entre os estudantes e os professores, havia clamores por partidos de esquerda e pela unificação com o norte. Esse quadro, somado ao desemprego e à condição precária de vários setores da sociedade, foi o pretexto para que certos militares, receosos do comunismo, se projetassem no cenário político.

Apesar dos programas de modernização de Chang para superar as dificuldades econômicas na Coreia do Sul, um grupo de jovens oficiais militares, liderados pelo major-general Park Chung Hee (1917-1979), engendrou um golpe de Estado em 16 de maio de 1961. O contingente do exército sul-coreano crescera consideravelmente para mais de 600 mil homens após a Guerra da Coreia, equipados e treinados por oficiais americanos. Modelado na administração militar dos Estados Unidos, o

General Park Chung Hee (primeiro à esquerda), em 16 de maio de 1961. Crédito: CPA Media Pte Ltd/Alamy/Fotoarena.

Exército Nacional tornou-se eficiente e disciplinado diante das incertezas da sociedade coreana nas décadas de 1950 e 1960.

Park Chung Hee era produto dessa transformação militar. Formado cadete do exército em Tóquio e na Manchúria, cercou-se de apoiadores, como Kim Jong-pil (1926-2018), graduados depois da ocupação japonesa, em academias coreanas. A maioria dos oficiais à época do golpe de 1961, portanto, era composta de jovens ambiciosos e inquietos diante das mudanças políticas.

Na madrugada de 16 de maio de 1961, consumado o golpe, os militares emitiram uma mensagem por rádio para toda a Coreia do Sul para informá-la dos objetivos para o futuro da nação: promover o anticomunismo, estreitar e manter laços com os Estados Unidos, combater a corrupção, reconstruir a economia, conter o regime norte-coreano e retornar ao governo civil em momento posterior.

A junta militar no poder declarou lei marcial e dissolveu a Assembleia Nacional, tornando impotente o governo democraticamente eleito do primeiro-ministro Chang Myon. A constituição foi suspensa e todas as atividades políticas foram proibidas. Ademais, a liberdade de imprensa foi limitada pela censura.

Em seguida, a junta nomeou a si mesma Conselho Supremo da Reconstrução Nacional, presidido por Park Chung Hee. Foi criado, em 13 de junho de 1961, o Serviço Nacional de Inteligência (*Gukga*

Jeongbowon, 국가정보원), a ser chefiado por Kim Jong-pil, um órgão incumbido de controlar e investigar as informações no meio nacional e no exterior. Os ministérios do novo governo foram quase todos ocupados por militares.

O regime militar sul-coreano passou a promulgar leis de cunho anticomunista com base na Lei de Segurança Nacional de 1958, o que permitiu a detenção e a prisão de políticos e intelectuais de tendência esquerdista. A repressão se estendeu a outros setores da sociedade, com os militares buscando, ao menos na retórica, eliminar os privilégios e práticas de corrupção entre o empresariado, por exemplo.

Para recuperar a economia, o Conselho Supremo lançou um ambicioso programa em 1962: o Plano Quinquenal de Desenvolvimento Econômico (*Kyŏngjesahoebalchŏn 5-Kaenyŏn'gyehoek*, 경제사회발전 5개년계획), primeiro de muitos outros.

O governo americano, considerando o regime um baluarte contra o comunismo norte-coreano e chinês, reconheceu a legitimidade do novo governo, mediante a promessa de retorno ao comando civil no futuro. Era evidente, no entanto, que os militares desejavam manter o poder no futuro, mesmo que sob a forma civil.

Em dezembro de 1962, o Conselho Supremo da Coreia do Sul adotou uma nova constituição sob o sistema presidencial e unicameral, ou seja, centralizando o poder. Em janeiro do ano seguinte, certas atividades políticas foram retomadas, mas o comunismo era mantido afastado.

Kim Jong-pil havia organizado o Partido Republicano Democrático, mesmo assim as eleições presidenciais e legislativas nacionais no final do ano deram vitória apertada a Park Chung Hee, com pequena margem de liderança sobre o ex-presidente Yun Posun. Ao legitimar a si mesmo na presidência, Chung Hee inaugurou a chamada Terceira República, em 16 de dezembro de 1963.[5]

As perspectivas no território norte-coreano eram ainda mais sombrias. No início de 1957, Kim Il Sung eliminou quase todos os seus oponentes do Partido dos Trabalhadores. No meio internacional, a refletir seu crescente isolacionismo, Kim se manteve neutro diante das crescentes tensões entre Pequim e Moscou. Esse posicionamento tinha o objetivo de lhe permitir barganhar com os dois centros de poder, visando angariar mais apoio e ajuda para seu regime.

Em termos de política interna, o partido de Il Sung era o Estado. Em fevereiro de 1960, acompanhado de outros membros do partido, o presidente visitou uma vila agrícola coletivizada perto de Pyongyang, em Chongsan. Ao se deparar com problemas, passou a acusar membros do partido pelos erros. Elaborou, então, uma política renovada para as vilas e comunidades interioranas, as "Orientações Locais" do Grande Líder (수령, *Suryong*), o que foi replicado para todo o país. O método visava melhorar as produtividades econômica e agrícola por meio de maior compromisso e fidelidade às orientações do líder norte-coreano.

Em outubro de 1960, na comemoração dos quinze anos do Partido dos Trabalhadores, iniciou-se uma nova fase histórica para o comunismo norte-coreano. Kim Il Sung, com todas as figuras de oposição presas ou mortas, passou a ser enaltecido como a fonte de toda a sabedoria e verdade em relação ao passado, presente e futuro da nação. Assim, a interpretação dos eventos históricos passou a ser a de um mar repleto de inimigos da nação, burgueses e capitalistas, imperialistas – dos japoneses aos estadunidenses –, lacaios sul-coreanos, em constante ataque à ascensão libertadora do comunismo sob a liderança de Il Sung. Esse discurso legitimou o regime norte-coreano pautando-se nas agressões e ameaças vindas do exterior, além de enfatizar o heroísmo do povo e dos líderes comunistas.

Na economia do final dos anos 1950, a Coreia do Norte apresentou índices de crescimento, o que reforçou ainda mais a autoconfiança do regime unitário.

Em 1962, um novo plano de sete anos foi elaborado. A prioridade desta vez eram a indústria leve e a agricultura, com um continuado destaque à indústria pesada.[6] No 4º Congresso do Partido dos Trabalhadores, referido como "Congresso dos Vitoriosos", realizado em 11 de setembro de 1961, foi entusiasticamente confirmado como ideologia do Estado o patriotismo socialista irrestrito a ser esperado de todos os norte-coreanos – que veriam o nascimento de um novo homem socialista.

Ao sul do paralelo 38, teve início a Terceira República da Coreia do Sul com os programas de desenvolvimento de Park Chung Hee. Militar de formação, Park testemunhara a eficiência com a qual os japoneses administraram a Manchúria com a ajuda de tecnocratas advindos de instituições do Japão. Inspirado por essa experiência, o líder sul-coreano passou a orientar seu governo para um desempenho semelhante: após implementar uma série de planos econômicos de cinco anos, criou um Conselho de Planejamento Econômico, chefiado por aliados e em posição hierárquica superior a todos os ministérios. A maioria dos militares no governo gradualmente cedeu seus cargos para tecnocratas mais eficientes (recrutados no país e no exterior), entre os quais muitos economistas e administradores formados nos Estados Unidos.

A prioridade econômica era estabelecer uma base industrial forte e garantir o superávit (principalmente com a exportação de produtos industriais leves, como têxteis, sapatos e acessórios), além de conter os gastos com importações.[7] Os militares, contudo, permaneceram nos setores estratégicos de segurança nacional e do Serviço Nacional de Inteligência.

Como outros países subdesenvolvidos, a Coreia do Sul precisou de capital estrangeiro para impulsionar sua modernização econômica. O presidente Park tinha constatado que o Japão alcançara rápida recuperação e crescimento depois da Segunda Guerra Mundial graças à demanda da Guerra da Coreia (já que os Estados Unidos usaram o arquipélago como base de suprimentos durante o confronto). Assim, com o apoio dos Estados Unidos, que desejavam uma reaproximação entre coreanos e japoneses, foi normalizada a relação entre Seul e Tóquio, depois de negociações sobre compensações pelo domínio colonial japonês. Houve consideráveis manifestações estudantis contra o acordo, tido como precipitado e injusto, mas Park restabeleceu de vez as relações diplomáticas com o Japão em junho de 1965, recebendo apenas 300 milhões de dólares como compensação histórica e outros 500 milhões em empréstimos financeiros públicos e privados.[8]

Por ocasião da entrada dos Estados Unidos na Guerra do Vietnã, o presidente Lyndon Johnson fez um pedido formal à Coreia do Sul por não combatentes* em 1º de maio de 1964. Em agosto de 1965, o governo sul-coreano ratificou, por intermédio da Assembleia Nacional, o envio de forças militares ao Vietnã, acatando o pedido do governo norte-americano. Essa concessão se baseou nas promessas contidas no Memorando Brown, em que Washington se comprometera a modernizar e

* São aqueles que não participam diretamente nas hostilidades da guerra, mas apoiam os combatentes em áreas como a médica e a psicológica.

ampliar os meios industrial e militar sul-coreano, assim como enviar empréstimos regulares para desenvolver sua economia. Assim, mais de 300 mil soldados sul-coreanos foram lutar junto dos americanos no Vietnã entre 1965 e 1973 – um dos maiores contingentes vindos de aliados.[9]

O acordo com os estadunidenses foi parcialmente responsável pelos resultados alcançados do Primeiro Plano de Desenvolvimento Econômico Quinquenal (1962-1966). A economia sul-coreana teve um desempenho de crescimento anual médio de 7,8%, alcançando um expressivo aumento de exportações no setor têxtil com o uso intensivo de mão de obra. O país passou a contar, assim, com maiores reservas de divisas internacionais e maior empregabilidade.

Os empréstimos americanos, além do acordo da Guerra do Vietnã, asseguraram os investimentos industriais para o Segundo Plano Quinquenal (1967-1971). Graças ao crescimento econômico, Park Chung Hee venceu novamente as eleições presidenciais em maio de 1967. Sob sua liderança autoritária e desenvolvimentista, a Coreia do Sul se transformou em uma economia moderna, com intenso uso de mão de obra – o que reduziu o desemprego – e contando com o gerenciamento de burocratas lado a lado com a classe empresarial industrial. Esse conluio gerencial passou a se consolidar como uma classe dirigista, que acabou se fortificando em torno de *chaebol* (재벌).*

Em abril de 1971, Park Chung Hee concorreu de novo à presidência, removendo o impedimento constitucional de três mandatos consecutivos na Coreia do Sul. O candidato da oposição, Kim Dae-Jung (1925-2009), defensor da democracia que por anos se opusera ao autoritarismo de Park, foi derrotado nas urnas. Os *chaebols* tinham contribuído consideravelmente para a campanha eleitoral de Park, e o Serviço Nacional de Inteligência se manteve vigilante para investigar e intimidar qualquer industrial que apoiasse Kim Dae-Jung. Ademais, a promessa

* Os *chaebols* são uma espécie de conglomerado ou grupo influente de plutocratas, famílias ricas do mundo dos negócios ou monopólios de setores da economia sul-coreana. Sua estrutura pode abranger uma única grande empresa ou vários grupos. Sua origem remonta à década de 1960, com a criação de multinacionais globais com operações internacionais. Os *chaebols* pertencem, são controlados e/ou administrados por familiares, geralmente parentes do fundador do grupo. Samsung, Hyundai, SK Group e LG Group estão entre os exemplos mais proeminentes.

de unificação com o norte coreano de Kim Dae-Jung pareceu soar esquerdista demais para os elementos anticomunistas e conservadores da Coreia do Sul. O eleitorado sul-coreano tinha mostrado certa divisão geográfica, com as províncias no sudoeste a apoiar o candidato da oposição, enquanto os mais sulistas tendiam a escolher o presidente Park.

Apesar da vitória, Park Chung Hee se viu obrigado a lidar com uma crescente inquietação social diante de seu regime autoritário. Em 1972, ele passou a concentrar ainda mais o poder presidencial e a reprimir dissidências e críticas a seu regime.[10]

No lado comunista da península coreana, as autoridades passaram a enxergar os soviéticos através de outras lentes. Com a mudança de poder na União Soviética (que passara para as mãos de Nikita Khrushchov, com sua atitude irresoluta na crise cubana em 1962), a liderança norte-coreana passou a considerar Moscou fraca e inábil em face do imperialismo norte-americano. Além disso, a Coreia do Norte via seu relacionamento com a China estremecido após membros da Guarda Vermelha chinesa terem criticado abertamente o regime de Kim Il Sung durante a Revolução Cultural em 1967. Assim, o norte coreano passou a sentir-se ameaçado, ainda mais quando a Coreia do Sul de Park Chung Hee firmou tratados com Japão e Estados Unidos. Para piorar o cenário, o Exército sul-coreano fortaleceu-se consideravelmente com a ajuda americana depois de participar da Guerra do Vietnã.

Desde 1962, a Coreia do Norte enfatizava uma política de defesa a ser implementada junto ao desenvolvimento econômico. O slogan da época fazia eco a essa política: "Todas as pessoas armadas, todo o território fortificado, todas as forças autorizadas e modernizadas". O orçamento de defesa entre 1967 e 1971 aumentara abruptamente para cerca de 30% da despesa nacional.[11] Mas isso começou a afetar o crescimento econômico da nação, gerando críticas e descontentamento mesmo no opressivo ambiente do Partido dos Trabalhadores da Coreia do Norte.

Em sua visita presidencial de 1965 à Indonésia, Kim Il Sung declarou que o Partido dos Trabalhadores manteria consistentemente sua filosofia única, *juche*, autossuficiência política e econômica e autodefesa militar. O *juche* permitiu a Kim solidificar de vez o culto a sua figura no regime norte-coreano, sem depender de outros regimes ou tolerar dissidências. Seu local de nascimento, em Mangyongdae, foi declarado santuário sagrado nacional, e seus ancestrais foram sepultados e cultuados como heróis combatentes.

O senso de isolamento norte-coreano aumentou ainda mais em janeiro de 1968, quando um grupo se infiltrou na Zona Desmilitarizada e seguiu para o sul, em uma tentativa de ataque ao presidente Park Chung Hee. Outro grupo norte-coreano planejou um ato na costa oriental da Coreia do Sul. Foi nessa época que um navio dos Estados Unidos, o *Pueblo*, foi capturado no mar do Leste, perto da Coreia do Norte, em plena operação.

Essas provocações, no entanto, pouco efeito surtiram além de levar Park Chung Hee a fortalecer sua autoridade sobre qualquer movimento dissidente e democrático de estudantes e oposicionistas na Coreia do Sul.

Uma nova geração

Em meados de 1970, Kim Il Sung instigou mais uma onda de expurgos de líderes dentro de seu partido, substituindo-os por uma nova geração de revolucionários, visando incluir nela seu filho mais velho, Kim Jong Il (1942-2011), que passou a ser chamado de "Querido Líder".[12] O núcleo do poder político norte-coreano começou a ser dominado pela família Kim.

O início da nova década pareceu promissor para uma maior unificação da península coreana. A pedido da Cruz Vermelha internacional e atendendo à reivindicação de famílias separadas pela fronteira coreana, Pyongyang prontamente respondeu. Em abril de 1971, Kim Il Sung anunciou uma série de propostas para uma Coreia unida na forma confederada. As regiões norte e sul manteriam poderes plenos, mas tomariam decisões em comum sobre assuntos externos e humanitários. Como contrapartida, em agosto, o presidente Park Chung Hee também se expressou sinalizando na direção da integração com o norte. Para tanto, representantes de ambos os lados trocaram declarações públicas de unidade, e foram planejadas futuras reuniões entre Seul e Pyongyang, a fim de alcançar um acordo intercoreano.

Finalmente, em 4 de julho de 1972, um pacto foi tornado público entre Kim Yong-ju (1920-2021), diretor do Partido dos Trabalhadores da Coreia do Norte e irmão de Kim Il Sung, e Lee Hu-rak (1924--2009), diretor do Serviço Nacional de Inteligência da Coreia do Sul, que visitara a capital norte-coreana em segredo. O encontro entre os dois representantes coreanos resultou em uma declaração de três princípios de reunificação: autoconfiança, paz e solidariedade nacional. Os dois lados concordaram em estabelecer uma Comissão Coordenada Norte-Sul e a manter a comunicação entre os dois gabinetes de governo por meio de uma linha telefônica direta. Também foi assumido o compromisso de diminuírem as acusações um contra o outro nas declarações públicas.[13]

Apesar das boas intenções, o comunicado de julho de 1972 não levou as duas Coreias à reunificação; na verdade, acabou exacerbando ainda mais o controle político de ambas as partes. A fim de criar um sistema político mais eficiente, capaz de promover a solidariedade nacional contra os comunistas, Park Chung Hee suspendeu a constituição sul-coreana em 17 de outubro, declarou lei marcial e dispersou a Assembleia Nacional. Foi esboçada uma nova constituição, a de *Yusin* ("restauração", também referida como Outubro *Yusin*, 시월유신), que maximizou o poder presidencial, dando a ele autoridade para emitir decretos de emergência, dissolver o Parlamento e nomear um terço dos legisladores, isso em um mandato de seis anos sem limite de reeleições. O presidente sul-coreano passaria a ser eleito indiretamente por delegados distritais pelo país, que poderiam ser facilmente influenciados pelo Poder Executivo nacional. Em dezembro de 1972, Park Chung Hee já estava reeleito presidente praticamente onipotente na Coreia do Sul.

Em Pyongyang, em 27 de dezembro de 1972, o Conselho Supremo convocou uma sessão para adotar uma nova constituição norte-coreana que passou a concentrar ainda mais o poder sob Kim Il Sung. A partir de então, ele ocuparia a presidência do país. No comando do Comitê Central do Povo, órgão executivo máximo recém-criado, o presidente foi alçado pela constituição a uma posição acima de todos os outros poderes da Coreia do Norte.

Enquanto as tendências centralizadoras nas duas Coreias tiveram curso, as tentativas de negociação continuaram. No entanto, o diálogo entre as partes nunca chegou a uma conclusão substancial, já que os sul--coreanos desejavam resolver antes as questões familiares e humanitárias da separação, enquanto os norte-coreanos queriam enfrentar primeiro demandas políticas como a abolição das leis anticomunistas no sul.

Diante desses impasses, em agosto de 1973, Kim Yong-ju, irmão de Il Sung e presidente da Comissão Coordenada Norte-Sul, resolveu suspender os diálogos em protesto ao sequestro de Kim Dae-Jung, ocorrido em Tóquio, em 8 de agosto, pelo serviço secreto sul-coreano.[14] Dae-Jung havia sido capturado no hotel onde estava hospedado por membros ligado à máfia japonesa, a *yakuza*, e ao Serviço de Inteligência Nacional da Coreia do Sul (국가정보원, *Kukka Chŏngbowŏn, Kukchŏngwŏn*). Depois de ter sido amarrado em um quarto do hotel, Dae-Jung foi posto a bordo de um barco à deriva no mar em direção à costa coreana.[15] A guarda costeira do Japão conseguiu resgatá-lo a tempo e, posteriormente, ele foi libertado na cidade de Pusan. Aparentemente Park Chung Hee estava ciente de toda a operação em solo japonês. Esse espisódio diplomático delicado azedou as tímidas aproximações entre os dois regimes coreanos.

No âmbito interno da Coreia do Sul, Park Chung Hee e seus seguidores acreditavam que a democracia sul-coreana poderia esperar para lidar com a pobreza generalizada até que a economia do país estivesse desenvolvida o suficiente. De fato, o lema de seu governo era "economia agora, democracia depois".[16] Em resposta à crescente desigualdade social devida aos anos de industrialização urbana, a partir de abril de 1970 o presidente Park passou a implementar o programa de desenvolvimento e modernização agrário, no Movimento *Saemaul* ("Nova Comunidade", 새마을운동), especialmente nas regiões e províncias mais precárias. O programa rural foi inspirado nas tradições comunitárias coreanas de solidariedade, cooperação laboral (*dure*, 두레) e autogoverno (*hyangyak*, 향약). Park estendeu esses conceitos para toda a nação, em uma política voltada para as empresas, escolas e organizações sociais.

Apesar disso, a sociedade sul-coreana tinha mudado e passara a se mostrar cada vez mais crítica ao regime antidemocrático. Em 1973, intelectuais, líderes religiosos, políticos de oposição e líderes estudantis iniciaram uma ampla campanha contra a Constituição *Yusin*. Park reagiu duramente, suprimindo o direito de manifestação com base no Decreto de Emergência n. 1, segundo o qual a lei marcial poderia condenar infratores à pena de até quinze anos de prisão. Mesmo assim, as manifestações se intensificaram e se espalharam pela Coreia do Sul. Com a entrada em vigor de outro decreto emergencial, o de número 4, oito estudantes foram presos e executados e outros catorze sentenciados à pena de morte. Um deles era um poeta e escritor ativista, Kim Chi-ha (1941-2022), que se tornou célebre pelo poema "Cinco bandidos" (*Ojok*), composto durante seu período de prisão, e pelo pseudônimo Jiha ("subterrâneo").[17]

O clima ficou ainda mais tenso no regime sul-coreano quando um agente da Coreia do Norte tentou assassinar o presidente Park no Dia da Independência, 15 de agosto de 1974. O atirador errou o alvo, mas atingiu mortalmente a primeira-dama, que estava junto ao presidente na cerimônia de comemoração.

O regime *Yusin* de Park perdurou com vigor, passando a reprimir e a censurar qualquer manifestação de oposição, mesmo meramente suspeita. Com a vitória dos comunistas no Vietnã em 1975, aumentou o temor do regime de Park perante a ameaça esquerdista, endurecendo ainda mais os decretos de emergência. As medidas draconianas de supressão dos direitos humanos provocaram reações internacionais. Um caso notório foi revelado sobre as ações de um lobista sul-coreano, Tongsun Park, que subornava legisladores dos Estados Unidos em Washington visando impedir o governo de pressionar a Coreia do Sul, no que depois ficou conhecido como o caso *Koreagate*, revelado na imprensa americana em 1976.[18]

Apesar das pressões, Park Chung Hee não buscou reformar seu regime para maior democratização, mantendo a ênfase no desenvolvimento econômico da Coreia do Sul antes de tudo. Em maio de 1979, Kim Young-sam (1927-2015), um ativista social contra a Constituição *Yusin*, foi escolhido para liderar a coalizão por membros de partidos da oposição. Mesmo assim, devido à oposicão política do governo em 1976, Young-sam perdeu seu cargo na Assembleia Nacional graças a aliados de Chung Hee.

Durante anos, Kim Young-sam defendeu uma pressão mais intensa do governo dos Estados Unidos, na figura do presidente Jimmy Carter, sobre o presidente Park Chung Hee em razão dos abusos dos direitos políticos e humanos. Em outubro de 1976, uma grande manifestação estudantil tomou as ruas de Pusan, cidade portuária no sul da península e terra natal de Park. Quando os protestos começaram a ganhar a mídia e a se espalhar para a cidade próxima de Masan, o governo declarou nova lei marcial e forças especiais foram mobilizadas. No mesmo mês, em protesto, os americanos decidiram retirar seu embaixador de Seul, e Kim Young-sam e seus partidários saíram do Novo Partido Democrático da Assembleia Nacional.[19]

A rivalidade política começou a se avizinhar do círculo mais próximo do presidente Park. Isso demonstrava o desgaste e a impopularidade crescentes do regime *Yusin*, que passou a ser criticado inclusive por agentes de segurança e inteligência, além de militares sul-coreanos apoiados por americanos e sob comando nominal das Nações Unidas desde a invasão pela Coreia do Norte em 1950. Para fazer frente ao desafio, Park havia criado um corpo de segurança sob o comando presidencial para suprimir rebeliões e insurreições. O chefe dessa guarda de segurança era o paraquedista Cha Chichol (1934-1979), que ao longo do tempo havia entrado em atrito com o diretor do Serviço Nacional de Inteligência, Kim Jae-gyu (1926-1980). As duas organizações, portanto, começaram a rivalizar por questões cruciais de segurança da Coreia do Sul.

No dia 26 de outubro de 1979, Park manifestou favorecimento à posição de Cha em detrimento dos pedidos de Kim Jae-gyu. Enfurecido, sentindo-se afastado dos favores do presidente em sua maneira de lidar com os protestos e manifestações, Jae-gyu atirou em Park Chung Hee e no chefe da guarda de segurança, Cha Chichol, matando-os. Ele seria depois condenado à pena de morte por enforcamento, em 24 de maio de 1980.

Depois de dezoito anos de governo autoritário, Park Chung Hee construíra uma nação sul-coreana moderna, próspera e industrializada. Frequentemente é dito que a Coreia sob Park foi uma empresa na qual 51% das ações dos grandes conglomerados nacionais pertenciam ao próprio presidente. De fato, o produto interno bruto (PIB) da Coreia do Sul subiu de US$ 2,81 bilhões, em 1962, para US$ 66,95 bilhões, em 1979. A renda per capita aumentou de US$ 106 para US$ 1.748 no mesmo período.[20] Esse desenvolvimento, porém, foi alcançado à custa da supressão de qualquer tendência democrática e livre expressão social e política.

Julgamento de Kim Jae-gyu, no qual ele foi sentenciado à pena de enforcamento. Crédito: Korea Democracy Foundation/Lipeilandscape/Wikimedia Commons.

Na Coreia comunista, a questão sucessória no poder de Kim Il Sung foi divulgada em setembro de 1973, em Pyongyang, apontando seu filho mais velho, Kim Jong Il (1942-2011), que fora nomeado para o segundo posto mais poderoso do regime norte-coreano do Partido dos Trabalhadores, responsável pela propaganda, organização e orientação. Depois que se tornou membro pleno do Comitê do Partido, em fevereiro de 1974, Kim Jong Il tornou-se o herdeiro oficial do "Grande Líder", seu pai.

Nos anos seguintes, Kim filho passou a empreender uma ampla campanha (conhecida como Movimento Revolucionário), em que foi promovida a ideologia *juche* em três dimensões: filosofia, tecnologia e cultura. O sucessor norte-coreano passou, então, a liderar uma nova geração de elite da Coreia do Norte, consolidando seu papel de dirigente nacional.

A sucessão foi oficialmente confirmada no 6º Congresso do Partido dos Trabalhadores, em outubro de 1980, quando Kim Jong Il foi nomeado membro de duas organizações importantes da Coreia do Norte: o Comitê Executivo Político do Partido (ou Politburo) e o Comitê Militar do Secretariado do Partido.[21] O país passava a ser governado pela família de Kim Il Sung por sucessões dinásticas.

A política pautada no *juche* passou a exigir total compromisso e lealdade de cada cidadão norte-coreano, em uma estrutura econômica isolada que estagnou durante a década de 1970. As dificuldades econômicas para o desenvolvimento não foram superadas, apesar do Plano de Seis Anos (1971-1977) e do subsequente Plano de Sete Anos (1978-1984). Devido em grande parte à sua orientação autossuficiente, a economia da Coreia do Norte sofreu com a falta de inovação tecnológica decorrente do tímido contato com o exterior, com a baixa atividade comercial, quase toda controlada pelo Estado, e com as deficiências do setor energético. Mesmo assim, a liderança norte-coreana e sua estrutura partidária mantiveram-se no poder.

No sul da península, o assassinato de Park Chung Hee passou a ser investigado pelo major-general Chun Doo-Hwan (1931-2021), no comando da área de segurança do governo sul-coreano. Ao longo do processo judicial, Chun começou a crescer nos cenários político e militar entre a geração mais nova.

Segundo a Constituição *Yusin*, o chefe de Estado assume as funções da chefia de governo em caso de vacância do cargo, e foi com base nesse dispositivo que Choi Kyu-hah (1919-2006) chegou ao posto máximo da Coreia do Sul em 1979.

Mas nada estava tranquilo. Nos círculos militares, houve grande inquietação sobre o futuro político da República da Coreia. Oficiais da área de segurança e defesa leais a Chun Doo-Hwan, como o major-general Roh Tae-woo (1932-2021), tentaram um golpe de Estado em 12 de dezembro de 1979, que culminou com a prisão de todos os envolvidos no mesmo dia. Como em 1961, os Estados Unidos pouco fizeram para impedir o golpe. Foi assim que Chun e Roh deram o primeiro passo em direção a uma nova hegemonia política.

Após a tentativa de golpe e ao fim de dezoito anos do governo autoritário de Park Chung Hee, no início de 1980 o povo sul-coreano passou a exigir reformas democráticas e mais liberdade política, depois de décadas de crescimento econômico. Líderes políticos da oposição, como Kim Dae-jung, Kim Jong-pil e Kim Young-sam, prepararam-se para concorrer às novas eleições presidenciais. Os militares, no entanto, não pretendiam abrir mão do poder e não se esforçaram para implementar o processo de normalização política.

As manifestações

Em 14 de maio de 1980, houve grande manifestação estudantil pela democratização em Seul. No dia seguinte, dezenas de milhares de jovens encheram o centro da capital sul-coreana e protestaram contra a tentativa dos militares de obstruir a democracia no país. A "Primavera de Seul", contudo, teve vida curta. Em 17 de maio, uma lei marcial foi decretada e todas as atividades políticas foram proibidas. Os militares passaram a reprimir as manifestações nas ruas e campi universitários. Kim Dae-jung e Kim Jong-pil foram presos sob a acusação de insurreição e desordem. Kim Young-sam foi colocado em prisão domiciliar.

Chun Doo-Hwan formou uma junta militar a ser presidida por ele mesmo nas instâncias máximas do poder. Em 18 de maio de 1980, novas manifestações em larga escala foram reprimidas, dessa vez em Gwangju, a sudoeste do país, região natal de Kim Dae-jung. A cidade de Gwangju chegou a ser controlada pelos rebeldes e permaneceu assim por mais de uma semana, o que se tornou inspiração para outras mobilizações ao longo da Coreia do Sul.

No entanto, em 27 de maio, as Forças Especiais entraram na cidade e mataram centenas de manifestantes e estudantes. As estimativas dão conta de que houve 606 mortes.[22] Os Estados Unidos, em maio de 1980, mantinham cerca de 37 mil tropas estacionadas na Coreia do Sul, mas preferiram seguir uma política de não interferência, que os tornou figura criticada pelos democratas e opositores ao regime sul-coreano.

Em setembro de 1980, Chun Doo-Hwan foi eleito presidente pelos delegados da Assembleia Nacional, órgão criado por Park Chung Hee na Constituição *Yusin*. Pouco antes de sua eleição, Chun havia ampliado o mandato presidencial para sete anos. Pressionado pelo golpe de Estado no ano anterior e pela repressão em Gwangju, o presidente Chun passou a promover políticas de apaziguamento, como a abolição do toque de recolher, o abrandamento das leis de segurança e a liberação para viagens ao exterior. Em 1981, para impulsionar a imagem da Coreia do Sul no meio internacional, o governo, com o apoio de *chaebols*, defendeu a hospedagem dos Jogos Olímpicos de 1988 em Seul.

No plano econômico, o governo de Chun passou a colher os frutos de anos de investimento nas indústrias química, metalúrgica e naval durante a década de 1970, sob o presidente Park, e começou a traçar novas metas nos anos 1980 para a indústria leve, de bens de consumo. Devido ao baixo preço do barril de petróleo, dos dólares americanos e dos juros, a indústria sul-coreana havia se consolidado expressivamente nos setores automobilístico, naval e de eletrônicos, que se tornaram sua principal pauta exportadora.

A indústria automotiva serve como exemplo desse boom econômico sul-coreano. Em 1986, surgiu o primeiro carro produzido em massa no país, o Hyundai Excel, que entrou com sucesso no mercado norte-americano. Em 1987, o PIB da Coreia do Sul atingiu a marca de US$ 1,284 trilhão, com renda per capita de US$ 3.098.[23] A capacidade da indústria automobilística sul-coreana aumentou mais de cinco vezes desde 1984, ultrapassando 1 milhão de unidades em 1988. O investimento total na fabricação de automóveis e componentes automotivos foi de mais de US$ 3 bilhões em 1989. A produção total, incluindo ônibus e caminhões, em 1988, totalizou 1,1 milhão de unidades, um aumento de 10,6% em relação a 1987, e cresceu para cerca de 1,3 milhão de veículos (predominantemente automóveis de passageiros) em 1989.[24] Isso refletiu nas exportações. Um ano depois de chegar aos Estados Unidos, o Hyundai Excel tinha vendido mais de 346 mil carros no país; em 1988, a Hyundai já era o quarto maior exportador no setor para os Estados Unidos.[25]

A dura sucessão no norte

No norte coreano, no 6º Congresso do Partido dos Trabalhadores da Coreia, em 10 de outubro de 1980, o presidente Kim Il Sung propôs uma fórmula de reunificação da península, a ser estabelecida na forma confederativa, como a República Democrática Confederada de Koryo.[26] O governo proposto seria um Estado com dois sistemas, ficando o governo central responsável pelas questões de assuntos internacionais e militares, enquanto cada um dos dois governos teria total autonomia interna. Embora a ideia de Kim Il Sung tenha parecido plausível, a decisão sobre quem controlaria o governo central permaneceu incerta.

Em 1982, o presidente Chun Doo-Hwan propôs uma contrapartida, sua própria fórmula de reunificação coreana, em que seria adotada uma constituição democrática unida. Tendo em vista as dificuldades das negociações entre o norte e o sul, essa ideia também pareceu irreal.

Em outubro de 1983, a perspectiva de união tornou-se impraticável quando um terrorista norte-coreano plantou uma bomba na tentativa de assassinar o presidente Chun em visita diplomática à Birmânia (atual Mianmar). O presidente saiu com vida, mas dezessete membros de sua delegação foram mortos.

As conversas unitaristas se resumiram às questões humanitárias relativas a famílias separadas desde a Guerra da Coreia. Nesse sentido, em setembro de 1985, pela primeira vez desde 1953, membros de famílias do sul e do norte atravessaram Panmunjom, na Área de Segurança Conjunta da ONU da Zona Desmilitarizada. Um grupo de norte-coreanos visitou familiares em Seul, enquanto sul-coreanos selecionados foram recebidos em Pyongyang.

Ao longo da década de 1980, o sistema norte-coreano começou a se solidificar em um monólito de culto aos Kim. As publicações e a campanha ideológica e propagandística começaram a construir o mito da vida de Kim Jong Il. Supostamente, ele teria nascido em um acampamento secreto na montanha sagrada de Baekdu (que teria originado Dangun, a figura fundadora da nação coreana). Kim filho teria sido um aluno brilhante e teria formulado planos de Estado ainda jovem, incluindo atentados contra a Coreia do Sul, como o que aconteceu na Birmânia, em 1983, assim como o ocorrido contra o voo 858 da Korean Air, em pleno ar sobre o mar de Andamão, em 29 de novembro de 1987.[27] No início da década de 1990, ele já havia se tornado comandante supremo do Exército do Povo Coreano e primeiro presidente da Comissão de Defesa Nacional, nomeado em 9 de abril de 1993.

O árduo caminho pela democracia

Ao sul do paralelo 38, a partir de meados da década de 1980, a sociedade começou a se mobilizar mais uma vez pedindo a revisão da Constituição *Yusin* a fim de instituir a votação popular para a presidência. No entanto, o presidente Chun Doo-Hwan manteve-se firme. Em 10 de junho de 1987, a morte de um estudante por tortura policial desencadeou outra grande manifestação no centro de Seul. O evento deixou claro que as contestações tinham crescido para além dos oposicionistas e esquerdistas sul-coreanos.

Relutantemente, o presidente Chun e seu candidato sucessor, Roh Tae-woo, cederam às demandas populares e anunciaram, em 29 de junho, a aceitação da eleição presidencial direta. Essa eleição ocorreu finalmente em dezembro de 1987, para um mandato presidencial de cinco anos, modificando a constituição. Foi a primeira votação universal direta para presidente em dezesseis anos. Com 36% dos votos, Roh Tae-woo acabou vencendo Kim Young-sam e Kim Dae-jung, que não conseguiram se unir na oposição democrática. No entanto, nas eleições legislativas posteriores, realizadas em abril de 1988, o partido de Roh não conseguiu maioria parlamentar e se viu obrigado a formar uma coalizão com Kim Young-sam e Kim Jong-pil, alienando de vez Kim Dae-jung da política sul-coreana.

O verão de 1988 marcou o momento de maior visibilidade de Seul e da Coreia do Sul em décadas. Em setembro, a capital sediou a 24ª edição dos Jogos Olímpicos, com ampla participação dos países comunistas depois do boicote aos jogos anteriores, de 1984, em Los Angeles. A Coreia do Norte foi a única que não enviou representantes nem atletas.

As Olimpíadas de Seul refletiram os novos tempos e a esperança de uma península unificada e da paz mundial nos anos finais da Guerra Fria. Ao mesmo tempo, o evento deu oportunidade à Coreia do Sul para demonstrar seu desenvolvimento econômico e comprometimento democrático recente. Aproveitando a enorme visibilidade, o governo de Roh Tae-woo buscou melhorar a imagem do país depois de anos de repressão antidemocrática e de abusos de direitos humanos.

A partir de fevereiro de 1989, no contexto das mudanças na Europa, a Coreia do Sul estabeleceu relações diplomáticas com a Hungria e, depois, com a União Soviética (em setembro de 1990) e com a China comunista (em agosto de 1992). Buscando o diálogo com o vizinho ao norte, o presidente Roh propôs uma série de visitas em sua declaração de 1988. Para fins de unificação da península, em 1989 Roh apresentou um programa para uma Comunidade Nacional Unificada[28] e as duas Coreias entraram com representações próprias na ONU, em 17 de setembro de 1991, depois de meses de intercâmbio esportivo e cultural acordado entre Seul e Pyongyang. Em 13 de dezembro foram assinados acordos de alto nível sobre reconciliação entre as partes, almejando a cooperação, trocas e a não agressão. Os dois lados coreanos concordaram em reconhecer reciprocamente a existência de seus governos, respeitando-se nas diferenças e na autonomia de cada um.

Embora tenha sido um grande gesto diplomático, ainda não haviam sido reconhecidos acordos sobre a liberdade de imprensa e manifestação, o que resultou em crescentes movimentos de protesto de trabalhadores de colarinhos azuis, operários da indústria, e de colarinhos brancos, como professores e jornalistas na Coreia do Sul. A reação ganhou força depois que o número de sindicatos e associações trabalhistas aumentou consideravelmente a partir de 1987. Essas entidades tinham, porém, pouca legalidade aos olhos do governo, que reconhecia apenas a Federação dos Sindicatos Coreanos (*Han'guk Nodong Chohap Ch'ongynmaeng,* 한국노동조합총연맹), criada em 1960 para representar toda a classe trabalhadora no país.[29] Greves e paralisações de outras associações não reconhecidas pelo governo tornaram-se cada vez mais frequentes no país, no fim da década, e a turbulência passou a afetar o desempenho econômico da nação.

Uma das maiores mobilizações de trabalhadores eclodiu entre julho e agosto de 1987, momento em que mais de 3 milhões de manifestantes exigiram melhores salários e condições de trabalho, além de sindicatos reconhecidos pelas autoridades. Pouco antes, em junho, várias cidades sul-coreanas foram tomadas por protestos exigindo o voto direto e a democracia no país. O momento histórico parecia apontar para mudanças e reformas.

Com o objetivo de ceder aos protestos e não desejando agir como fizera em face das manifestações de Gwangju em 1980 (ainda mais na véspera das Olimpíadas de 1988), o governo abriu diálogo e prometeu eleições livres, anunciadas pelo próprio Chun Doo-Hwan. Afrontosamente, porém, o presidente apontou seu sucessor para liderar a transição para um regime democrático. Para essa tarefa, foi escolhido Roh Tae-woo, um aliado próximo do ex-presidente. O mandato de Roh perduraria até 1993.[30]

Nas eleições presidenciais de dezembro de 1992 na Coreia do Sul, os dois candidatos democráticos, Kim Young-sam e Kim Dae-jung, saíram à frente nas pesquisas. O presidente do grupo Hyundai, maior *chaebol* do país, Chung Ju-yung (1915-2001), também registrou sua candidatura como dissidente do regime anterior. Young-sam, que havia feito coalizão com o partido governista de Roh, venceu as eleições.

Primeiro presidente civil sul-coreano em 32 anos, Kim Young-sam investiu no processo de democratização do país. Sua gestão foi marcada por denunciar os abusos do regime militar do passado e por legitimar a forma de governo com base na Segunda República (1960-1961) de Chang Myon e da Primeira (1948-1960) de Syngman Rhee, indo até mesmo ao governo provisório da República da Coreia sediada em Xangai durante a ocupação japonesa. Na intenção de destruir o passado de opressão, Young-sam mandou demolir o antigo prédio do governador-geral japonês (*Joseon-chongdokbu Cheongsa*, 조선총독부 청사), o "Capitólio de Seul", em novembro de 1996. No campo político, o novo presidente passou a perseguir e a condenar membros corruptos e militares do regime autoritário anterior.

Kim Young-sam conseguiu levar a julgamento os dois presidentes anteriores, Roh Tae-woo e Chun Doo-Hwan. Apesar de terem sido condenados pelo envolvimento no golpe de dezembro de 1979 e pelas repressões em Gwangju, em maio de 1980, ambos foram anistiados em março de 1993, com outros 41 mil presos.[31]

No início dos anos 1990, a Coreia do Sul de Kim Young-sam passou a sofrer pressões globais para liberalizar seu mercado. Em agosto de 1993, o presidente Kim reformou, para tal fim, as práticas bancárias ao adotar um sistema de transações em tempo real para maior transparência financeira. Em dezembro, o governo sul-coreano assinou o Acordo da Rodada Uruguai, que abriu de vez a maioria de seu mercado interno, incluindo commodities, finanças, construção, distribuição e serviços.

Em setembro de 1996, a Coreia do Sul foi admitida para o seleto grupo de países desenvolvidos membros da Organização para a Cooperação e Desenvolvimento Econômico (OCDE). De fato, o país apresentava altos índices de desenvolvimento, chegando sua renda per capita a US$ 10 mil em 1996, uma renda que cresceu consistentemente, em média, 5% por ano ao longo dessa década.[32]

A estagnação do norte

No norte da península coreana, o crescente isolamento do regime complicou a sobrevivência econômica do país na década de 1980, o que se agravou depois da queda dos regimes comunistas em 1989. A economia norte-coreana até então havia persistido em seu esforço de autossuficiência (*juche*), recebendo ajuda com alimentos e petróleo vindos da China e da União Soviética. No entanto, dispondo de pouca terra arável e de escassos recursos energéticos, a Coreia do Norte foi obrigada a barganhar como pôde sob o comando de Kim Jong Il. Após o colapso do Muro de Berlim, a União Soviética cortou o fornecimento de petróleo, passando, a partir de então, a exigir pagamento em divisas internacionais. Da China, igualmente, foi exigido que Kim Jong Il reformasse sua economia de mercado aberto.

O governante norte-coreano, então, se viu forçado a optar por uma estratégia crucial para a sobrevivência de seu regime. Desde 1980, na pequena cidade de Yongbyon, a cerca de 100 quilômetros de Pyongyang, estivera em desenvolvimento um centro de pesquisas e usina nuclear experimental. Em 1986 foram obtidos os primeiros resultados positivos do material radiativo. A usina e o centro de pesquisa nuclear de Yongbyon (*Nyeongbyeon haeksiseol.* 녕변핵시설) começaram a despertar a atenção mundial quando imagens de satélite, publicadas no *New York Times*, em 1989, revelaram sua existência. Os resíduos acumulados de urânio da usina poderiam ser usados na fabricação de armamento nuclear, algo que os Estados Unidos começaram a monitorar de perto.

Apesar de ter ratificado o acordo do Tratado de Não Proliferação Nuclear (TNP) em 1985, a Coreia do Norte se recusou a receber uma equipe de investigação da Agência Internacional de Energia Atômica (AIEA). A partir de então, Kim Jong Il passou a barganhar por sua posição nuclear, a fim de obter ajuda econômica internacional, chegando mesmo a anunciar sua retirada do TNP em 1993. Mas a ameaça não chegou a se concretizar. Em julho de 1994, Kim concordou em abolir o desenvolvimento do programa de Yongbyon sob a condição de que os americanos e seus aliados providenciassem ajuda nuclear para a construção de reatores de água leve para atender às demandas energéticas. Essas estações, evidentemente, não produziriam combustível que pudesse ser usado em armas nucleares. O acordo foi selado durante uma visita do ex-presidente Jimmy Carter a Pyongyang em missão não oficial – ele também impôs como condição o prosseguimento das negociações com o regime sul-coreano.

Alguns meses antes da visita de Jimmy Carter, Kim Young-sam tinha realizado reuniões com norte-coreanos a fim de negociar a soltura de presos comunistas na Coreia do Sul. Ao ser informado da missão de Carter no norte, Young-sam propôs uma reunião de cúpula norte-sul. Em 28 de junho de 1994, foram realizados os primeiros contatos preliminares entre delegados dos dois países asiáticos. Entretanto, Kim Il Sung, que negociara para a parte norte-coreana, morreu de infarto em 8 de julho, e as negociações foram interrompidas.

Fazia anos que Kim Jong Il havia ascendido ao cargo de governante de fato na Coreia do Norte, muito antes da morte de seu pai, o "Grande Líder" da nação. Visando respeitar a posição única de Kim Il Sung, foi preservado seu cargo de presidente, e Kim filho assumiu apenas a função de presidente da Comissão Nacional de Defesa, embora efetivamente fosse o líder inconteste. Uma vez no poder, sem qualquer obstrução, Kim Jong Il passou a adotar uma posição mais assertiva sobre a questão nuclear com os Estados Unidos.

Em outubro de 1994, o governo norte-coreano e os Estados Unidos assinaram um novo acordo, em que foi prometida a interrupção das operações da estação de Yongbyon, em troca do fornecimento pelos Estados Unidos e aliados de 5 mil toneladas de petróleo anualmente até que fosse concluída a construção de duas instalações nucleares de água leve na Coreia do Norte. Para tanto, foi estabelecida em 15 de março de 1995 a Organização de Desenvolvimento de Energia da Península Coreana (Korean Peninsula Energy Development Organization, KEDO), na qual a Coreia do Sul, o Japão, a União Europeia e outros países participariam financeiramente da construção das estações de água leve.[33]

Desse modo, Kim Jong Il conseguiu assegurar o fornecimento energético de petróleo, desesperadamente necessário para a economia norte-coreana. Mas ainda havia a questão da carência alimentar. Em 1995, a China passou a exigir o pagamento por divisas internacionais de seu suprimento de alimentos para a Coreia do Norte. No mesmo ano, Kim Jong Il passou a pleitear ajuda alimentar para as Nações Unidas, pelo

Programa Alimentar Mundial (PMA), a fim de atender a áreas emergenciais atingidas pela fome. Para justificar sua solicitação à agência internacional, Kim Jong Il apresentou como causa da fome e morte de cerca de 5 milhões de norte-coreanos inundações sem precedentes. Foi nesse veio que a mídia norte-coreana passou a divulgar imagens de milhões de coreanos em situação famélica, o que chocou a opinião internacional.

Apesar disso, os inspetores do PMA puderam visitar apenas uma área limitada do país e não conseguiram confirmar a crise generalizada, nem as causas destrutivas das supostas inundações em 1995. Mesmo assim, o governo norte-coreano insistiria na crise humanitária até 1997, quando o PMA resolveu atender aos pedidos.[34]

A crise e o renascimento do sul

No sul coreano, o presidente Kim Young-sam enfrentou uma grave crise financeira em 1997. O colapso se instalou depois de anos de investimentos e empréstimos de bancos coreanos a juros baixos em mercados de alto risco no Sudeste Asiático e na Rússia. Quando os investidores internacionais se retiraram dos mercados de risco da Indonésia e Tailândia, a crise se alastrou pela Ásia. A Coreia do Sul não ficou imune a isso.

O governo de Kim se viu obrigado, assim, a pedir ajuda ao Fundo Monetário Internacional (FMI) para resgatar os bancos sul-coreanos da moratória. A popularidade do governo de Young-sam desabou.

Em 3 de dezembro de 1997, o FMI concordou em fornecer US$ 58,4 bilhões em um pacote de resgate. Em troca, a Coreia do Sul foi obrigada a adotar medidas de reestruturação e reformas financeiras – 787 instituições financeiras insolventes foram fechadas –, além de promover um corte nos gastos governamentais.[35]

As eleições presidenciais sul-coreanas ocorreram como esperado, em 18 de dezembro de 1997. Desta vez, Kim Dae-jung se posicionou como opositor e concorreu contra o candidato da situação, o ex-primeiro-ministro de Kim Young-sam, Lee Hoi-chang (1935-). Em 3 de dezembro, alguns dias antes do pleito, o governo sul-coreano havia sancionado o primeiro pacote de resgate financeiro do FMI, no valor histórico de US$ 57 bilhões, sob duras condições.[36]

A sociedade sul-coreana, que havia desfrutado de décadas de prosperidade, sofreu com as amargas demissões exigidas pelo plano de reestruturação do FMI e a alta das taxas de juros. Insatisfeita, a maioria do eleitorado escolheu nas urnas o oposicionista Kim Dae-jung. Uma vez empossado na presidência, Kim Dae-jung agiu rapidamente para resolver o problema da crise financeira da Coreia do Sul.

Os desafios foram enormes. Foram feitas incontáveis reformas econômicas e financeiras: maior flexibilidade cambial, restrição da política monetária, reformas estruturais e abertura ao mercado financeiro internacional. Ademais, houve redução de despesas governamentais, aumento da taxa de juros, liberalização do comércio e controle dos grupos de monopólios que impediam a livre concorrência. A sociedade sul-coreana sentiu os efeitos dessas reformas. Em 1999, o desemprego quase chegou a 7% e 80% da população sofreu diminuição de seu poder aquisitivo.[37]

Em 2000, a Coreia do Sul já havia saldado parte substancial de seu empréstimo ao FMI. Em 1997, as reservas cambiais somavam US$ 20,47 bilhões. No ano 2000, as reservas eram de quase US$ 100 bilhões.[38] O mercado internacional e as agências de avaliação de risco passaram a acreditar na estabilidade da economia sul-coreana.

Com a estabilidade econômica e financeira recuperada, o presidente Kim Dae-jung passou a formular uma nova política de unificação da península. Na condição de líder da oposição liberal que havia por anos clamado por uma postura mais negociadora com a Coreia do Norte, o presidente Kim Dae-jung fora rotulado pelos militares e conservadores de liberal e marginalizado demais no sistema político autoritário sul--coreano. Agora presidente, Dae-jung assumiu uma nova postura com a "Política da Luz do Sol" (*Haetbyeot jeongchaek*, 햇볕 정책), termo inspirado em uma das fábulas de Esopo, "O vento do norte e o sol", que enfatiza a superioridade do poder de persuasão sobre o uso da força. Sob essa nova política, o governo sul-coreano prestaria assistência econômica ao norte em vez de buscar estrangulá-lo por pressões e bloqueios, visando, assim, persuadir Pyongyang das vantagens de uma maior integração.

No veio dessa nova política, o presidente sul-coreano tinha conseguido que um dos maiores empresários do país, dono do maior *chaebol*, o Grupo Hyundai, contribuísse para a política de investimentos e empréstimos para o regime do norte. Foi assim que, em junho de 1990, Chung Ju-yung atravessou a fronteira militarizada para o norte, levando milhares de cabeças de gado para fornecer alimento e aliviar a pressão da fome. O ato, apesar de comovente, surtiu pouco efeito integrativo no norte-coreano. Isso se aliou ao ceticismo de muitos cidadãos da Coreia do Sul em relação à pouca inclinação de Kim Jong Il a buscar reformar a estrutura de poder e a liberalizar a economia da Coreia do Norte.

As novas atitudes de conciliação com o norte não surtiram efeito entre a geração mais nova dos sul-coreanos, que nunca haviam experimentado as consequências da fratura da península e do regime autoritário do general Park Chung Hee. Foi nesse contexto que uma divisão ideológica começou a se evidenciar na Coreia do Sul, na virada do século, entre o idealismo dos jovens e o ceticismo conservador dos mais velhos.

A "Política da Luz do Sol" de Kim Dae-jung continuou como meta de governo, para buscar investimentos para o norte do paralelo 38, requisitar apoio internacional e convencer Kim Jong Il à mudança de regime. O Grupo Hyundai, por exemplo, chegou a investir na região das montanhas Kumkang (*Kumkangsan*), um grandioso projeto turístico na Coreia do Norte. Em um momento culminante, em 13 de junho de 2000, o próprio presidente Kim Dae-jung foi visitar oficialmente Kim Jong Il em Pyongyang. No evento, os dois líderes concordaram com uma nova cooperação entre as duas nações irmãs. Disso resultou a Declaração Conjunta Norte-Sul, de 15 de junho, que enfatizou a importância do esforço de conciliação das diferenças e do projeto de unificação da península, além de questões humanitárias, cooperação econômica e intercâmbio. Kim Jong Il prometeu retribuir a visita no futuro.

O idealismo do encontro resultou em desconfianças dos setores mais conservadores da Coreia do Sul, segundo os quais uma forma confederativa da península apenas manteria o regime comunista norte-coreano, que, com o tempo, poderia se alastrar para o sul. Não obstante, apesar das críticas manifestadas, a Declaração Conjunta foi o único consenso conseguido entre o norte e o sul coreano em décadas. Em reconhecimento por seus esforços diplomáticos intercoreanos, Kim Dae-jung foi agraciado com o Prêmio Nobel da Paz de 2000.

A península coreana, fraturada desde 1953, como dois irmãos separados, conheceu rumos diferentes para cada república, que as distanciaram cada vez mais. O trabalho de reconstrução depois da guerra foi enorme, assim como os desafios a serem superados: fome, inflação, crime, desemprego.

A busca de um regime próprio e o sonho da unificação

No norte coreano, a ajuda dos chineses e dos soviéticos alavancou o soerguimento de uma região com importantes reservas minerais. O regime nascente de Kim Il Sung implementou reformas significativas, como a reforma agrária, expropriando terras que antes pertenciam a japoneses ou coreanos refugiados.

Mas essa retomada teve seu revés. Il Sung passou a concentrar cada vez mais poder em suas mãos, perseguindo ou executando qualquer indivíduo que oferecesse o risco da dissidência. Foi erguido um regime com ideologia própria, o *juche*, que buscou na força de seu povo a possibilidade de maior autarquia e isolamento internacional. O custo disso tudo pesa sobre a sociedade norte-coreana até os dias atuais: vigilância e supressão. Um regime que se apoia no numeroso (e oneroso) setor militar, e que se perpetua no poder de maneira dinástica na família Kim.

Ao sul da península, a república nascente após a tragédia da Guerra da Coreia enfrentou graves desafios à democracia. Após 1953, Syngman Rhee se viu cada vez mais acuado e ameaçado ao tentar se manter no poder depois de três mandatos presidenciais. A sociedade reagiu a isso em 1960 e, após alguns anos, os militares chegaram ao poder na figura de Park Chung Hee. Este, ganhando popularidade ao governar um país com expressivo crescimento econômico nas décadas de 1960 e 1970, resolveu se manter no poder, aumentar a vigilância sobre a oposição e reprimir os protestos, promulgando a Constituição *Yusin* em 1972.

Na década de 1980, após Chung Hee, os sul-coreanos tomaram as ruas em manifestações de estudantes como a de Gwangju, em 1980, ou de trabalhadores como a de Seul em 1987. As Olimpíadas de 1988 foram uma vitrine que exibiu orgulhosamente o país, que aos poucos promovia a abertura política. Após a dramática crise de 1997, a República da Coreia mostrou-se confiante à comunidade das nações, exportando não somente produtos como carros e eletrônicos, mas também seu *soft power*: canções, novelas e seriados.

As duas Coreias percorreram caminhos muito diferentes. As diferenças entre os dois regimes os distanciaram tanto que restaram apenas memórias recuadas dos mais velhos, aqueles que experimentaram os horrores da guerra, além da dolorosa lembrança de familiares e amigos que ficaram do outro lado da fronteira.

Propostas de unificação foram negociadas, mas os interesses de cada governo colidem: um não abre mão de seu poder político, alicerçado sobre uma estrutura militar; outro busca expandir seu poderio econômico. Rusgas de dois irmãos, um ao norte, outro ao sul, marcam a história recente da península coreana.

EPÍLOGO

Armas. Migrações. Estudiosos. Criações. Resistências. Adaptações. Obras. Tragédias. Sábios como o rei Sejong, que congregou as mentes mais brilhantes para criar um sistema alfabético para os coreanos. Heróis como o almirante Yi Sunsin, que soube inventivamente vencer a frota japonesa. Guerras tão catastróficas que fraturaram a península em duas depois de 1953. Contos tão profundos que ainda hoje se comemora o nascimento do ancestral de todos os coreanos, Dangun. Vítimas e resistência que ecoam além das fronteiras, como os milhares de meninas e mulheres que não puderam ter seu nome registrado, ou as que sofreram nas mãos de invasores e dos japoneses. A Coreia, no conjunto de sua história, é um repositório da grandeza e tragédia humanas. Foi palco de intensos combates, migrações, tensões e contestações. Tudo isso moldou a nação coreana, com sua criatividade e energia, poder de adaptação e inventividade, cicatrizes e lutas.

Este livro ofereceu uma breve narrativa sobre a trajetória épica desse povo, que tem sua memória gravada nos *Memorabilia dos três reinos* e na *História dos três reinos*, nos *Anais da dinastia Joseon* e nos sagrados ensinamentos do Tripitaca budista. São lendas e personagens que permeiam o passado coreano e servem como base para compreendermos sua história.

Recuamos para as linhas mais remotas dos *Memorabilia dos três reinos*, que conta sobre os primeiros deuses e ancestrais dos coreanos, sobre o monte sagrado de Baekdu, sobre Dangun, neto de deuses e filho de Hwanung, e sobre uma ursa tornada mulher. Depois nos debruçamos sobre o surgimento das primeiras cerâmicas e peças de bronze. Dali, passamos a considerar o primeiro reino coreano, Gojoseon, que depois suportaria as invasões chinesas da dinastia Han, que por sua vez se fragmentaria em reinos – Mahan, Pyonhan e Chinhan –, ainda no século I a.e.c.

Esses reinos se submeteram à hegemonia de um império advindo do norte, Koguryo, nas primeiras décadas de nossa era. Mas não por muito tempo: a península orbitou novamente em diversos reinos – os de Paekche, Kaya e Silla. Esse último, aliando-se aos chineses da dinastia Tang, unificou toda a Coreia no século VII, apesar da resistência ao norte, por parte do reino de Parhae.

Algumas décadas depois da nova fragmentação da península, em fins do século IX, o reino de Koryo se sobrepôs a todos, inaugurando mais um período de unificação e estabilidade. Essa ordem seria abalada somente pelas invasões mongóis, no século XIII.

Contudo, Koryo sobreviveu, como vassalo, e, após a queda dos mongóis na China, líderes coreanos rapidamente tomaram o poder na península e proclamaram sua última dinastia, a Joseon, em 1392. A partir de então, os coreanos se sedimentaram em torno dos princípios neoconfucianos, distanciando-se dos manchus, no poder chinês desde 1644, e dos japoneses.

A partir de meados do século XIX, a península testemunhou um interesse crescente por sua região, advindo dos russos, americanos, franceses, chineses e, de maneira mais veemente, dos japoneses. Estes, tendo vencido os chineses em 1895, passaram a interferir diretamente na política coreana, tornando-a parte de seu império a partir de 1910.

Seguiram-se décadas de resistência, como a mostrada nos massivos protestos de maio de 1919, e de humilhação. Como não se comover com a mensagem deixada pela estudante Yu Gwansun, que morreu na prisão pelos protestos a favor da independência coreana? Com a derrota japonesa na Segunda Guerra Mundial, abriu-se um vácuo a ser preenchido pelas duas superpotências da época, Estados Unidos e União Soviética. Os soviéticos endossaram o jovem oficial Kim Il Sung no norte coreano, e os americanos, reticentes a princípio, acabaram por apoiar o regime republicano de Syngman Rhee. Ambas as repúblicas foram proclamadas em 1948.

Em junho de 1950, a sombra da guerra avançou sobre a Coreia. Os comunistas de Il Sung quase tomaram o controle de toda a península, mas os americanos, liderados por MacArthur, empreenderam uma fulminante contraofensiva, perseguindo os comunistas coreanos até o território chinês. Esse resultado trouxe novo alento e suscitou avanços das tropas comunistas coreanas e chinesas aliadas para o sul. Os embates culminaram em um impasse ao longo do paralelo 38, e longas negociações foram feitas até o assinar de um cessar-fogo em julho de 1953.

Desde então, a Coreia se fraturou em duas repúblicas. Uma delas, ao norte, isolou-se cada vez mais, no regime dinástico da família Kim, cujo neto de Il Sung está no poder atualmente. Ao sul, a república segue resguardada pela presença de tropas americanas ao longo da fronteira, mantendo regimes anticomunistas, tecnocratas e desenvolvimentistas. A Coreia do Sul, como testemunhamos nas últimas décadas, alcançou expressivo crescimento econômico e instituiu um regime democrático. Não se pode afirmar isso do Estado ao norte do paralelo 38.

Os desentendimentos ainda afloram na península, amplificados por interesses internacionais, já que outros países não querem perder um aliado – e, portanto, um posicionamento estratégico – no Leste Asiático. Russos e chineses não desejam perder o regime de Pyongyang. Os Estados Unidos tampouco almejam retirar suas tropas da fronteira desmilitarizada do paralelo 38.

Caberá ao tempo revelar se a histórica unidade coreana será restabelecida ou se caminharemos para um lento desgaste dos dois lados da fronteira, torcendo por nenhuma hecatombe flagelar a população da península.

AGRADECIMENTOS

Os estudos coreanos ainda engatinham no Brasil. No entanto, como alento, uma nova geração vem aos poucos sanando esse quadro. Estudantes, professores, pesquisadores e fãs começam a considerar a importância do conhecimento dessa história e dessa cultura. Na Universidade Federal de Pernambuco (UFPE), a Curadoria de Estudos Coreanos, conduzida por Maria Clara Moraes e Vitória Ferreira Doretto, integra o Centro de Estudos da Ásia (CEASIA). Na Universidade Federal Fluminense (UFF), a professora Krystal Cortez vem pesquisando há anos sobre a cultura coreana no Brasil. O professor Luis Girão, que escreve e pesquisa sobre literatura coreana. Os professores que foram referência por anos sobre a Coreia do Norte, Paulo Visentini e Analúcia Danilevicz.

Na Universidade de São Paulo (USP), há o curso de Letras com habilitação em Coreano, onde lecionam as professoras Ji Yun Kim e Yun Jung Park. Na Universidade de Campinas (Unicamp), diversos acordos foram firmados visando promover o intercâmbio com universidades da Coreia do Sul. Em São Paulo, o Centro Cultural Coreano, na avenida Paulista, é um oásis para os amantes dessa civilização. A expressiva população descendente de coreanos no Brasil, além disso, constitui valiosa testemunha e memória que devemos pesquisar.

Disso nasceu uma geração que desbrava a história e a cultura coreanas. Bruna Giglio e Denise Nobre, que organizam as gravações do programa *Sarangbang* em São Paulo, sobre literatura coreana, assim como

Clarissa Melo, Anissa Golshan, Matheus de Sá, Renata Spolidoro, Luciana Aere, Monique Pak, Luara França, Lígia Alves, Patrizia Zagni, Gleice Couto, Bia Lombardi e Ricardo Assis, que tanto me ajudaram a dar vida a este livro. Daniela Mazur, que pesquisa sobre os estudos *hallyu*, e a professora Mayara Araújo, sobre mídia e cultura coreanas. Helmer Marra, que pesquisa sobre a indústria *K-pop*. Mariana Pacheco, que defendeu seu doutorado na área na PUC de São Paulo.

Há muitos outros de cujos nomes, com a lástima de minha memória no momento da escrita destas linhas, não me recordo. Todos eles carregam o futuro dos estudos coreanos neste país, e espero, com este livro, contribuir um pouco para esse processo.

Por último, no âmbito mais pessoal, toda minha luz e brilho não poderiam ter existido sem os anos de dedicação e descobertas nos livros e no mundo aos meus pais, Weber e Mercedes, aos anos de companhia e aventuras nas longitudes asiáticas, Míriam Chagas, e ao meu pequenino valente canino, Tito. Deixo a esses últimos meu sopro de vida.

NOTAS

Introdução

[1] LEE, Ki-Moon; RAMSEY, S. Robert. *A history of the Korean language*. Cambridge, MA: Cambridge University Press, 2011. p. 15-16.

1. Das brumas das origens

[1] ILYON. *Samguk yusa*: legends and history of the three kingdoms of Ancient Korea. Tradução Tae Hung Ha. New York: Silk Pagoda, 2008. Livro I. Parte I. Wonder I (The founding of kingdoms).

[2] TUDOR, Daniel. *Korea*: the impossible country. South Korea's amazing rise from the ashes – the inside story of an economic, political and cultural phenomenon. Clarendon: Tuttle, 2012. p. 4; KIM, Chun-Kil. *The history of Korea*. Westport: Greenwood Press, 2005. p. 20; SETH, Rasmussen. *Igniting the chemical ring of fire*: historical evolution of the chemical communities of the Pacific Rim. New Jersey: World Scientific, 2018. p. 173.

[3] PARK, Jang-Sik; GORDON, Robert B. Traditions and transitions in Korean bronze technology. *Journal of Archaeological Science*, v. 34, n. 12, p. 1991-1992, Dec. 2007.

[4] A principal fonte sobre Wiman se dá na obra clássica de Sima Qian, historiador chinês dos séculos I e II a.e.c. QIAN, Sima. *Records of the grand historian*. Tradução Burton Watson. New York: Columbia University Press, 1993. vol. Han Dynasty II. cap. (*shi ji*) 115.

[5] BYINGTON, Mark E. (org.). *Early Korea*. Cambridge: Korea Institute: Harvard University, 2009. v. 2: The Samhan period in Korean history. p. 142 (tradução minha).

[6] KWON, O-Jung. The history of Lelang commandery. *In*: BYINGTON, Mark E. (org.). *The Han commanderies in early Korean history*. Cambridge: Harvard University Press, 2014. p. 96-98.

[7] JEON, Ho-tae. *Koguryo, the origin of Korean power and pride*. Seoul: Northeast History Foundation, 2007. p. 25-27.

8 KIM, Jinwung. *A history of Korea*: from "land of the morning calm" to States in conflict. Bloomington: Indiana University Press, 2012. p. 35-36.

9 CHOI, Jongtaik. The development of the pottery technologies of the Korean peninsula and their relationship to neighboring regions. *In*: BYINGTON, M. E. (org.). *Early Korea 1*: reconsidering early Korean history through archaeology. Seoul: Korea Institute: Harvard University Press, 2008. p. 157 e 176-187.

2. A primeira unificação

1 KIM, Jinwung *et al*. How did the weaker actor defeat the stronger actor? Koguryŏ's War with Sui (612-614) revisited. *Sungkyun Journal of East Asian Studies*, v. 18, n. 2, p. 225-244, 2018.

2 Embora os registros sejam escassos, a escravidão provavelmente existiu durante o período dos "três reinos" e claramente existiu durante o período de Silla. LOVINS, Cristopher. Korea: a slave society. *In*: ALLEN, Richard B. (org.) *Slavery and bonded labor in Asia*: 1250-1900. Leiden: Brill, 2021. p. 179.

3 LEE, Peter H. Hyangga. *In*: LEE, Peter H. (org.). *A history of Korean literature*. Cambridge: Cambridge University Press, 2009. p. 73 (tradução minha, do inglês).

4 JEONG, Byeong-Jo. *Master Wonhyo*: an overview of his life and teachings. Seoul: Diamond Sutra, 2010. p. 22-33.

5 LOPEZ JR., Donald S. *et al. Hyecho's Journey*: the world of Buddhism. London: University of Chicago Press, 2017. p. 62.

6 KIM, Duk-Whang. *A history of religions in Korea*. Seoul: Daeji Moonwha-sa, 1988. p. 118.

7 YU, Chai-Shin. *The new history of Korean civilization*. Bloomington: iUniverse, 2012. p. 40.

3. O grande ancestral e as admiráveis obras

1 ADAMS, Edward Ben (org.). Korea's Golden Age: cultural spirit of Silla in Kyongju. Vermont: Tuttle Publishing, 1991. p. 27-30.

2 CARRIERE, Frederick F. *Silla Korea and the Silk Road*: Golden Age, Golden Threads. Seoul: The Korea Society, 2006. p. 42.

3 HURST III, G. Cameron. The good, the bad and the ugly: personalities in the founding of the Koryo Dynasty. *Korean Studies Forum*, Seoul: Korean-American Educational Commission, n. 7, summer–fall 1981. p. 6-7.

4 PRATT, Keith; RUTT, Richard. *Korea*: a historical and cultural dictionary. London: Routledge, 1999. p. 466.

5 BREUKER, Remco. The Ten Injunctions. *In*: BREUKER, Remco. *Establishing a pluralist society in Medieval Korea, 918–1170*: history, ideology and identity in the Koryŏ dynasty. Leiden: Brill, 2010. p. 351-406.

6 DUK-KYU, Jin. *Historical origins of Korean politics*. Seoul: Jisik Sanup Publications, 2005. p. 261.

7 SHULTZ, Edward J. *Generals and scholars*: military rule in Medieval Korea. Honolulu: University of Hawaii Press, 2000. p. 4.

8 BREUKER, R. *Establishing a pluralist society in Medieval Korea, 918-1170*: history, ideology and identity in the Koryŏ dynasty. Leiden: Brill, 2010. p. 407-447.

[9] SHULTZ, Edward J. *Generals and scholars*: military rule in Medieval Korea. Honolulu: University of Hawaii Press, 2000. p. 121-123.

[10] KIM, Hunggyu. *Understanding Korean literature*. Tradução Robert J. Fraser. London: M. E. Sharpe, 1997. p. 89.

[11] UNZER, Emiliano. *História do Japão*: uma introdução. San Bernardino, CA: Amazon, 2017. p. 68-70.

[12] A primeira expedição dirigiu-se principalmente à ilha meridional japonesa de Kyushu, em novembro de 1274. A segunda foi planejada em várias frentes a serem desdobradas em momento posterior, mas acabaram obstruídas por surtos de doenças e fortes ventos no oceano ao longo do mês de agosto. Acredita-se que na primeira expedição tenham sido mobilizados em torno de 15 mil mongóis e chineses e 8 mil coreanos, além de trezentos navios de grande porte e mais de quinhentos menores. Cf. YOON, Tae-Ryong. Historical overhang or legacy is what States make of it: the role of realism and morality in Korea-Japan relations. *In*: GANESAN, N. (org.). *Bilateral legacies in East and Southeast Asia*. Singapore: Institute of Southeast Asian Studies, 2015. p. 25-26.

[13] PARK, Seong-Rae. *Science and technology in Korean history*: excursions, innovations, and issues. Fremont: Jain Publishing, 2005. p. 82-85.

[14] YU, Chai-Shin. *The new history of Korean civilization*. Bloomington: iUniverse, 2012. p. 102.

4. Uma nova dinastia

[1] LEE, Peter H. (org.). *Sourcebook of Korean civilization*. New York: Columbia University Press, 1996. v. 2: From the seventeenth century to the Modern Period. p. 326.

[2] CHOY, Bong-youn. *Korea*: a history. Rutland: Charles E. Tuttle, 1971. p. 71; KIM, Kuentae. Farming in the Joseon period. *In*: SHIN, Michael D. (org.). *Everyday life in Joseon-Era Korea*. Leiden: Brill, 2014. p. 44.

[3] GRAYSON, James Huntley. *Korea*: a religious history. London: Routledge Curzon, 2002. p. 107.

[4] PETERSON, Mark. *A brief history of Korea*. New York: Infobase, 2010. p. 79 (tradução minha).

[5] HAN, Jongwoo. *Power, place, and State-society relations in Korea*: neo-Confucian and geomantic reconstruction of developmental State and democratization. Plymouth: Lexington, 2013. p. 139.

[6] Em 2006, todos os volumes foram digitalizados em coreano e inglês e estão disponíveis em: https://sillok.history.go.kr/. Acesso em: 17 set. 2024.

[7] PRATT, Keith; RUTT, Richard. *Korea*: a historical and cultural dictionary. London: Routledge, 1999. p. 255.

[8] HWANG, Kyung Moon. *A history of Korea*. New York: Palgrave, 2017. p. 65.

[9] TURNBULL, Stephen. *Samurai invasion*: Japan's Korean War 1592-98. London: Cassell & Co, 2002. p. 48.

[10] UNZER, Emiliano. *História do Japão*: uma introdução. San Bernardino, CA: Amazon, 2017. p. 83.

[11] TURNBULL, Stephen. *Samurai invasion*: Japan's Korean War 1592-98. London: Cassell & Co, 2002. p. 72-73.

[12] HWANG, Kyung Moon. *A history of Korea*. New York: Palgrave, 2017. p. 68-71.

13 PRATT, Keith; RUTT, Richard. *Korea*: a historical and cultural dictionary. London: Routledge, 1999. p 350-351.

14 DEAL, William E. *Handbook to life in Medieval and early Modern Japan*. New York: Infobase, 2006. p. 299.

15 HOARE, James; PARES, Susan. *Korea*: an introduction. London: Routledge, 1988. p. 143.

16 CHAN, Robert Kong. *Korea-China relations in history and contemporary implications*. Hong Kong: Palgrave Macmillan, 2018. p. 105-106.

17 UNZER, Emiliano. *História do Japão*: uma introdução. San Bernardino, CA: Amazon, 2017. p. 100-101.

18 KANG, Etsuko Hae-Jin. *Diplomacy and ideology in Japanese-Korean relations*: from the fifteenth to the eighteenth century. New York: Macmillan Press, 1997. p. 138-145.

5. Os herdeiros de Confúcio

1 SHORT, John Rennie. *Korea*: a cartographic history. Chicago: University of Chicago Press, 2012. p. 58.

2 YI, Pae-yong. *Women in Korean history*. Seoul: Ewha Womans University Press, 2008. p. 25-28.

3 KIM, Chun-Kil. *The history of Korea*. Westport: Greenwood Press, 2005. p. 87-89.

4 SETH, Michael J. *A history of Korea*: from Antiquity to the present. Plymouth: Rowman & Littlefield, 2010. p. 162.

5 KIM, Chun-Kil. *The history of Korea*. Westport: Greenwood Press, 2005. p. 89-90.

6 LEE, Ki-baik. *A new history of Korea*. Cambridge, MA: Harvard University Press, 1984. p. 217-218.

7 VERITABLE RECORDS OF THE JOSEON DYNASTY. Sukjong daewang sillok. *Veritable Records of King Sukjong*, v. 20, 1728. Disponível em: https://sillok.history.go.kr/id/kua_10411026_002. Acesso em: 18 set. 2024 (tradução minha).

8 HYEGYONG. The memoirs of Lady Hyegyong: the autobiographical writings of a crown princess of eighteenth-century Korea. Organizado e traduzido por JaHyun Kim Haboush. Berkeley: University of California Press, 2013. p. 220.

9 HYEGYONG. The memoirs of Lady Hyegyong: the autobiographical writings of a crown princess of eighteenth-century Korea. Organizado e traduzido por JaHyun Kim Haboush. Berkeley: University of California Press, 2013. p. 335-337.

10 KANG, Jae-eun. *The land of scholars*: two thousand years of Korean Confucianism. Tradução Suzanne Lee. Paramus: Homa & Sekey Books, 2003. p. 378-380.

11 YAKYING, Jeong. *The analects of Dasan*. Traduzido e comentado por Hongkyung Kim. Oxford: Oxford University Press, 2016. v. I: A Korean syncretic reading. p. 9-10.

12 SETTON, Mark. *Chŏng Yagyong*: Korea's challenge to orthodox neo-Confucianism. New York: State University of New York Press, 1997. p. 60-61.

13 PALAIS, James B. *Confucian statecraft and Korean institutions*: Yu Hyongwon and the late Choson dynasty. Seattle: University of Washington Press, 2002. p. 809-811.

14 KIM, Chun-Kil. *The history of Korea*. Westport: Greenwood Press, 2005. p. 95.

15 MIN, Anselm K. (org.). *Korean religions in relation*: Buddhism, Confucianism, Christianity. New York: State University of New York Press, 2016. p. 96-97.

16 SETH, Michael J. *A history of Korea*: from Antiquity to the present. Plymouth: Rowman & Littlefield, 2010. p. 157-158.

17 PALAIS, James B. *Politics and policy in traditional Korea*. Cambridge, MA: Harvard University Press, 1991. p. 307.

18 HABOUSH, JaHyun Kim; DEUCHLE, Martina (org.). *Culture and the State in late Choson Korea*. Cambridge, MA: Harvard University Press, 1999. p. 54.

19 HWANG, Kyung Moon. *A history of Korea*. New York: Palgrave, 2017. p. 95.

20 HWANG, Kyung Moon. *A history of Korea*. New York: Palgrave, 2017. p. 95-96.

21 LEE, Soyoung *et al. Diamond mountains*: travel and nostalgia in Korean art. New Haven: Yale University Press; New York: The Metropolitan Museum of Art, 2018. p. 13-42.

22 LEE, E-Wha. *Korea's pastimes and customs*: a social history. Tradução Ju-Hee Park. Paramus: Homa & Sekey Books, 2006. p. 197 e 246.

6. O reino eremita

1 TZOU, Byron N. *China and international law*: the boundary disputes. New York: Praeger, 1990. p. 47.

2 CHOI, Jai-Keun. *The origin of the Roman Catholic Church in Korea*: an examination of popular and governmental responses to catholic missions in the late Chosôn dynasty. Seoul: The Hermit Kingdom Press, 2006. p. 9-14.

3 KWANG, Cho. The Choson government's measures against Catholicism. *In*: YU, Chai--Shin (org.). *The founding of catholic tradition in Korea*. Fremont: Asia Humanities Press, 2004. p. 105.

4 GRAYSON, James Huntley. *Korea*: a religious history. London: Routledge Curzon, 2002. p. 143.

5 LEE, Sang Taek. *Religion and social formation in Korea*: Minjung and millenarianism. New York: Mouton de Gruyter, 1996. p. 80-81.

6 SETH, Michael J. *A history of Korea*: from Antiquity to the present. Plymouth: Rowman & Littlefield, 2010. p. 20.

7 MATRAY, James I. *Crisis in a divided Korea*: a chronology and reference guide. Santa Barbara: ABC Clio, 2016. p. 26.

8 As "Estelas de Rejeição à Reconciliação" (*chokhwapi*), como ficaram conhecidas, foram retiradas em 1882, após os acordos assinados com governos ocidentais. KIM, Sebastian C. H. Pyongin pakhae and Western Imperial Aggression in Korea. *In*: BECKER, Judith; STANLEY, Brian (org.). *Europe as the other*: external perspectives on European Christianity. Göttingen: Vandenhoeck & Ruprecht Press, 2014. p. 73.

9 CHOI, Jai-Keun. *The origin of the Roman Catholic Church in Korea*: an examination of popular and governmental responses to catholic missions in the late Chosôn dynasty. Seoul: The Hermit Kingdom Press, 2006. p. 218.

10 KANG, Jae-eun. *The land of scholars*: two thousand years of Korean Confucianism. Tradução Suzanne Lee. Paramus: Homa & Sekey Books, 2003. p. 432.

11 YI, Pae-yong. *Women in Korean history*. Seoul: Ewha Womans University Press, 2008. p. 189.

12 Para acesso à versão original em chinês, ver: ZUNXIAN, Huang. *Chaoxian celue*: the strategy for Chosun. Seoul: Kunkuk University Press, 1977. p. 47.

13 HWAK, Tae-Hwan. *U.S.-Korean relations, 1882-1982*. Seoul: Kyungnam University Press, 1982. p. 19-20.

14 LEE, Kenneth B. *Korea and East Asia*: the story of a phoenix. London: Praeger, 1997. p. 127.

15 LEE, Peter H. *Sourcebook of Korean civilization*. New York: Columbia University Press; Paris: Unesco, 2010. v. 2: From the seventeenth century to the Modern Period. p. 347.

16 YI, Tae-jin. The dynamics of Confucianism and modernization in Korean history. Ithaca: Cornell University Press, 2007. p. 358-359.

17 LEE, Peter H. *Sourcebook of Korean civilization*. New York: Columbia University Press; Paris: Unesco, 2010. v. 2: From the seventeenth century to the Modern Period. p. 348.

18 BUCKELY, Patricia; WALTHALL, Anne. *East Asia*: a cultural, social, and political history. Boston: Wadsworth, 2013. p. 376.

19 AMES, Roger T.; ROSEMONT JR., Henry. *The analects of Confucius*: a philosophical translation. New York: Random House, 1999. p. 46-48.

20 FLAHERTY, Robert Pearson Korean millennial movements. *In*: WESSINGER, Catherine (org.). *The Oxford handbook of millennialism*. Oxford: Oxford University Press, 2011. p. 332.

21 ZACHMANN, Urs Matthias. *China and Japan in the late Meiji period*: China policy and the Japanese discourse on national identity, 1895–1904. London: Routledge, 2010. p. 31-32.

22 LEE, Kenneth B. *Korea and East Asia*: the story of a phoenix. London: Praeger, 1997. p. 133.

23 KOWNER, Rotem. *Historical dictionary of the Russo-Japanese War*. Lanham: Rowman & Littlefield, 2017. p. 614.

24 SCHMID, Andre. *Korea between empires*: 1895 –1919. New York: Columbia University Press, 2002. p. 51.

25 PRATT, Keith; RUTT, Richard. *Korea*: a historical and cultural dictionary. London: Routledge, 1999. p. 178.

26 NAHM, Andrew C. *Korea: tradition & transformation*. A history of the Korean people. Seoul: Hollym International, 1996. p. 195.

7. A tempestade

1 WARNER, Denis; WARNER, Peggy. *The tide at sunrise*: a history of the Russo-Japanese War, 1904-1905. London: Frank Cass, 2002. p. 152.

2 FORCZYK, Robert. *Russian battleship vs Japanese battleship*: Yellow Sea 1904-05. London: Bloomsbury Publishing, 2013. p. 57-71.

3 ECKERT, Carter J. *et al. Korea old and new*: a history. Seoul: Ilchokak, 1990. p. 245.

4 FUCHS, Eckhardt; KASAHARA, Tokushi; SAALER, Sven (org.). *A new modern history of East Asia*. Göttingen: V & R Academic, 2018. v. 1. p. 341.

5 Considerando a união dos dois países nos termos de serem uma única família (*ilhan ilga*), conforme postula a tradição confucionista. CAPRIO, Mark E. *Japanese assimilation policies in colonial Korea, 1910-1945*. Seattle: University of Washington Press, 2011. p. 135.

6 CHUNG, Young-Iob. *Korea under siege, 1876-1945*: capital formation and economic transformation. Oxford: Oxford University Press, 2006. p. 162-163.

7 CAPRIO, Mark E. *Japanese assimilation policies in colonial Korea, 1910-1945*. Seattle: University of Washington Press, 2011. p. 105-106.

8 REES, David. *Korea*: an illustrated history – from ancient times to 1945. New York: Hippocrene Books, 2001. p. 121.

9 KANG, Inyoung. Overlooked no more: Yu Gwan-sun, a Korean independence activist who defied Japanese rule. *The New York Times*, 28 March, 2018. Disponível em: https://

www.nytimes.com/2018/03/28/obituaries/overlooked-yu-gwan-sun.html. Acesso em: 20 set. 2024 (tradução minha).

10 KIM, Chun-Kil. *The history of Korea*. Westport: Greenwood Press, 2005. p. 130.

11 FUCHS, Eckhardt; KASAHARA, Tokushi; SAALER, Sven (org.). *A new modern history of East Asia*. Göttingen: V & R Academic, 2018. v. 1. p. 288.

12 Isso remete ao caso da aliança entre o reino coreano de Minama (Imna em coreano) e o Japão, conforme é narrado no Nihongi, entre os séculos III e VI. O argumento foi mais tarde usado como justificativa histórica para a intervenção nipônica na península. Estudos arqueológicos coreanos em tempos recentes não encontram evidência desse acordo feito, remetendo o suposto fato a colonos coreanos de Minama que se estabeleceram no arquipélago japonês na região de Oita, em Kyushu. Cf. MOHAN, Pankaj. The controversy over the Ancient Korean State of Gaya: a fresh look at the Korea–Japan history war. *In*: LEWIS, Michael (org.). *"History wars" and reconciliation in Japan and Korea*: the roles of historians, artists and activists. New York: Palgrave Macmillan, 2016. p. 108-109.

13 KIM, Dong Hoon. *Eclipsed cinema*: the film culture of colonial Korea. Edinburgh: Edinburgh University Press, 2017. p. 71.

14 HOARE, James E. *Historical dictionary of Democratic People's Republic of Korea*. Plymouth: Scarecrow, 2012. p. 307.

15 UCHIDA, Jun. Between collaboration and conflict: State and society in wartime Korea. *In*: KIMURA, Masato; MINOHARA, Toshihiro. *Tumultuous decade*: empire, society, and diplomacy in 1930s Japan. Toronto: University of Toronto Press, 2013. p. 147.

16 SETH, Michael J. *A concise history of Modern Korea*. Rowman & Littlefield, 2016. v. 2: from the late nineteenth century to the present. p. 80-81.

17 KIM, Kwang-Ok. Colonial body and indigenous soul: religion as a contested terrain of culture. *In*: LEE, Hong Yung; HA, Yong-Chool; SORENSEN, Clark W. (org.). *Colonial rule and social change in Korea, 1910-1945*. Seattle: University of Washington Press, 2013. p. 288.

18 HOLCOMBE, Charles. *A history of East Asia*: from the origins of civilization to the twenty-first century. Cambridge: Cambridge University Press, 2017. p. 277.

19 HAN, Yong-sup. The May Sixteenth Military Coup. *In*: KIM, Byong-Kook; VOGEL, Ezra F. (org.). *The Park Chung Hee Era*. Cambridge, MA: Harvard University Press, 2011. p. 44.

20 SOH, C. Sarah. *The comfort women*: sexual violence and postcolonial memory in Korea and Japan. Chicago: University of Chicago Press, 2008. p. 18-19.

21 FUCHS, Eckhardt; KASAHARA, Tokushi; SAALER, Sven (org.). *A new modern history of East Asia*. Göttingen: V & R Academic, 2018. v. 1. p. 330.

8. A fratura

1 SCALAPINO, Robert A.; LEE, Chong-Sik. *Communism in Korea*: the society. London: University of California Press, 1972. p. 921.

2 KIM, Choong Soon; KIM, Song-su. *A Korean nationalist entrepreneur*: a life history of Kim Songsu, 1891-1955. New York: State University of New York Press, 1998. p. 129.

3 LANKOV, Andrei Nikolaevich. *From Stálin to Kim Il Song*: the formation of North Korea, 1945-1960. London: Hurst & Company, 2002. p. 10-12.

4 HWANG, Kyung Moon. *A history of Korea*: an episodic narrative. Basingstoke: Palgrave Macmillan, 2010. p. 197.

5 U.S. State Department Bulletin, Korea 1945-1948, Washington, DC, 1948 *apud* KIM, Chun-Kil. *The history of Korea*. Westport: Greenwood Press, 2005. p. 145 (tradução minha).

6 S. L. Tikhvinskii *et al.* (org.), The relations of the Soviet Union with People's Korea, 1945-80, *Documents and Materials*, 1981 *apud* KIM, Chun-Kil. *The history of Korea*. Westport: Greenwood Press, 2005. p. 145 (tradução minha).

7 KLEINER, Juergen. *Korea*: a century of change. New Jersey: World Scientific, 2001. p. 275.

8 LEE, Jongsoo James. *The partition of Korea after World War II*: a global history. New York: Palgrave Macmilan, 2006. p. 160-161.

9 SCALAPINO, Robert A.; LEE, Chong-Sik. *Communism in Korea*: the society. Berkeley: University of California Press, 1972. p. 281-282, 287-291.

10 LANKOV, Andrei. *From Stálin to Kim Il Song*. London: Hurst & Co., 2002. p. 23.

11 Kang Ryang-uk perdeu os filhos no ataque, e um sacerdote que o visitava também morreu. SIMONS, Geoff. *Korea*: The Search for Sovereignty. New York: Palgrave Macmillan, 1995, p. 178.

12 SEEKINS, Donald M. The society and its environment. *In*: SAVADA, Andrea Matles; SHAW, William (org.). *South Korea*: a country study. Washington, DC: Diane Publishing, 1997. p. 95.

13 MATRAY, James I. *Crisis in a divided Korea*: a chronology and reference guide. Santa Barbara: ABC-Clio, 2016. p. 286.

14 KIM, Chun-Kil. *The history of Korea*. Westport: Greenwood Press, 2005. p. 151.

15 HENDERSON, Gregory; LEBOW, Richard Ned; STOESSINGER, John George. *Divided nations in a divided world*. Philadelphia: David McKay, 1974. p. 55.

16 KIM, Chun-Kil. *The history of Korea*. Westport: Greenwood Press, 2005. p. 151.

17 PRATT, Keith; RUTT, Richard. *Korea*: a historical and cultural dictionary. London: Routledge, 1999. p. 234-235.

18 GORDENKER, Leon. *The United Nations and the peaceful unification of Korea*: the politics of field operations, 1947-1950. Hague: Martinus Nijhoff, 1959. p. 49, 112.

19 BEISNER, Robert L. *Dean Acheson*: a life in the Cold War. Oxford: Oxford University Press, 2006. p. 326.

20 KIM, Chun-Kil. *The history of Korea*. Westport: Greenwood Press, 2005. p. 155.

21 LEE, Chong-Sik. Historical setting. *In*: SAVADA, Andrea Matles; SHAW, William (org.). *South Korea*: a country study. Washington, DC: Diane Publishing, 1997. p. 32.

22 MILLETT, Allan R. *The Korean War*: the essential bibliography. Dulles: Potomac Books, 2007. p. 17-20.

23 BOOSE, Donald W. *Over the beach*: US Army amphibious operations in the Korean War. Fort Leavenworth: Combat Studies Institute Press, 2008. p. 176-178.

24 Evento que posteriormente, em seu livro de memórias, MacArthur descreveu como "o último presente de Marte a um guerreiro" (tradução minha). Cf. WEINTRAUB, Stanley. *MacArthur' war* : Korea and the undoing of an American hero. New York: Free Press, 2008. p. 27.

25 HALBERSTAM, David. *The coldest Winter*: America and the Korean War. New York: Hyperion, 2007. p. 354-356.

26 SANDLER, Stanley. *The Korean War*: an encyclopedia. London: Routledge, 2013. p. 212.

27 MOSSMAN, Billy C. *Ebb and flow*: November 1950 – July 1951, United States Army in the Korean War. Washington, DC: Center of Military History, 1990. p. 192.

28 A Ópera de Pequim encenou essa peça, que pode ser vista na íntegra no *YouTube*. PEKING OPERA "RAID ON THE WHITE TIGER REGIMENT" [S. l.: s. n.], 2021. 1 vídeo (1h58min59s). Publicado pelo canal China NCPA.

29 REPORT OF THE INTERNATIONAL SCIENTIFIC COMMISSION FOR THE INVESTIGATION OF THE FACTS CONCERNING BACTERIAL WARFARE IN KOREA AND CHINA. Beijing: Foreign Language Press, 1952. Disponível em: https://www.documentcloud.org/documents/4334133-ISC-Full-Report-Pub-Copy.html. Acesso em: 23 nov. 2024.

30 PEARLMAN, Michael D. *Truman and MacArthur*: policy, politics, and the hunger for honor and renown. Bloomington: Indiana University Press, 2008. p. 203.

31 DEANE, Hugh. *The Korean War*: 1945–1953. San Francisco: China Books, 1999. p. 190.

32 KIM, Chun-Kil. *The history of Korea*. Westport: Greenwood Press, 2005. p. 157.

9. A reconstrução

1 KATSIAFICAS, George. *Asia's unknown uprisings*: South Korean social movements in the 20th century. Oakland: PM Press, 2012. p. 131-133.

2 SUH, Dae-Sook. *Kim Il Sung*: the North Korean leader. New York: Columbia University Press, 1988. p. 136.

3 Sobre esse período crucial da reconstrução norte-coreana, vários documentos foram traduzidos para o inglês e estão disponíveis em: https://www.wilsoncenter.org/publication/china-and-the-post-war-reconstruction-north-korea-1953-1961. Acesso em: 5 set. 2024.

4 ADRIAN, Buzo. *The Guerilla dynasty*: politics and leadership in North Korea. London: I. B. Tauris, 1999. p. 138.

5 LEE, Young Jo. Economy and society: the countryside. *In*: KIM, Byong-Kook; VOGEL, Ezra F. (org.). *The Park Chung Hee Era*. Cambridge, MA: Harvard University Press, 2011. p. 353-360.

6 SUH, Dae-sook. *Kim Il Sung*: the North Korean leader. New York: Columbia University Press, 1995. p. 169.

7 KIM, Hyung-A; SORENSEN, Clark W. (org.). *Reassessing the Park Chung Hee Era, 1961-1979*: development, political thought, democracy, and cultural influence. Seattle: University of Washington Press, 2011. p. 5-6.

8 KIM, Hyung-A; SORENSEN, Clark W. (org.). *Reassessing the Park Chung Hee Era, 1961-1979*: development, political thought, democracy, and cultural influence. Seattle: University of Washington Press, 2011. p. 48.

9 TUCKER, Spencer C. *The encyclopedia of the Vietnam War*: a political, social, and military history. Santa Barbara: ABC-Clio, 2011. p. 1703-1704.

10 LEE, Chong-Sik. Historical setting. *In*: SAVADA, Andrea Matles; SHAW, William (org.). *South Korea*: a country study. Washington DC: Diane Publishing, 1997. p. 39-40.

11 CHUNG, Joseph Sang-Hoon. North Korea's "Seven Year Plan" (1961–70): economic performance and reforms. *Asian Survey*, Los Angeles: University of California Press, v. 12, n. 6, p. 527-545, Jun., 1972. Disponível em: https://doi.org/10.2307/2643049. Acesso em: 17 mar. 2025.

12 Ibidem, p. 46.

13 CHOIN, Jinwook; SUN-SONG, Park. The making of a unified Korea: policies, positions and proposals. Seoul: Korea Institute for National Unification, 1997. p. 59-69.

14 KIRK, Donald; KIM, Kisam. *Kim Dae-jung and the quest for the Nobel*: how the president of South Korea bought the Peace Prize and financed Kim Jong-il's nuclear program. New York: Palgrave Macmillan, 2013. p. 143.

15 1973 KIDNAPPING OF KIM DAE JUNG WAS APPROVED BY KOREAN PRESIDENT, PANEL FINDS. *The New York Times,* New York, 24 Jun, 2007. Disponível em: https://www.nytimes.com/2007/10/24/world/asia/24iht-korea.1.8031030.html. Acesso em: 3 set. 2024.

16 KIM, Hyung-A; SORENSEN, Clark W. (org.). *Reassessing the Park Chung Hee Era, 1961-1979*: development, political thought, democracy, and cultural influence. Seattle: University of Washington Press, 2011. p. 5.

17 HWANG, Kyung Moon. *A history of Korea*. London: Macmillan, 2010. p. 236-237.

18 LEE, Chae-Jin. *A troubled peace*: U.S. policy and the two Koreas. Baltimore: Johns Hopkins University Press, 2006. p. 95.

19 SETH, Michael J. *A concise history of Modern Korea*: from the late nineteenth century to the present. Lanham: Rowman & Littlefield, 2010. p. 187.

20 Dados obtidos de: SOUTH KOREA GDP 1960-2024. *Macrotrends*. Disponível em: https://www.macrotrends.net/global-metrics/countries/KOR/south-korea/gdp-gross--domestic-product#google_vignette. Acesso em: 5 set. 2024.

21 LANKOV, Andrei. *The real North Korea*: life and politics in the failed Stálinist utopia. Oxford: Oxford University Press, 2013. p. 77-80.

22 SUH, Jae-Jung. *Truth and reconciliation in South Korea*: between the present and future of the Korean wars. London: Routledge, 2013. p. 136.

23 KIM, Chun-Kil. *The history of Korea*. Westport: Greenwood Press, 2005. p. 172.

24 JACOBS, A. J. *The Korean automotive industry*. London: Palgrave Macmillan, 2022. v. 1: Beginnings to 1996. p. 99-100.

25 GREEN, Andrew. South Korea's automobile industry: development and prospects. *Asian Survey*, v. 32, n. 5, May, 1992. p. 411.

26 MOON, Chung-In. The sunshine policy and the Korean summit: assessments and prospects. *In*: AKAHA, Tsuneo (org.). *The future of North Korea*. New York: Routledge, 2002. p. 37.

27 HEO, Uk; ROEHRIG, Terence. *South Korea since 1980*. New York: Cambridge University Press, 2010. p. 131-132.

28 KIHL, Young Whan. *Transforming Korean politics*: democracy, reform, and culture. London: Routledge, 2015. p. 360.

29 KATSIAFICAS, George. *Asia's unknown uprisings*: South Korean social movements. PM Press, 2012. p. 198-200.

30 JOO, Han Sung. South Korea in 1987: the politics of democratization. *Asian Survey*, Los Angeles: University of California Press, v. 28, n. 1, p. 52-61, Jan. 1988.

31 THOUSANDS IN KOREA ARE GIVEN AMNESTY BY NEW PRESIDENT. *The New York Times,* New York, 7 March, 1993. Disponível em: https://www.nytimes com/1993/03/07/world/thousands-in-korea-are-given-amnesty-by-new-president.html Acesso em: 6 set. 2024.

32 ORGANISATION FOR ECONOMIC CO-OPERATION AND DEVELOPMENT. *Health at a glance*: OECD indicators 2003. Paris: OECD Publishing, 2003. p. 84.

33 LEE, Bong. *The unfinished war*: Korea. New York: Algora Publishing, 2003. p. 263.

[34] HAGGARD, Stephan; NOLAND, Marcus. *Famine in North Korea*: markets, aid, and reform. New York: Columbia University Press, 2009. p. 130-133.

[35] CORNING, Gregory Peter. *Managing the Asian meltdown*: the IMF and South Korea. Washington, DC: Georgetown Institute for the Study of Diplomacy, 2000. p 49-50.

[36] SHARMA, Shalendra. *The Asian financial crisis*: crisis, reform and recovery. Manchester: Manchester University Press, 2003. p. 219.

[37] KIM, Seung-kyung; FINCH, John. Living with rhetoric, living against rhetoric: Korean families and the IMF economic crisis. *Korean Studies*, Honolulu: University of Hawaii Press, v. 26, n. 1, 2002. p. 123.

[38] WORLD BANK. *Total reserves – Korea, Rep*. 2024. Disponível em: https://data.worldbank.org/indicator/FI.RES.TOTL.CD?locations=KR. Acesso em: 8 set. 2024.

REFERÊNCIAS

1973 KIDNAPPING of Kim Dae Jung was approved by Korean president, panel finds. *The New York Times,* New York, 24 Jun, 2007. Disponível em: https://www.nytimes.com/2007/10/24/world/asia/24iht-korea.1.8031030.html. Acesso em: 3 set. 2024.

ADAMS, Edward Ben (org.). *Korea's Golden Age*: cultural spirit of Silla in Kyongju. Vermont: Tuttle Publishing, 1991.

ADRIAN, Buzo. *The Guerilla dynasty*: politics and leadership in North Korea. London: I. B. Tauris, 1999.

AMES, Roger T.; ROSEMONT JR., Henry. *The analects of Confucius*: a philosophical translation. New York: Random House, 1999.

BEISNER, Robert L. *Dean Acheson*: a life in the Cold War. Oxford: Oxford University Press, 2006.

BOOSE, Donald W. *Over the beach*: US Army amphibious operations in the Korean War. Fort Leavenworth: Combat Studies Institute Press, 2008.

BREUKER, Remco. *Establishing a pluralist society in Medieval Korea, 918–1170*: history, ideology and identity in the Koryō dynasty. Leiden: Brill, 2010.

BREUKER, Remco. The Ten Injunctions. *In*: BREUKER, Remco. *Establishing a pluralist society in Medieval Korea, 918–1170*: history, ideology and identity in the Koryō dynasty. Leiden: Brill, 2010.

BUCKELY, Patricia; WALTHALL, Anne. *East Asia*: a cultural, social, and political history. Boston: Wadsworth, 2013.

BYINGTON, Mark E. (org.). *Early Korea*. Cambridge: Korea Institute: Harvard University, 2009. v. 2: The Samhan period in Korean history.

CAPRIO, Mark E. *Japanese assimilation policies in colonial Korea, 1910-1945*. Seattle: University of Washington Press, 2011.

CARRIERE, Frederick F. *Silla Korea and the Silk Road*: Golden Age, Golden Threads. Seoul: The Korea Society, 2006.

CHAN, Robert Kong. *Korea-China relations in history and contemporary implications.* Hong Kong: Palgrave Macmillan, 2018.

CHOI, Jai-Keun. *The origin of the Roman Catholic Church in Korea*: an examination of popular and governmental responses to catholic missions in the late Chosôn dynasty. Seoul: The Hermit Kingdom Press, 2006.

CHOI, Jongtaik. The development of the pottery technologies of the Korean peninsula and their relationship to neighboring regions. *In*: BYINGTON, M. E. (org.). *Early Korea 1*: reconsidering early Korean history through archaeology. Seoul: Korea Institute: Harvard University Press, 2008.

CHOIN, Jinwook; SUN-SONG, Park. *The making of a unified Korea*: policies, positions and proposals. Seoul: Korea Institute for National Unification, 1997.

CHOY, Bong-youn. *Korea*: a history. Rutland: Charles E. Tuttle, 1971.

CHUNG, Joseph Sang-Hoon. North Korea's "Seven Year Plan" (1961-70): economic performance and reforms. *Asian Survey*, Los Angeles: University of California Press, v. 12, n. 6, Jun., 1972. Disponível em: https://doi.org/10.2307/2643049. Acesso em: 17 mar. 2025.

CHUNG, Young-Iob. *Korea under siege, 1876-1945*: capital formation and economic transformation. Oxford: Oxford University Press, 2006.

CORNING, Gregory Peter. *Managing the Asian meltdown*: the IMF and South Korea. Washington, DC: Georgetown Institute for the Study of Diplomacy, 2000.

DEAL, William E. *Handbook to life in Medieval and early Modern Japan*. New York: Infobase, 2006.

DEANE, Hugh. *The Korean War*: 1945–1953. San Francisco: China Books, 1999.

DUK-KYU, Jin. *Historical origins of Korean politics*. Seoul: Jisik Sanup Publications, 2005.

ECKERT, Carter J. *et al. Korea old and new*: a history. Seoul: Ilchokak, 1990.

FARRIS, William Wayne. *Sacred texts and buried treasures*: issues in the historical archaeology of Ancient Japan. Honolulu: University of Hawaii Press, 1998.

FLAHERTY, Robert Pearson. Korean millennial movements. *In*: WESSINGER, Catherine (org.). *The Oxford handbook of millennialism*. Oxford: Oxford University Press, 2011.

FORCZYK, Robert. *Russian battleship vs Japanese battleship*: Yellow Sea 1904–05. London: Bloomsbury Publishing, 2013.

FUCHS, Eckhardt; KASAHARA, Tokushi; SAALER, Sven (org.). *A new modern history of East Asia*. Göttingen: V & R Academic, 2018. v. 1.

GORDENKER, Leon. *The United Nations and the peaceful unification of Korea*: the politics of field operations, 1947–1950. Hague: Martinus Nijhoff, 1959.

GRAYSON, James Huntley. *Korea*: a religious history. London: Routledge Curzon, 2002.

GREEN, Andrew. South Korea's automobile industry: development and prospects. *Asian Survey*, v. 32, n. 5, May, 1992.

HABOUSH, JaHyun Kim; DEUCHLE, Martina (org.). *Culture and the State in late Choson Korea*. Cambridge, MA: Harvard University Press, 1999.

HAGGARD, Stephan; NOLAND, Marcus. *Famine in North Korea*: markets, aid, and reform. New York: Columbia University Press, 2009.

HALBERSTAM, David. *The coldest Winter*: America and the Korean War. New York: Hyperion, 2007.

HAN, Jongwoo. *Power, place, and State-society relations in Korea*: neo-Confucian and geomantic reconstruction of developmental State and democratization. Plymouth: Lexington, 2013.

HAN, Yong-sup. The May Sixteenth Military Coup. *In*: KIM, Byong-Kook; VOGEL, Ezra F. (org.). *The Park Chung Hee Era*. Cambridge, MA: Harvard University Press, 2011.

HENDERSON, Gregory; LEBOW, Richard Ned; STOESSINGER, John George. *Divided nations in a divided world*. Philadelphia: David McKay, 1974.

HEO, Uk; ROEHRIG, Terence. *South Korea since 1980*. New York: Cambridge University Press, 2010.

HOARE, James; PARES, Susan. *Korea*: an introduction. London: Routledge, 1988.

HOARE, James E. *Historical dictionary of Democratic People's Republic of Korea*. Plymouth: Scarecrow, 2012.

HOLCOMBE, Charles. *A history of East Asia*: from the origins of civilization to the twenty-first century. Cambridge: Cambridge University Press, 2017.

HURST III, G. Cameron. The good, the bad and the ugly: personalities in the founding of the Koryo Dynasty. *Korean Studies Forum*, Seoul: Korean-American Educational Commission, n. 7, summer–fall 1981.

HWAK, Tae-Hwan. *U.S.-Korean relations, 1882-1982*. Seoul: Kyungnam University Press, 1982.

HWANG, Kyung Moon. *A history of Korea*. London: Macmillan, 2010.

HWANG, Kyung Moon. *A history of Korea*. New York: Palgrave, 2017.

HWANG, Kyung Moon. *A history of Korea*: an episodic narrative. Basingstoke: Palgrave Macmillan, 2010.

HYEGYONG. *The memoirs of Lady Hyegyong*: the autobiographical writings of a crown princess of eighteenth-century Korea. Organizado e traduzido por JaHyun Kim Haboush. Berkeley: University of California Press, 2013.

ILYON. *Samguk yusa*: legends and history of the three kingdoms of Ancient Korea. New York: Silk Pagoda, 2008.

JACOBS, A. J. *The Korean automotive industry*. London: Palgrave Macmillan, 2022. v. 1: Beginnings to 1996.

JEON, Ho-tae. *Koguryo, the origin of Korean power and pride*. Seoul: Northeast History Foundation, 2007.

JEONG, Byeong-Jo. *Master Wonhyo*: an overview of his life and teachings. Seoul: Diamond Sutra, 2010.

JOO, Han Sung. South Korea in 1987: the politics of democratization. *Asian Survey*, Los Angeles: University of California Press, v. 28, n. 1, p. 52-61, Jan. 1988.

KANG, Etsuko Hae-Jin. *Diplomacy and ideology in Japanese-Korean relations*: from the fifteenth to the eighteenth century. New York: Macmillan, 1997.

KANG, Inyoung. Overlooked no more: Yu Gwan-sun, a Korean independence activist who defied Japanese rule. *The New York Times*, New York, 28 March, 2018. Disponível em: https://www.nytimes.com/2018/03/28/obituaries/overlooked-yu-gwan-sun.html. Acesso em: 20 set. 2024.

KANG, Jae-eun. *The land of scholars*: two thousand years of Korean Confucianism. Tradução Suzanne Lee. Paramus: Homa & Sekey Books, 2003.

KATSIAFICAS, George. *Asia's unknown uprisings*: South Korean social movements in the 20th century. Oakland: PM Press, 2012.

KIHL, Young Whan. *Transforming Korean politics*: democracy, reform, and culture. London: Routledge, 2015.

KIM, Choong Soon; KIM, Song-su. *A Korean nationalist entrepreneur*: a life history of Kim Songsu, 1891-1955. New York: State University of New York Press, 1998.

KIM, Chun-Kil. *The history of Korea*. Westport: Greenwood Press, 2005.

KIM, Dong Hoon. *Eclipsed cinema*: the film culture of colonial Korea. Edinburgh: Edinburgh University Press, 2017.

KIM, Duk-Whang. *A history of religions in Korea*. Seoul: Daeji Moonwha-sa, 1988.

KIM, Hunggyu. *Understanding Korean literature*. Tradução Robert J. Fraser. London: M. E. Sharpe, 1997.

KIM, Hyung-A; SORENSEN, Clark W. (org.). *Reassessing the Park Chung Hee Era, 1961-1979*: development, political thought, democracy, and cultural influence. Seattle: University of Washington Press, 2011.

KIM, Jinwung. *A history of Korea*: from "land of the morning calm" to States in conflict. Bloomington: Indiana University Press, 2012.

KIM, Jinwung *et al.* How did the weaker actor defeat the stronger actor? Koguryŏ's War with Sui (612–614) revisited. *Sungkyun Journal of East Asian Studies*, v. 18, n. 2, p. 225-244, 2018.

KIM, Kuentae. Farming in the Joseon period. *In*: SHIN, Michael D. (org.). *Everyday life in Joseon-Era Korea*. Leiden: Brill, 2014.

KIM, Kwang-Ok. Colonial body and indigenous soul: religion as a contested terrain of culture. *In*: LEE, Hong Yung; HA, Yong-Chool; SORENSEN, Clark W. (org.). *Colonial rule and social change in Korea, 1910-1945*. Seattle: University of Washington Press, 2013.

KIM, Sebastian C. H. Pyongin pakhae and Western imperial aggression in Korea. *In*: BECKER, Judith; STANLEY, Brian (org.). *Europe as the other*: external perspectives on European christianity. Göttingen: Vandenhoeck & Ruprecht Press, 2014.

KIM, Seung-kyung; FINCH, John. Living with rhetoric, living against rhetoric: Korean families and the IMF economic crisis. *Korean Studies*, Honolulu: University of Hawaii Press, v. 26, n. 1, 2002.

KIRK, Donald; KIM, Kisam. *Kim Dae-jung and the quest for the Nobel*: how the president of South Korea bought the Peace Prize and financed Kim Jong-il's nuclear program. New York: Palgrave Macmillan, 2013.

KLEINER, Juergen. *Korea*: a century of change. New Jersey: World Scientific, 2001.

KOWNER, Rotem. *Historical dictionary of the Russo-Japanese War*. Lanham: Rowman & Littlefield, 2017.

KWAK, Tae-Hwan Kwak; JOO, Seung-Ho. *North Korea and security cooperation in Northeast Asia*. London: Routledge, 2016.

KWANG, Cho. The Choson Government's measures against Catholicism. *In*: YU, Chai-Shin (org.). *The founding of catholic tradition in Korea*. Fremont: Asia Humanities Press, 2004.

KWON, O-Jung. The history of Lelang commandery. *In*: BYINGTON, Mark E. (org.). *The Han commanderies in early Korean history*. Cambridge: Harvard University Press, 2014.

LANKOV, Andrei. *The real North Korea*: life and politics in the failed Stálinist utopia. Oxford: Oxford University Press, 2013.

LANKOV, Andrei Nikolaevich. *From Stálin to Kim Il Song*: the formation of North Korea, 1945-1960. London: Hurst & Company, 2002.

LEE, Ann Sung-Hi. *Yi Kwang-su and modern literature*: Mujong. [Edição bilíngue]. Ithaca: Cornell University, 2011.

LEE, Bong. *The unfinished war*: Korea. New York: Algora Publishing, 2003.

LEE, Chae-Jin. *A troubled peace*: U.S. policy and the two Koreas. Baltimore: Johns Hopkins University Press, 2006.

LEE, Chong-Sik. Historical setting. *In*: SAVADA, Andrea Matles; SHAW, William (org.). *South Korea*: a country study. Washington, DC: Diane Publishing, 1997.

LEE, E-Wha. *Korea's pastimes and customs*: a social history. Tradução Ju-Hee Park. Paramus: Homa & Sekey Books, 2006.

LEE, Jongsoo James. *The partition of Korea after World War II*: a global history. New York: Palgrave Macmillan, 2006.

LEE, Kenneth B. *Korea and East Asia*: the story of a phoenix. London: Praeger, 1997.

LEE, Ki-baik. *A new history of Korea*. Cambridge, MA: Harvard University Press, 1984.

LEE, Ki-Moon; RAMSEY, S. Robert. *A history of the Korean language*. Cambridge: Cambridge University Press, 2011.

LEE, Peter H. Hyangga. *In*: LEE, Peter H. (org.). *A history of Korean literature*. Cambridge: Cambridge University Press, 2009.

LEE, Peter H. *Sourcebook of Korean civilization*. New York: Columbia University Press; Paris: Unesco, 2010. v. 2: From the seventeenth century to the Modern Period.

LEE, Peter H. (org.). *Sourcebook of Korean civilization*. New York: Columbia University Press, 1996. v. 2: From the seventeenth century to the Modern Period.

LEE, Sang Taek. *Religion and social formation in Korea*: Minjung and millenarianism. New York: Mouton de Gruyter, 1996.

LEE, Soyoung *et al. Diamond mountains*: travel and nostalgia in Korean art. New Haven: Yale University Press; Nova York: The Metropolitan Museum of Art, 2018.

LEE, Young Jo. Economy and society: the countryside. *In:* KIM, Byong-Kook; VOGEL, Ezra F. (org.). *The Park Chung Hee Era*. Cambridge, MA: Harvard University Press, 2011.

LEVINE, Amy. *South Korean civil movement organisations*: hope, crisis and pragmatism in democratic transition. Oxford: Oxford University Press, 2016.

LIM, Jae-Cheon. *Kim Jong-il's leadership of North Korea*. London: Routledge, 2009.

LOPEZ JR., Donald S. *et al. Hyecho's journey:* the world of Buddhism. London: University of Chicago Press, 2017.

LOVINS, Cristopher. Korea: a slave society. *In*: ALLEN, Richard B. (org.) *Slavery and bonded labor in Asia:* 1250–1900. Leiden: Brill, 2021.

MATRAY, James I. *Crisis in a divided Korea*: a chronology and reference guide. Santa Barbara: ABC-Clio, 2016.

MILLETT, Allan R. *The Korean War*: the essential bibliography. Dulles: Potomac Books, 2007.

MIN, Anselm K. (org.). *Korean religions in relation*: Buddhism, Confucianism, Christianity. New York: State University of New York Press, 2016.

MOHAN, Pankaj. The controversy over the ancient Korean State of Gaya: a fresh look at the Korea–Japan history war. *In*: LEWIS, Michael (org.). *"History wars" and reconciliation in Japan and Korea*: the roles of historians, artists and activists. New York: Palgrave Macmillan, 2016.

MOON, Chung-In. The sunshine policy and the Korean summit: assessments and prospects. *In*: AKAHA, Tsuneo (org.). *The future of North Korea*. New York: Routledge, 2002.

MOSSMAN, Billy C. *Ebb and flow*: November 1950 – July 1951, United States Army in the Korean War. Washington, DC: Center of Military History, 1990.

NAHM, Andrew C. *Korea*: tradition & transformation. A history of the Korean people. Seoul: Hollym International, 1996.

ORGANISATION FOR ECONOMIC CO-OPERATION AND DEVELOPMENT. *Health at a glance*: OECD Indicators 2003. Paris: OECD Publishing, 2003.

PALAIS, James B. *Confucian statecraft and Korean institutions*: Yu Hyongwon and the late Choson dynasty. Seattle: University of Washington Press, 2002.

PALAIS, James B. *Politics and policy in traditional Korea*. Cambridge, MA: Harvard University Press, 1991.

PARK, Jang-Sik; GORDON, Robert B. Traditions and transitions in Korean bronze technology. *Journal of Archaeological Science*, v. 34, n. 12, p. 1991-1992, Dec. 2007.

PARK, Seong-Rae. *Science and technology in Korean history*: excursions, innovations, and issues. Fremont: Jain Publishing, 2005.

PEARLMAN, Michael D. *Truman and MacArthur*: policy, politics, and the hunger for honor and renown. Bloomington: Indiana University Press, 2008.

PETERSON, Mark. *A brief history of Korea*. New York: Infobase, 2010.

PINKSTON, Daniel A. DPRK WMD programs. *In*: KWAK, Tae-Hwan; JOO, Seung-Ho (org.). *North Korea's foreign policy under Kim Jong Il*: new perspectives. Farnham: Ashgate Publishing, 2009.

PRATT, Keith; RUTT, Richard. *Korea*: a historical and cultural dictionary. London: Routledge, 1999.

QIAN, Sima. *Records of the grand historian*. Tradução Burton Watson. New York: Columbia University Press, 1993. Vol. Han Dynasty II.

REES, David. *Korea*: an illustrated history – from ancient times to 1945. New York: Hippocrene Books, 2001.

REPORT of the International Scientific Commission for the Investigation of the Facts Concerning Bacterial Warfare in Korea and China. Beijing: Foreign Language Press, 1952. Disponível em: https://www.documentcloud.org/documents/4334133-ISC-Full-Report-Pub-Copy.html. Acesso em: 23 nov. 2024.

ROSSABI, Morris. Muslim and Central Asian revolts. *In*: SPENCE, Jonathan D.; WILLS, John E. Jr. *From Ming to Ch'ing*: conquest, region, and continuity in seventeenth-century China. New Haven: Yale University Press, 1979.

SANDLER, Stanley. *The Korean War*: an encyclopedia. London: Routledge, 2013.

SCALAPINO, Robert A.; LEE, Chong-Sik. *Communism in Korea*: the society. Berkeley: University of California Press, 1972.

SCHMID, Andre. *Korea between empires*: 1895–1919. New York: Columbia University Press, 2002.

SEEKINS, Donald M. The society and its environment. *In*: SAVADA, Andrea Matles; SHAW, William (org.). *South Korea*: a country study. Washington, DC: Diane Publishing, 1997.

SETH, Michael J. *A concise history of Modern Korea*. Lanham: Rowman & Littlefield, 2016. v. 2: From the late nineteenth century to the present.

SETH, Michael J. *A concise history of Modern Korea*: from the late nineteenth century to the present. Lanham: Rowman & Littlefield, 2010.

SETH, Michael J. *A history of Korea*: from Antiquity to the present. Plymouth: Rowman & Littlefield, 2010.

SETH, Michael J. *North Korea*. London: Palgrave, 2018.

SETH, Rasmussen. *Igniting the chemical ring of fire*: historical evolution of the chemical communities of the Pacific Rim. New Jersey: World Scientific, 2018.

SETTON, Mark. *Chŏng Yagyong*: Korea's challenge to orthodox neo-Confucianism. New York: State University of New York Press, 1997.

SHARMA, Shalendra. *The Asian financial crisis*: crisis, reform and recovery. Manchester: Manchester University Press, 2003.

SHIN, Michael D. (org.). *Everyday life in Joseon-Era Korea*. Leiden: Brill, 2014.

SHORT, John Rennie. *Korea*: a cartographic history. Chicago: University of Chicago Press, 2012.

SHULTZ, Edward J. *Generals and scholars*: military rule in Medieval Korea. Honolulu: University of Hawaii Press, 2000.

SIMONS, Geoff. *Korea*: the search for sovereignty. New York: Palgrave Macmillan, 1995.

SOH, C. Sarah. *The comfort women*: sexual violence and postcolonial memory in Korea and Japan. Chicago: University of Chicago Press, 2008.

SUH, Dae-sook. *Kim Il Sung*: the North Korean leader. New York: Columbia University Press, 1995.

SUH, Jae-Jung. *Truth and reconciliation in South Korea*: between the present and future of the Korean wars. London: Routledge, 2013.

THOUSANDS in Korea are given amnesty by new president. *The New York Times,* New York, 7 March, 1993. Disponível em: https://www.nytimes.com/1993/03/07/world/thousands-in-korea-are-given-amnesty-by-new-president.html. Acesso em: 6 set. 2024.

TUCKER, Spencer C. *The encyclopedia of the Vietnam War*: a political, social, and military history. Santa Barbara: ABC-Clio, 2011.

TUDOR, Daniel. *Korea*: the impossible country. South Korea's amazing rise from the ashes – the inside story of an economic, political and cultural phenomenon. Clarendon: Tuttle, 2012.

TURNBULL, Stephen. *Samurai invasion*: Japan's Korean War 1592–98. London: Cassell & Co, 2002.

TWINING, Daniel. Strengthening the U.S.-Korea alliance for the 21st century. *In*: BAE, Jung-Ho; DENMARK, Abraham (org.). *The U.S.-ROK alliance in the 21st century*. Seoul: Korea Institute for National Unification, 2009.

TZOU, Byron N. *China and international law*: the boundary disputes. New York: Praeger, 1990.

UCHIDA, Jun. Between collaboration and conflict: State and society in wartime Korea. *In*: KIMURA, Masato; MINOHARA, Toshihiro. *Tumultuous decade*: empire, society, and diplomacy in 1930s Japan. Toronto: University of Toronto Press, 2013.

UNZER, Emiliano. *História do Japão*: uma introdução. San Bernardino, CA: Amazon, 2017.

VERITABLE Records of the Joseon dynasty. Sukjong daewang sillok. *Veritable Records of King Sukjong*, v. 20, 1728. Disponível em: https://sillok.history.go.kr/id/kua_10411026_002. Acesso em: 18 set. 2024.

WARNER, Denis; WARNER, Peggy. *The tide at sunrise*: a history of the Russo-Japanese War, 1904-1905. London: Frank Cass, 2002.

WEINTRAUB, Stanley. *MacArthur's war*: Korea and the undoing of an American hero. New York: Free Press, 2008.

WORLD BANK. *Total reserves – Korea, Rep.* Disponível em: https://data.worldbank.org/indicator/FI.RES.TOTL.CD?locations=KR. Acesso em: 8 set. 2024.

YAKYING, Jeong. *The analects of Dasan.* Traduzido e comentado por Hongkyung Kim. Oxford: Oxford University Press, 2016. v. I: A Korean syncretic reading.

YI, Pae-yong. *Women in Korean history*. Seoul: Ewha Womans University Press, 2008.

YI, Tae-jin. *The dynamics of Confucianism and modernization in Korean history*. Ithaca: Cornell University Press, 2007.

YOON, Tae-Ryong. Historical overhang or legacy is what States make of it: the role of realism and morality in Korea-Japan relations. *In*: GANESAN, N. (org.). *Bilateral legacies in East and Southeast Asia*. Singapore: Institute of Southeast Asian Studies, 2015.

YU, Chai-Shin. *The new history of Korean civilization*. Bloomington: iUniverse, 2012.

ZACHMANN, Urs Matthias. *China and Japan in the late Meiji period*: China policy and the Japanese discourse on national identity, 1895–1904. London: Routledge, 2010.

ZUNXIAN, Huang. *Chaoxian celue*: the strategy for Chosun. Seoul: Kunkuk University Press, 1977.

Acreditamos nos livros

Este livro foi composto em Adobe Garamond Pro e impresso pela Gráfica Santa Marta para a Editora Planeta do Brasil em junho de 2025.